Ludovika Helm

MENTAL IN FORM

Ludovika Helm

MENTAL IN FORM

Sich positiv motivieren
mit Stimme und Körper

Probleme lösen · Wünsche erfüllen · Ziele erreichen

Mit 245 Abbildungen von Martine Missemer

Verlag Hermann Bauer
Freiburg im Breisgau

Die deutsche Bibliothek – CIP-Einheitsaufnahme

Helm, Ludovika:
Mental in Form : sich positiv motivieren mit Stimme und Körper ;
Probleme lösen – Wünsche erfüllen – Ziele erreichen /
Ludovika Helm. Mit 245 Abb. von Martine Missemer. –
1. Aufl. – Freiburg im Breisgau : Bauer, 1998
    ISBN 3-7626-0573-4

1. Auflage 1998
ISBN 3-7626-0573-4
©1998 by Verlag Hermann Bauer KG, Freiburg im Breisgau
Einband: Martine Missemer, Wangenbourg (Frankreich)
Satz und Bildverarbeitung: CSF · ComputerSatz GmbH, Freiburg im Breisgau
Druck und Bindung: Franz Spiegel Buch GmbH, Ulm
Printed in Germany

Inhalt

Das mentale Training: Wie Sie sich motivieren mit Stimme und Körper

Dank

Ich freue mich, daß MENTAL IN FORM, die von mir entwickelte neue Motivationsmethode mit Stimme und Körper, als Buch veröffentlicht wurde. Allen, die mitge-
holfen haben, dieses Projekt zu verwirklichen, danke ich herzlich.
Mein besonderer Dank gilt

Madame Martine Missemer, einer französischen Künstlerin, die mit viel Engagement, Freude und Professionalität alle Abbildungen geschaffen hat.

Herrn Friedrich Kirner, meinem Verleger, der mir wertvolle Empfehlungen und
Anregungen gab und das Projekt in jeglicher Form unterstützte.

Frau Erika Schuler-Konietzny, die mein Manuskript lektoriert hat. Es befand sich
bei ihr in sehr guten Händen. Die Zusammenarbeit machte uns viel Freude.

Herrn Wolfgang Schüller, der für den Herstellungsbereich tätig ist und mein Buch
hervorragend ausgearbeitet und hergestellt hat.

Herrn Bernd Kistner, den ich sehr schätze. Er hat mir zur richtigen Zeit durch
seinen Einsatz sehr geholfen.

Herrn Rolf Herkert, einem wunderbaren Freund, der in entscheidenden Phasen
zum Gelingen dieses Projektes beitrug.

Von ganzem Herzen in Liebe meinem Ehemann Kay Korten, der mir beratend zur
Seite stand und den Haushalt und unsere fünf Katzen versorgte, wenn ich am
Computer Überstunden machte.

Allen Menschen, deren berechtigte Fragen mich veranlaßten, MENTAL IN FORM zu
entwickeln und diese Methode zu veröffentlichen.

Der Göttlichen Kraft in mir, die mir alles gibt, um das zu tun, was zu tun ist.

Vorwort

Wie und warum MENTAL IN FORM entstand

Sehr geehrte Leserin, sehr geehrter Leser,

stellen Sie sich einmal vor, Sie könnten sich jeden Tag für jede Situation und für jeden Anlaß so motivieren, daß Sie

- immer reichlich Kraft und Energie zur Verfügung haben,
- sich nicht entmutigen lassen,
- in allen Situationen den Überblick behalten,
- Ihre Potentiale erkennen, aktivieren und richtig einsetzen,
- sich selbst und Ihre Werte zu schätzen wissen,
- frei von Abhängigkeiten werden,
- erfolgreich und glücklich Ihre beruflichen Ziele erreichen,
- sich schnell von negativen Fremdbeeinflussungen befreien,
- ein guter und geduldiger Zuhörer sind,
- ein harmonisches Privatleben führen,
- alles tun, um Ihre Gesundheit zu fördern,
- sich Zeit nehmen für die Dinge, die wirklich wichtig sind.

All das und vieles andere mehr können auch Sie erreichen. Fangen Sie gleich jetzt damit an! Machen Sie mit! Was immer Sie verwirklichen wollen, der Schlüssel dazu heißt:

»Sich positiv motivieren.«

Sie aktivieren damit enorme Energien, die Sie fähig machen, all die in Ihnen vorhandenen Möglichkeiten einzusetzen. Erleben Sie die Wirkung am eigenen Körper, wenn Sie bestimmte Leitsätze durch Ihre Stimme, Mimik, Gestik und

Körperbewegungen voll zum Ausdruck bringen. Auch in Ihnen sind große Potentiale vorhanden, die nur darauf warten, richtig zum Einsatz zu kommen. Alle Übungen, die ich in diesem Buch für Sie zusammengestellt habe, zeigen Ihnen, wie Sie sich mental auf Ihre Wünsche, Pläne und Ziele wirkungsvoll einstellen, um sie zu realisieren. Und dies ganz ohne Kopflastigkeit und Gehirnakrobatik. Vielleicht denken Sie jetzt: »Und das soll funktionieren?« Ich verspreche Ihnen:

»Es funktioniert wirklich und macht Ihnen sogar noch Spaß!«

Das weiß ich aus eigener Erfahrung. Ich hatte einige schwere Jahre zu überwinden. Schicksalhafte Ereignisse überschatteten früh mein Leben. Ich war sehr unglücklich und deprimiert und wußte oft nicht mehr weiter. Damals hatte ich eine festgefahrene und einseitige Einstellung zu Harmonie. Die Rebellion, die in mir immer stärker wurde, um mich vor dem, was mir seelische Schmerzen bereitete, zu schützen und mein gleichzeitiges Bedürfnis nach Harmonie behinderten und unterdrückten sich gegenseitig. Es war für mich eine sehr belastende Zeit mit schweren Herausforderungen und Entscheidungen. Ich bin froh und dankbar, daß es mir gelungen ist, diesen Konflikt zu lösen.

Nachdem ich mich entschloß, meinen eigenen Weg zu gehen, lernte ich im weiteren Verlauf meines Lebens viele wunderbare Menschen kennen und machte sehr wichtige und außergewöhnliche Erfahrungen. Sie haben mir gezeigt, wie kostbar und wertvoll das Leben ist. Ich mobilisierte all meine Kräfte und machte das Beste aus meiner damaligen Situation. Ich fand, wonach ich schon lange suchte und was mir, solange ich denken kann, wichtig war und nach wie vor wichtig ist.

Inzwischen konnte ich schon viele Menschen motivieren, ihnen Freude vermitteln und zeigen, daß jede Situation gemeistert und jedes Ziel erreicht werden kann, ganz gleich, welchen Anschein die Dinge zunächst haben. Das Wichtigste dabei ist auch für Sie, Ihre inneren Kräfte selbst so zu mobilisieren, daß Sie ohne Zögern konsequent und erfolgreich handeln, wie der Augenblick es erfordert.

Während meiner langjährigen beruflichen Tätigkeit habe ich erkannt, daß das Glück jedes Menschen davon abhängt, welchen Sinn und Inhalt er selbst seinem Leben gibt. Ich weiß, was es heißt, sich dabei nicht entmutigen zu lassen.

Seit 1985 bin ich als Klangtherapeutin und Mentaltrainerin in der eigenen Beratungspraxis tätig und habe viel Außergewöhnliches und Bemerkenswertes gesehen und erlebt. Ich hielt zahlreiche Kurse und Seminare für Krankenkassen, Volkshochschulen und andere Auftraggeber und führe inzwischen eigene Seminare durch. Bei der Betreuung vieler Klienten und Teilnehmer kamen immer wieder die gleichen Fragen aus den Bereichen Persönlichkeit, Beruf, Finanzen, Familie, Partnerschaft, Sport, Freizeit und anderen:

Warum werden Erwartungen und Hoffnungen enttäuscht? Warum gehen Wünsche nicht in Erfüllung? Wie können effektiv und nachhaltig Probleme gelöst, Pläne verwirklicht und Ziele erreicht werden? Wie läßt sich das Mühlrad im Kopf, dieses energieverzehrende Abspulen der immer gleichen Gedankenkette ohne verwertbare Ergebnisse, sinnvoll beeinflussen? Warum funktioniert das »positive Denken« nicht immer, obwohl es regelmäßig angewendet wird? Worin besteht der Sinn meines Lebens?

Diese Fragen hatte ich mir früher auch gestellt. Sie haben mir die Dringlichkeit für ein in der heutigen Zeit unerläßliches, gezieltes Mentaltraining bewußt gemacht und mich veranlaßt, nach wirkungsvollen, praktikablen und immer wieder anwendbaren Lösungen zu suchen, die ich dann auch fand.

So entstand die erfolgreiche Motivationsmethode MENTAL IN FORM. Ich und mit mir schon viele andere Menschen wenden sie regelmäßig an, weil wir wissen, wieviel Kraft von ihr ausgeht. Wir erleben uns neu von einer ganz anderen Seite. Als ich die Lösung fand, wurde mir klar, daß die Brücke zwischen Geist und Materie, zwischen Denken und Handeln, durch die Kraft der Motivation entsteht. Sie war das fehlende Bindeglied, das ich lange gesucht hatte.

Und nun schließt sich der Kreis: Ich habe MENTAL IN FORM geschrieben, damit auch Sie die Kraft der Motivation nutzen können. Jeder von uns trägt in sich enorme Kräfte, die immer zur Verfügung stehen, wenn sie gebraucht werden.

Erleben auch Sie Ihre eigenen mächtigen Potentiale! Durch Ihre aktive Mitarbeit machen Sie beeindruckende Erfahrungen, von denen Sie noch lange profitieren werden.

Was immer Sie für Ziele, Pläne und Wünsche haben: Setzen Sie Ihre Fähigkeiten ein – gestalten Sie Ihr Leben!

Motivieren Sie sich, Erfolg zu programmieren, Ziele zu erreichen, Streß und Fremdsteuerungen abzubauen, schwierige Situationen zu meistern, Persönlichkeit und Ausstrahlung zu entwickeln und über sich selbst hinauszuwachsen.

Mein Buch zeigt Ihnen mit aktiven Übungen, Anmerkungen und themenergänzenden Beiträgen den richtigen Weg.

Machen Sie mit, dann sind auch Sie schon bald

MENTAL IN FORM!

Das wünscht Ihnen von Herzen

Ihre Ludovika Helm

Auf der Suche nach einer wirkungsvollen Methode

In unserem Gehirn gibt es nach neusten Schätzungen zwischen 50–100 Milliarden Nervenzellen. Das ist für viele von uns eine kaum vorstellbare Zahl.

Diese Nervenzellen stehen alle miteinander in Verbindung und transportieren Informationen. Wenn wir uns diese Tatsache einmal wirklich bewußt machen, können wir auch erahnen, daß wir mit diesen Nervenzellen wesentlich mehr tun können, als aufzustehen, zu arbeiten, ein paar Worte zu wechseln, uns aufzuregen, zu schimpfen, zu resignieren, zu essen, zu trinken, zu schlafen, uns im Schlaf hin und her zu wälzen, weil wir vielleicht nicht in der Lage sind, unsere Sorgen auszublenden, um dann dasselbe Tag für Tag wieder von vorne zu erleben.

Alles, was sich in unserem Leben ereignet, wird zu 100 Prozent zuerst in unserem Kopf gestaltet. Die Entscheidung über Sorge oder Glück, Versagen oder Erfolg, Krankheit oder Gesundheit fällt bereits auf der mentalen Ebene, bevor sie sich als sichtbare Ergebnisse zeigen. Es ist die Art und Weise, wie wir über uns selbst, unsere Ziele, über andere Menschen und über die Welt, in der wir leben, denken und dementsprechend handeln.

Ich habe jahrelang die unterschiedlichsten Denk-, Verhaltens- und Reaktionsweisen aufmerksam beobachtet. Dabei stellte ich gravierende Unterschiede fest zwischen dem, was anerzogen war und zur Gewohnheit wurde, und dem, was aus sich selbst heraus gelebt werden kann.

Oft werde ich von Menschen, die mich in meiner Praxis das erste Mal aufsuchen, darauf angesprochen, warum das positive Denken nicht immer funktioniert und weshalb sich bei Entspannungs- oder Meditationstechniken ablenkende und irritierende Gedanken einstellen, selbst bei den Menschen, die diese Techniken schon einige Zeit praktizieren. Vielen fiel es schwer, ihre Aufmerksamkeit auf ein einziges, gegenwärtiges Thema aufrecht zu erhalten, weil sie sich von ihrem inneren Dialog emotional beherrschen ließen. Das beschäftigte mich sehr. Ich selbst habe mich intensiv damit befaßt, meine Aufmerksamkeit mit speziellen Übungen genau auf einen Punkt zu lenken, und ich konnte sehr gut nachempfinden, was die

Menschen, die zu mir kamen, bewegte. Meine damaligen Möglichkeiten der mentalen Arbeit brachten recht gute Ergebnisse, aber mir fehlte etwas sehr Wesentliches, etwas, das ich genau fühlen, aber nicht benennen und greifen konnte. Ich machte mir Gedanken darüber, ob es möglich sei, schneller zu der eigenen Essenz vorzudringen, als ich es bis dahin konnte. Ich wußte ja, daß wir durch den direkten Kontakt mit unserem Wesenskern unsere Potentiale und Fähigkeiten ganz anders leben können, aber ich gab mich nicht damit zufrieden, daß dazu immer Jahre vergehen, bis sie eingesetzt werden können.

Eines Tages wiederholte sich in meinem Kopf immer wieder derselbe Satz: »Beobachte und analysiere alles unter energetischen Merkmalen.« Bis zu diesem Zeitpunkt dachte ich, ich hätte das schon all die Jahre getan. Aber da täuschte ich mich. Dieser Satz wiederholte sich mehrere Wochen lang in meinem Inneren. Als wäre er ein Türöffner, sah ich plötzlich alles um mich herum mit anderen Augen. Meine Aufmerksamkeit war auf Dinge gerichtet, die mir vorher nicht aufgefallen waren. Ich konnte wahrnehmen, daß wir mit unserer Stimme und unserer Art, den Körper zu bewegen, mehr übermitteln als nur Gemütsregungen.

Ich hatte die Gelegenheit, erfolgreiche Menschen aus den Bereichen Management, Medizin, Jura und Sport kennenzulernen. Jedes Gespräch brachte mir neue Impulse, und ich habe viel gelernt.

Ich hielt Ausschau nach einem gemeinsamen Nenner, nach etwas, das alle Menschen in bestimmten Situationen auf die gleiche Art und Weise tun. Alles, was sich unter praktischen Kriterien beobachten, studieren und anwenden ließ, erweckte sofort mein reges Interesse: Mimik, Gestik, Körperbewegung, die Art des Sprechens und welche Gedanken wie zum Ausdruck gebracht wurden. Ich beobachtete die Energien, die dabei entstanden.

Leistungssportlerinnen und Leistungssportler nutzen ihre kurzen Pausen während eines Wettbewerbs, indem sie sich z. B. durch motivierende, dynamische Leitsätze oder durch kleine rituelle Gesten positiv stimulieren. Sie wenden regelmäßig mentales Training an, das sie im Wechsel mit dem praktischen Training gleichwertig ausüben. Oft machen sie das sogenannte »Trockentraining«, das sich dadurch auszeichnet, daß das, was zu tun ist, mental in allen Varianten durchgespielt wird. Dieses Trockentraining wird auch von anderen Berufsgruppen genutzt, manchmal auch mit Modellen, die der Originalsituation entsprechen, z. B. im Management, bei der Feuerwehr, der Polizei, bei den Bühnenbeleuchtern und Konzertveranstaltern.

Ich verbrachte viel Zeit damit, zu beobachten, wie Menschen in verschiedenen Situationen und Bereichen reagieren, wie sie ihre Freude, ihr Erfolgsstreben und ihren Einsatzwillen körperlich zum Ausdruck bringen. Es waren in der Grundstruktur immer die gleichen Bewegungsabläufe und Verhaltensmuster. Wenn wir

zu einem anderen Menschen Abstand halten wollen, machen wir eine abwehrende
Geste. Freuen wir uns über unseren Erfolg, reißen wir begeistert die Arme hoch
und fühlen uns super, und so gibt es noch viele weitere Beispiele.

So kam ich auf die Idee, ein System zu entwickeln, das es ermöglicht, z. B. die
Energie eines Siegers schon im voraus zu nutzen. Ich war mir sicher, daß sich diese
Erfahrungswerte durch den Einsatz von Stimme und Körper auf andere Menschen
übertragen lassen und als Ressourcen für jeden sofort zur Verfügung stehen.

Zu diesem Zeitpunkt kam ich auch in den Besitz eines außergewöhnlichen
Filmmaterials über die Shaolin–Mönche aus der Provinz Hainan in China. Sie
zeigten auf sehr eindrucksvolle Weise, wie sie durch genau zugeordnete Bewegungen ihren Körper in einen energetischen Zustand brachten, der sie unverletzbar
machte. Es war deutlich zu sehen, wie sie auf ihren Energiekörper Einfluß nahmen.
Sie erzeugten mental eine bestimmte Qualität von Energie, die sie auf ihre Bewegungen übertrugen. Jeder Mensch hat einen derartigen Energiekörper und kann
ihn beeinflussen, auch wenn nur wenige ihn sehen können.

Ich wußte, daß dieses Filmmaterial nicht ohne Grund den Weg zu mir gefunden
hatte. Für mich war es eine Bestätigung, daß ich mich in die richtige Richtung
bewegte.

Ich suchte nach einem Weg, wie ich die mentalen und körperlichen Komponenten miteinander verbinden konnte, damit sie sich in ihrer energetischen Wirksamkeit ergänzen und steigern. Meine Aufgabenstellung, die ich aus allen bisherigen
Erkenntnissen zusammengefaßt hatte, lautete daher:

- Wie lassen sich Verstand und Emotion in ein ausgewogenes Verhältnis bringen?

- Wie werden destruktive Gedanken entkräftet und die mentale Aufmerksamkeit
  auf die erwünschten Ziele gerichtet?

- Was ist zu berücksichtigen, damit während des Übens die widersprüchlichen
  inneren Kommentare ausbleiben, also der sonst übliche innere Dialog ausgeblendet wird und sich konstruktive Energie entfalten kann?

- Was hat der Körper zu tun, um lang genug in Übereinstimmung mit den
  zielorientierten Gedanken zu bleiben und körperchemisch auf das emotionale
  Erleben einzuwirken, damit sich das Energiefeld positiv verändert?

- Welche Intensität und Qualität ist für den Vorgang der mentalen Aufmerksamkeit und des Sprechens erforderlich?

So kam es, daß in mehrjähriger Arbeit die Methode MENTAL IN FORM entstand. Zuerst wendete ich sie an mir selbst, bei Freunden und Bekannten an. Dann integrierte ich sie in meine Praxisarbeit. Die Ergebnisse waren sehr bemerkenswert, und ich baute immer mehr Übungen in die Kurse und Seminare ein. Sie wurden begeistert aufgenommen. Alle meine Überlegungen bestätigten sich und übertrafen meine kühnsten Erwartungen. Ich habe ein wichtiges Bindeglied gefunden, das jedem Menschen einen Einstieg ermöglicht, die mentale Aufmerksamkeit mit Stimme und Körper zu lenken.

Im Kopf können wir zwar sehr schnell Wünsche, Ideen und Pläne entwickeln, sie aber in greifbare Ergebnisse umzusetzen, ist eine Sache für sich. Viele gute Vorsätze sind schon aufgegeben worden, weil die dafür erforderliche Aufmerksamkeit und Ausdauer nicht vorhanden war, weil wir uns mental selbst entmutigt haben oder uns von anderen etwas ein- oder ausreden ließen. Materie hat ihre eigenen Gesetzmäßigkeiten der Schwerkraft und des Faktors Zeit. Sie erfordert den persönlichen emotionalen und körperlichen Einsatz. Und was kann da besser sein, als eine Brücke zu bauen, die darin besteht, sich zur rechten Zeit, am rechten Ort mental und körperlich zu motivieren, damit wir nicht auf halbem Weg stehen bleiben.

Wir Menschen reagieren wie die Saite einer Geige: Wird sie zu stark gespannt, reißt sie. Ist sie zu locker, gibt sie keinen Ton von sich. Wenn die optimale Spannung vorhanden ist, kommt sie wunderbar zum Klingen.

Wie Sie dieses Buch optimal nutzen

Dieses Buch ist ein praktisches Handbuch mit zahlreichen Anleitungen und motivierenden Übungen, die Sie leicht und bequem in Ihren Alltag integrieren können, wann immer Sie sich die Zeit dafür nehmen wollen. Auf zuviel Theorie habe ich bewußt verzichtet, um Ihnen viel Praktisches zu vermitteln. Dennoch enthalten die einzelnen Kapitel theoretische und wissenswerte Informationen, die Ihnen einen Überblick über die Zusammenhänge verschaffen und neue Denkansätze geben.

Ich empfehle Ihnen folgende Möglichkeiten, wie Sie mit diesem Buch optimal arbeiten:

* Sie können das Buch systematisch von vorne nach hinten durcharbeiten.

* Wenn Sie mit den vorbereitenden Übungen beginnen wollen, lesen Sie zuerst die **Einführung**, damit Sie wissen, worum es geht. Dann wenden Sie sich dem **Ersten Teil** zu, **wie Sie sich auf das mentale Training vorbereiten**, und lesen

aufmerksam all das, was dort zusammengefaßt ist. Es bleibt Ihnen jedoch über-
lassen, ob Sie sich als erstes den vorbereitenden Übungen zuwenden wollen oder
sich gleich dem mentalen Training widmen. Die vorbereitenden Übungen können Sie zu jeder Zeit hinzunehmen.

- Wenn Sie gleich die 30 Übungen von MENTAL IN FORM und deren Anwendung
  kennenlernen wollen, lesen Sie zunächst die **Einführung**. Daran anschließend
  widmen Sie sich im **Ersten Teil** dem **mentalen Training, wie Sie sich mit
  Stimme und Körper motivieren**. Lesen Sie dort alles bis Übung 1, dann wissen
  Sie, wie jede der 30 Übungen aufgebaut ist und was es dabei zu beachten gibt.
  Danach gehen Sie dazu über, sich eine Übung nach Ihrer Wahl auszusuchen, um
  MENTAL IN FORM in der praktischen Anwendung zu erleben und sich damit
  vertraut zu machen.

- Wenn Sie in Ihrer Beweglichkeit eingeschränkt sind, z. B. durch Behinderung,
  Gewichtsprobleme oder altersbedingt, dann finden Sie spezielle Ergänzungen
  sowohl im **Ersten Teil** bei den **vorbereitenden** Übungen als auch im **Zweiten
  Teil**. Besonders der **Zweite Teil** enthält Beispiele mit geänderten Haltungen
  und Bewegungsabläufen, die auf die 30 Übungen von MENTAL IN FORM übertragbar sind.
  Lesen Sie zunächst im **Ersten Teil** alles über das **mentale Training, wie Sie
  sich mit Stimme und Körper motivieren**, bis Übung 1. Dann wissen Sie, was
  es bei den 30 Übungen zu beachten gibt. Daran anschließend lesen Sie den
  Zweiten Teil. Vergleichen Sie Übungsbeispiel 1 und 2 mit den Übungen 12 und
  30 im **Ersten Teil**. Verinnerlichen Sie die minimalen Veränderungen der verschiedenen Haltungen im Sitzen, bis Sie das Prinzip verstanden haben. Dann
  können Sie alle Übungen mit den jeweiligen Änderungen durchführen.

- Wenn Sie mit den praktischen Übungen vertraut geworden sind, wenden Sie
  sich dem **Dritten Teil** zu. Dort finden Sie weitere Empfehlungen, z. B. wie oft
  Sie die einzelnen Übungen anwenden können, wie Sie sich ein Trainingsprogramm nach eigenen Bedürfnissen zusammenstellen und vieles mehr.

EINFÜHRUNG

Was Sie vor dem Üben wissen sollten

Was Sie vor dem Üben wissen sollten

Was ist MENTAL IN FORM?

MENTAL IN FORM ist eine neue, erprobte, aktive und ganzheitliche Motivationsme-thode, die es Ihnen ermöglicht, Ihre mentalen Fähigkeiten und Potentiale so zu stärken und zu nutzen, daß Sie Ihren Alltag und Ihr Leben mit neuem Schwung und Mut meistern. Sie ist eine Synthese aus kybernetischen Leitsätzen (Kybernetik ist die von Dr. Norbert Wiener begründete Lehre vom Erreichen vorgegebener Ziele durch automatisch ablaufende Steuerungsprozesse) und darauf abgestimm-ten Körperbewegungen, eine wirkungsvolle Verbindung von Denken, Sprechen, Mimik, Gestik und Körperausdruck, die gleichzeitig erfolgen. Dabei übernehmen die Leitsätze, Ihre Stimme und Ihr Körper wichtige Aufgaben.

Der spezielle und dynamische Ablauf jeder Übung setzt durch diese drei Fakto-ren energetische Steuerungs- und Wirkmechanismen in Gang, die zu erstaunli-chen Ergebnissen führen. Das Erfolgsrezept dieser Methode besteht darin, daß mentale und körperliche Komponenten gleichwertig und gleichzeitig in Aktion sind, eine Kombination, die es in anderen mentalen Trainingsmethoden in dieser Form nicht gibt. Sie ist weder kopflastig noch einseitig körperorientiert.

Bei MENTAL IN FORM geht es nicht darum, daß Sie etwas »zerdenken« oder ein Symptom behandeln. Es geht auch nicht darum, daß Sie Ihr fotografisches Ge-dächtnis trainieren, um sich möglichst viele Dinge merken zu können. Vielmehr lernen und erfahren Sie, wie Sie Ihre mentale Aufmerksamkeit koordiniert lenken und sich selbst ohne fremde Hilfe energetisch motivieren, um das zu erreichen, was das Leben für Sie persönlich lebenswert macht. Nicht nur darüber reden, sondern auch folgerichtig denken und handeln – fähig sein, Schwierigkeiten zu überwinden – die größtmögliche Energie aktivieren und freisetzen für das, was Sie zu erreichen wünschen – Ihre inneren Zustände, Ihr Verhalten und damit auch Ihre Ausstrah-lung sinnvoll verändern, damit Sie nicht zum Ping-Pong-Ball emotionaler Fehl-steuerungen werden.

Es ist wichtig, daß Sie lernen, sich mit Ihren Wünschen, Plänen und Zielen zu identifizieren, ohne den Weg zum Erfolg von vornherein durch destruktive Denkgewohnheiten zu behindern oder zu blockieren. Wenn Sie davon frei werden, gibt es viele Möglichkeiten, wie Sie Ihre Wünsche, Pläne und Ziele in Ihrem Leben verwirklichen können.

MENTAL IN FORM ist eine aktive und motivierende Lebenshilfe, die von Ihnen jeden Tag oder wann immer Sie sich Zeit dafür nehmen, mühelos praktiziert werden kann. Sie besteht aus zielgerichteten Übungen, die für Menschen jeder Altersstufe geeignet sind. Ob sportlich oder nicht, alt oder jung: eine besondere Kondition oder Voraussetzung ist nicht erforderlich. Personen z. B. mit Bewegungseinschränkungen können auch im Sitzen üben.

Diese Methode setzt neue Akzente und Maßstäbe, wenn es darum geht, mentales Training emotional erlebbar zu machen. Sie geht über die bisherigen Möglichkeiten des positiven Denkens weit hinaus und bietet etwas für jeden, der mehr aus sich und seinen Fähigkeiten machen möchte. Und noch ein weiterer Vorteil: Während Sie Ihre mentalen Kräfte durch den Einsatz von Leitsatz, Stimme und Körper mobilisieren, halten Sie auch Ihren Körper fit – eine Methode der besonderen Art, die gleichzeitig Ihre mentale Entwicklung und Ihr körperliches Wohlbefinden fördert.

Warum MENTAL IN FORM in der heutigen Zeit so wichtig ist

Wir leben in einem Zeitalter, in dem unsere mentalen Fähigkeiten immer mehr gefordert sind und an Bedeutung gewinnen. Streß, Hektik, kommunikative Schwierigkeiten, negative Fremdbeeinflussungen, ständig kreisende Gedanken, Reizüberflutungen und dauernde Lärmkulissen sind nicht mehr wegzudiskutierende Belastungen und Störfaktoren, die sich rasant ausbreiten und das tägliche Leben erheblich beeinträchtigen. Alles muß schnell gehen, am besten im Turbogang. Gefordert wird immer mehr Leistung in weniger Zeit und für weniger Geld. Wir haben für die Dinge, die wirklich wichtig sind, kaum noch Muße. Selbst im Krankheitsfall wird nach Turboheilung verlangt.

In einem Raum, in dem sich viele Menschen aufhalten, sind wir von den unzähligen Gedanken der anderen energetisch sehr beansprucht. Wir sind umgeben von zahlreichen unterschiedlichen sogenannten morphogenetischen Feldern (siehe auch Kapitel »Gedanken sind Steuerungsenergien«), von denen die destruktiven in der heutigen Zeitqualität überwiegen. Diese wirken ständig auf uns ein und machen uns sehr zu schaffen. Genauer gesagt, es wirken mehr Energien aus den unsichtbaren Bereichen auf uns ein, als sich viele von uns überhaupt vorstellen können oder eingestehen wollen.

Immer mehr Menschen klagen darüber, oft erschöpft, unausgeglichen und bei

ihren Entscheidungen wie gelähmt zu sein. Pessimistisches Denken und Ratlosig-
keit breiten sich aus wie eine Epidemie. Die bisherigen Rezepte greifen nicht mehr,
und die Freude am Leben und am eigenen Tun läßt nach. Es fehlen oft die
aufbauenden Perspektiven. Aufgestaute Aggressionen und Frust werden u. a. auf
der Straße über das Gaspedal ausgelebt, und der Tabletten-, Alkohol- und Drogen-
konsum ist rapid gestiegen. Alle Lebensbereiche sind von diesen Auswirkungen
betroffen, ganz gleich ob im Beruf oder Privatleben. Das ist wie ein Kreislauf-
system mit Rückkoppelung, bei dem ein Bereich auf den anderen wirkt.

Mental wird von uns sehr viel verlangt. Wir haben jeden Tag eine Flut von
Informationen zu verarbeiten. Alles, was wir sehen, hören, fühlen, riechen und
schmecken, aber auch alles aus unsichtbaren Bereichen, auf das wir reagieren, mag
es für uns noch so unbedeutend sein, wird auf der unbewußten Ebene aufmerksam
registriert und zugeordnet. Dieser Vorgang geschieht sehr schnell. Je nachdem,
wie wir etwas mental verarbeiten, trägt dies dazu bei, ob wir uns körperlich, geistig
und seelisch wohl oder unbehaglich, ausgeglichen oder nervös fühlen.

Wir spüren intuitiv, daß ein Ausgleich dringend erforderlich ist, der uns widerstandsfähig und energiegeladen macht. Viele Menschen finden ihn im Freizeitsport. Als ich noch in der orthopädischen Physiotherapie tätig war, konnte ich
mich oft selbst davon überzeugen, wie einfache und gezielte Gymnastik Rük-
kenschmerzen und Steifheit der Gelenke aufgelöst hat. Inzwischen gibt es aus
Fachkreisen zahlreiche Meldungen, daß Fitness-Training, Gymnastik, Radfahren,
Schwimmen, Wandern, Tennis usw. positiv unser Immunsystem stimulieren und
die Funktionen der Körperzellen anregen. Diese Sportarten steigern das allge-
meine Wohlbefinden und erneuern den Körper. Immer mehr Ärzte empfehlen
ihren Patienten, sich in Maßen sportlich zu betätigen. Nicht umsonst hat der
Freizeitsport eine so große Resonanz und Breitenwirkung in der Bevölkerung.
Intuitiv machen viele das, wonach ihr Körper verlangt.

Dies zeigen u. a. tagtäglich die vielseitigen Angebote der Sportvereine und
Fitness-Studios. Ebenso boomt es förmlich im Heimtrainerbereich. Unterschied-
lichste Geräteneuheiten erobern den Freizeitsektor. In der Sportmedizin ist schon
lange bekannt, daß durch gezielte körperliche Aktivitäten körperchemische Substanzen, sogenannte »Endorphine«, erzeugt und freigesetzt werden, die zu einem
Stimmungshoch führen und das Leistungsniveau steigern. Wie aus zahlreichen
Rückmeldungen hervorgeht, fühlen sich freizeitaktive Sportlerinnen und Sportler
nach dem Training körperlich und psychisch einfach »gut drauf«. Körperaktivität
ist die eine wichtige Komponente, um Streß abzubauen und dessen Folgen zu
neutralisieren.

Genauso wichtig und nicht zu vernachlässigen ist die zweite Komponente,
nämlich zu wissen, wie wir unsere geistigen Potentiale optimal nutzen können.

Mentale Stärke ist das einzige Mittel, um belastende sichtbare und unsichtbare Einflüsse in uns und um uns herum unwirksam zu machen. Unsere Wahrnehmungs-, Leistungs- und Freudefähigkeit ist davon abhängig, in welcher mentalen Verfassung wir uns befinden, ganz gleich ob im Privatbereich, im Beruf, in der Ausbildung oder im Sport.

Mentales Training ist in der heutigen Zeit unverzichtbar und von unschätzbarem Wert. Psychologen und Mediziner bestätigen immer wieder, daß Menschen, die gezielt und regelmäßig mentales Training und Entspannungstechniken anwenden, leistungsfähiger sind als diejenigen, die vorgeben, dafür keine Zeit zu haben. Namhafte und erfolgreiche Personen aus Management, Wirtschaft, Wissenschaft, Politik, Sport und Unterhaltung wissen darum und machen ständig davon Gebrauch. Ohne diese Maßnahmen wären sie in der heutigen Zeit nicht fähig, täglich solche Leistungen zu erbringen.

MENTAL IN FORM ermöglicht eine gänzlich neue und dynamische Anwendung des mentalen Trainings. Es vereinigt in sich beide Komponenten, sowohl die körperliche als auch die mentale. Beide ergänzen sich. Sie haben somit eine zeitgemäße Trainingsmethode, um Ihre inneren und äußeren Lebensräume günstig zu beeinflussen.

Zwar lassen sich die enormen Belastungen der heutigen Zeit nicht immer vermeiden. Übergeordnete Faktoren bestimmen den Lauf der Dinge und entziehen sich oft unserer direkten Einflußnahme. Aber jeder von uns kann in seinen Lebensbereichen dafür sorgen, mögliche Folgeschäden zu mildern oder sogar zu verhindern. Alles, worauf wir persönlich einwirken können, läßt sich auch durch die in uns vorhandenen Kräfte konstruktiv verändern. Wir können unser Denken in eine Richtung lenken, die uns frei macht von fremden Einflüssen und eigener Stagnation, die uns die Zeit anders einteilen läßt, die uns fähig macht, den Anforderungen des Lebens im Hier und Jetzt gewachsen zu sein und mit der es uns gelingt, erfolgreich unser Leben zu meistern, mit allen dazu erforderlichen Lernschritten.

Was wir heute dringend brauchen, ist nicht Beschleunigung, damit noch mehr Arbeit in unseren Tagesablauf hineingepackt werden kann. Nein! Was wir brauchen, ist Entschleunigung, um zur Besinnung zu kommen, und Fragen wie »Was möchte ich? Was ist mir wirklich wichtig?« beantworten zu können. Wir brauchen mehr Zeit, um all die vielen Informationen und Einflüsse in unser Wertsystem einordnen, verarbeiten und bewerten zu können. Wenn Sie sich diese Zeit nehmen, gelingt es Ihnen, sich Ihre Kräfte bewußt zu machen, sie zu optimieren und sie ökonomisch im Alltag einzusetzen. Also: Mehr Lebensqualität und bessere Leistungsfähigkeit, durch sinnvoll genutzte Zeit!

Der Aufbau von MENTAL IN FORM und wie die Übungen wirken

Der Aufbau von MENTAL IN FORM besteht daraus, **wie Sie sich auf das mentale Training vorbereiten**, aus dem **mentalen Training, wie Sie sich motivieren mit Stimme und Körper** und **wie Sie Ihr Trainingsprogramm beenden**. Das gesamte Trainingsprogramm ist im **Ersten Teil** enthalten.

Die **Vorbereitung** schafft durch einfache, wirkungsvolle Übungen alle Voraussetzungen, körperliche Spannungszustände und Stauungen abzubauen, Energiedefizite auszugleichen und Ihre Gehirnwellen in den Alphabereich zu bringen. Dadurch stehen Ihnen alle erforderlichen Energien für das nachfolgende mentale Training zur Verfügung, und die positiven Veränderungen treten schneller ein.

Daran anschließend folgt das **mentale Training**. Dort mache ich Sie damit vertraut, wie Sie sich durch den speziellen Einsatz von Leitsätzen, Stimme und Körperbewegungen gezielt motivieren und gleichzeitig auf verschiedenen Bewußtseinsebenen programmieren, um Ihre mentalen Fähigkeiten zu steigern. Es stehen Ihnen 30 Übungen nach freier Wahl zur Verfügung. Jede Übung aus diesem Teil dauert, wenn Sie sie verinnerlicht haben, nicht länger als 3–5 Minuten und besteht aus 3 Schritten.

Schritt 1: Denken und Sprechen des mentalen Leitsatzes
Schritt 2: Ausführung der Körperbewegungen und
Schritt 3: Koordination und Synchronisation des mentalen Leitsatzes mit den Körperbewegungen von Schritt 2

Jede Übung aktiviert 3 Wahrnehmungs- und Aktionsebenen: die visuelle, auditive und kinästhetische. Was Sie körperlich ausführen, findet gleichzeitig auch in Ihrem Inneren statt: **visuell** = alles was Sie sehen, **auditiv** = alles was Sie hören, **kinästhetisch** = alles was Sie fühlen, empfinden und spüren. Dies betrifft sowohl Ihre physischen als auch Ihre geistigen Sinneswahrnehmungen und Funktionen. Ihr inneres und äußeres Wahrnehmen und Erleben ist auf allen Ebenen während des Übungsablaufes koordiniert und synchronisiert. Dies geschieht, weil Ihre emotionale Erlebnisfähigkeit voll mit einbezogen wird.

Die konstruktiven mentalen **Leitsätze** übernehmen durch den gelenkten Vorgang des Denkens die Aufgabe eines Informationsträgers, mit dem Sie Ihr Unterbewußtsein programmieren. Es sind Steuerungsimpulse zur Zielorientierung und Zielerreichung. Um die Wirkung zu vertiefen und zu optimieren, werden diese Leitsätze gesprochen. Damit aktivieren Sie den **auditiven** Bereich. Die **Stimme** wird gezielt trainiert und erzeugt Schwingungen, sogenannte »resonante Effekte«, die sich auf den Körper übertragen. Das Gehirn nimmt diese Schwingungen als Information wahr und entschlüsselt sie. Über die Neurotransmitter (chemische Transportstoffe zur Nachrichtenübermittlung) werden sie weitergeleitet und lösen körperchemische Abläufe aus.

Gleichzeitig mit diesem Vorgang wird der Informationsgehalt des Leitsatzes durch spezielle **Körperbewegungen** dargestellt, d. h., bei jeder Übung ist der Körperbewegungsablauf dem Leitsatz angepaßt. Zusätzlich werden die Energieaufnahme des Körpers und die Energiefließrichtungen der Meridiane berücksichtigt. Während Sie den Leitsatz sprechen, aktivieren Sie gleichzeitig durch Körperbewegungen und Körperhaltung den **visuellen** und den **kinästhetischen** Bereich und machen den Informationsgehalt für Sie emotional erlebbar.

Sie sehen, wie Sie Ihre Arme, Hände, Beine und Füße in Position bringen und wie Sie sie in bestimmte Richtungen bewegen. Gleichzeitig spüren Sie jede Bewegung Ihres Körpers und Ihrer Muskeln, und es kommt auch durch diesen Vorgang zu körperchemischen Reaktionen. Der Stoffwechsel wird angeregt, es werden auf natürliche Weise körperchemische Substanzen freigesetzt, die eine stimmungsaufhellende und energetisch regenerative Wirkung auf Ihren Gemütszustand haben.

Sowohl der Klang Ihrer Stimme beim Sprechen des Leitsatzes als auch das Sehen und Fühlen Ihrer Körperbewegungen sind Ankerfunktionen, d. h., die Wirkung jeder Übung wird mit jedem Übungsablauf auditiv, visuell und kinästhetisch gespeichert und verstärkt. Sie vervielfacht sich und kann immer wieder abgerufen werden. Je öfter Sie die Übungen anwenden, um so größer werden Ihre Energiequellen.

Die Wirkung auf die körperchemischen Reaktionen und auf das emotionale Erleben wird intensiver, wenn mehrere innere und äußere Wahrnehmungsebenen gleichzeitig beteiligt sind. Diese Wirkung ist mit dem Vorgang des Denkens allein, also ohne gleichzeitigen Einsatz von Stimme und Körperarbeit, in dieser Intensität und Komplexität nicht zu erzielen.

Während des Übens wird Ihre mentale Aufmerksamkeit und Konzentration für eine bestimmte Zeitdauer leicht und spielerisch auf einen einzigen, definierten kybernetischen Gedanken gelenkt und aufrechterhalten. Der sonst übliche innere Dialog wird ausgeblendet, ein gedankliches Abdriften in andere Themenbereiche ist in diesen Minuten nicht mehr möglich, und die Steuerungsenergie kommt voll zur Wirkung. Sie erhalten Zugang zu einer Bewußtseinsebene jenseits Ihrer sonstigen Bewertungsmaßstäbe. Ihr physischer und der Sie umgebende feinstoffliche Körper enthalten die gleichen Informationen. Der dynamische und motivierende Übungsablauf verändert positiv Ihre Ausstrahlung und Ihre Energiefelder. Diese ziehen die Verwirklichung Ihrer Wünsche, Pläne und Ziele geradezu magnetisch an, und Sie selbst lernen sich dabei von einer ganz neuen Seite kennen.

Ihr **Trainingsprogramm beenden** Sie mit 3 Übungen, nachdem Sie die von Ihnen ausgewählten Übungen des mentalen Trainings durchgeführt haben. Damit stabilisieren Sie die von Ihnen bisher erzielten Ergebnisse und leiten den Umstieg in Ihren Alltag ein. Sie sind widerstandsfähig, immun gegen negative Einflüsse und allen Anforderungen besser gewachsen.

Was Sie mit den Übungen erreichen können

Wenn Sie die von Ihnen ausgewählten Übungen ausführen und in Ihren Alltag integrieren, haben Sie eine wirkungsvolle und zeitgemäße Methode, Ihrem Leben mehr Qualität zu geben. Was Sie damit alles erreichen können, fasse ich nachfolgend zusammen:

- Sie entwickeln mehr Engagement, Schwung und Mut für die Dinge, die zu tun sind.

- Sie haben mehr Freude daran, sich selbst zu erleben.

- Sie motivieren sich und mobilisieren alle Ihre Kräfte ohne fremde Hilfe.

- Sie schaffen die erforderlichen Voraussetzungen für klares zielorientiertes Denken.

- Sie verbessern die Koordination Ihrer energetischen, mentalen und körperlichen Steuerungsfunktionen.

- Durch den Einsatz von Leitsatz, Stimme und Körper gelingt es Ihnen, den sonst üblichen inneren Dialog auszublenden und Ihren Kopf freizumachen.

- Sie schulen Ihre mentale Aufmerksamkeit und Konzentration und sind in der Lage, sie auf einen einzigen zielorientierten Gedanken zu lenken und diesen für eine bestimmte Zeitdauer aufrecht zu erhalten.

- Sie dringen zu Ihrem eigenen Wesenskern vor und können Ihre Möglichkeiten und Fähigkeiten deutlich wahrnehmen und einsetzen.

- Sie machen sich konstruktives Denken zu einer neuen Gewohnheit und schaffen ein stabiles Gegengewicht zu den früheren destruktiven Gedankenketten.

- Sie werden immun und mental stark gegen störende und belastende Einflüsse von innen und außen. Verstand und Gefühl sind im Gleichgewicht und arbeiten zusammen.

- Ihre mentalen Steuerungen werden identisch mit dem, was Sie zu erreichen wünschen.

- Sie schulen Ihre Stimme und schöpfen alle ihre Möglichkeiten aus – Sie sprechen klarer und deutlicher als früher und mit mehr Sicherheit und Selbstvertrauen.

- Ihre Körperhaltung und Körperbewegungen verbessern sich – Sie gehen aufrecht durchs Leben und bewegen sich im Alltag sicher und selbstbewußt.

- Sie stellen das Gleichgewicht her zwischen Ihrer mentalen Entwicklung und Ihrem körperlichen Wohlbefinden.

- Sie fühlen sich geistig und körperlich fit – Ihre gesamte Ausstrahlung und Ihr Energiefeld verändern sich – Sie strahlen Positivität und Optimismus aus.

- Sie erhöhen und stabilisieren Ihre Lebensqualität und Ihre Erfolgsrate in den verschiedenen Lebensbereichen und Situationen.

- Sie erreichen einen Bewußtseinszustand jenseits Ihrer bisherigen Bewertungsmaßstäbe und Denkgewohnheiten, der neue Dinge in Ihrem Leben möglich macht.

- Sie lernen, sich und Ihre Werte zu schätzen und anzuerkennen und Ihre Bedürfnisse zu achten, denn die Art und Weise, wie Sie über sich selbst denken und wie Sie mit sich selbst umgehen, trägt entscheidend dazu bei, wie sich Ihr Leben entwickelt.

Wenn Sie den speziellen Übungsablauf von MENTAL IN FORM verinnerlicht haben und konstruktives Denken mehr und mehr zu Ihrer selbstverständlichen Gewohnheit geworden ist, dann ist es einfach für Sie, Ihre mentale Aufmerksamkeit jederzeit und an jedem Ort nach Ihrem Willen zu lenken.

Eine Übung, die Sie regelmäßig anwenden, läuft nach einer gewissen Zeit automatisch in Ihrem Kopf ab, wie ein Film. Das ist sehr sinnvoll in Situationen, in denen es Ihnen nicht möglich ist, sich zurückzuziehen, um alle Energiequellen mobilisieren zu können. Niemand sieht es Ihnen an, wenn Sie sich mental auf eine Situation einstellen und vorbereiten, aber Sie werden aus jeder Situation das Beste machen, weil Sie fähig sind, Ihre mentalen Kräfte zu konzentrieren.

Damit Sie Ihre Möglichkeiten der inneren Steuerung auf hohem Niveau halten und immer wieder wirksam einsetzen können, empfehle ich Ihnen, das aktive Üben ständig beizubehalten.

Über Leitsätze, Stimme und Körper

Wenn Sie schon einmal etwas über Hypnose oder Suggestion gelesen, gehört oder gesehen haben, dann wissen Sie vielleicht auch, daß gezielte Wortverbindungen und Sätze große suggestive Wirkungen im Unterbewußtsein auslösen können. Diese lassen sich noch durch visuelle und auditive Elemente verstärken. Sie kennen das z. B. aus der Fernsehwerbung. Nirgendwo sonst werden die verschiedensten Produkte durch Form, Farbe, Größe, plakative Sätze, Stimme, Musik und Lautstärke so wirkungsvoll in Szene gesetzt, wie in diesem Bereich.

Durch mein Bühnen- und Musikstudium habe ich eine Menge darüber gelernt, was sich mit Worten, Stimme und Körper alles zum Ausdruck bringen läßt. Ich studierte verschiedene Rollen ein, mit denen ich mich intensiv auseinandersetzte. Ich war fasziniert und begeistert von der Vielseitigkeit, wie bestimmte Charaktere herausgearbeitet und dargestellt werden können. Unterschiedliche Betonungen ein und desselben Satzes verändern total den informativen Inhalt, und eine bestimmte Geste kann an der richtigen Stelle mehr zum Ausdruck bringen als viele Worte.

Als Sprecherin für die Funkwerbung hatte ich für die jeweiligen Spots genau 30 Sekunden Zeit, um mit meiner Stimme eine Atmosphäre zu erzeugen, die das bildhafte Erleben völlig ersetzt. Machmal waren während dieser Zeitspanne 3 verschiedene Rollen zu sprechen, die mit akustischen Signalen versehen wurden, um diese Produkte möglichst interessant zu machen. Der dramaturgische Aufbau eines solchen Rundfunkwerbespots trägt entscheidend dazu bei, wie gut sich ein Produkt verkaufen läßt. Es hat mir riesigen Spaß gemacht, und ich weiß, daß sich diese Möglichkeiten von jedem auch im Alltag für die unterschiedlichsten Anlässe nutzen lassen.

Leitsätze

Kybernetische Leitsätze sind von entscheidender Bedeutung für die Zielerreichung. Aber das allein ist noch nicht genug. Wie so manche pessimistischen

Redensarten, die wir von uns geben, sind auch unsere Wünsche mit der gleichen emotionalen Anteilnahme zu denken und auszusprechen.

Alle Gedanken, die wir haben, und alle Worte, die wir sprechen, entwickeln eine immense Kraft und Energie, besonders dann, wenn sie mit entsprechenden Emotionen verbunden sind. Diese Gedanken und Worte steuern die Sinne unseres inneren Erlebens und katapultieren uns in die Vergangenheit, Gegenwart oder Zukunft. Sie beeinflussen entscheidend unser Wahrnehmungs-, Denk- und Unterscheidungsvermögen und damit auch, ob wir uns unwohl oder wohl fühlen, ob wir untätig bleiben oder tätig werden, ob wir versagen oder erfolgreich sind.

Stimme

Die Art, wie wir denken, beeinflußt den Klang unserer Stimme. Auch wenn jeder Mensch nur einen bestimmten Tonumfang hat, kann er doch innerhalb seiner Möglichkeiten hoch, tief oder in einer Tonlage dazwischen sprechen. Unsere Stimme bringt jede Gemütsregung zum Ausdruck. Wir können laut oder leise, schnell oder langsam sprechen, aber auch aggressiv, grell, metallisch, stockend, langweilig, lasch, brummig, fließend, weich, sanft, einfühlsam, dynamisch, überzeugend u. a. m.

Wenn wir uns geärgert haben, klingt unsere Stimme grell, und wir sprechen schneller und höher als sonst. Sind wir entspannt, klingt unsere Stimme tief und weich, und wir sprechen ausgewogen.

Es gibt Menschen, die eine so angenehme Stimme haben, daß wir uns von ihnen regelrecht angezogen fühlen. Manch einer hat sich schon in die Stimme eines anderen verliebt.

Die Möglichkeiten der Stimme werden von den meisten Menschen überhaupt nicht ausgeschöpft und weder bewußt noch gezielt eingesetzt. Für viele ist sie wie ein fremdes Element, zu dem sie kaum eine persönliche Verbindung haben – von Schauspielern, Sängern und Moderatoren einmal abgesehen, obwohl sie ihre Stimme täglich benutzen.

Viele meiner Klienten überraschte es, wenn sie bei der Wiedergabe der Sprechproben, die ich im eigenen Tonstudio von ihnen aufzeichnete, ihre Stimme nicht erkannten. Sie war ihnen fremd. Dies verunsicherte oder schockierte manchmal die Testpersonen, und das lag nicht an der Tontechnik. Erst nach weiteren Aufnahmen wurde ihnen ihre Stimme vertraut. Sie gewannen immer mehr Sicherheit im Umgang mit ihr, was sich auch im Alltag drastisch bemerkbar machte. Durch das Tonband hatten sie zum ersten Mal die Möglichkeit, etwas über ihre Stimme zu erfahren und daran zu arbeiten. Ich selbst kann mich noch gut daran erinnern, wie es mir erging, als ich meine eigene Stimme das erste Mal vom Tonband hörte.

Aber was kann intimer und persönlicher sein als der Klang der eigenen Stimme. In meinen Kursen und Seminaren lasse ich der Stimme gebührende Aufmerksamkeit zukommen, indem ich mit gezielten Übungen den Teilnehmerinnen und Teilnehmern ihre eigene Stimme näherbringe. Das war für sie immer eine bereichernde und außergewöhnliche Erfahrung.

Mit unserer Stimme erzeugen wir Vibrationen, die sich im ganzen Körper ausbreiten. Testen sie es selbst. Machen Sie dazu folgendes:

• Summen Sie leise einen tiefen Ton, den sie bis zum Ende dieses Tests mit gleichbleibender Lautstärke ständig wiederholen. Während Sie weitersummen, stecken Sie gleichzeitig den rechten Zeigefinger in das rechte Ohr und den linken Zeigefinger in das linke Ohr. Bewegen Sie jetzt die Zeigefinger langsam in den Ohren etwas hin und her, bis Sie die Stimme in Ihrem Inneren am lautesten hören. Nehmen Sie akustisch wahr, in welcher Lautstärke ihre Stimme im Inneren erklingt. Danach nehmen Sie die Zeigefinger aus den Ohren und hören sich den Klang ihrer Stimme bei gleichbleibender Lautstärke im Außen, d. h. über den Raum an. Nun stecken Sie die beiden Zeigefinger wieder in die Ohren, wie schon einmal, und vergleichen mit dem Klang zuvor. Sie können diesen Vorgang 2–3mal wiederholen, um die einzelnen Phasen – Ohren mit Zeigefinger und Ohren ohne Zeigefinger – deutlicher wahrnehmen zu können.

Sicher ist Ihnen während dieses Tests aufgefallen, daß Ihre Stimme im Inneren lauter klingt als im Außen, über den Raum, obwohl der Ton mit gleichbleibender Lautstärke gesummt wurde. Vielleicht konnten Sie auch die von der Stimme erzeugten Vibrationen über Ihre Zeigefinger, Ihre Brust oder Ihren Bauch spüren. Wenn nicht, können Sie es nachvollziehen, wenn Sie noch einmal einen tiefen Ton summen und dieses Mal dazu Ihre rechte oder linke Hand auf die Brustmitte legen.

Alle Knochen, Zähne, Organe, Drüsen sowie jede Zelle unseres Gehirns, alles wird in Schwingung versetzt, selbst wenn die Stimme leise klingt. Wenn wir sprechen, geschieht dies über den Tag verteilt unzählige Male.

Körper

Ebenso wie die Stimme werden unsere Körperhaltungen und Körperbewegungen von unseren Gedanken beeinflußt. Stehen unsere Gedanken und Verhaltensweisen in Widerspruch zu dem, was wir wirklich wollen und für unser Leben vorgenommen haben, erzeugt das mentale Spannungen, die sich körperlich festsetzen.

Jede Gemütsregung wird auch über unseren Körper zum Ausdruck gebracht und wie auf einer Festplatte gespeichert. Es gibt die nach vorn gebeugte, nach hinten geneigte, zur Seite verlagerte oder aufrechte Körperhaltung. Es gibt hängende oder hochgezogene Schultern. Der Kopf ist nach vorn, zur Seite, nach hinten geneigt oder aufrecht. Die Mundwinkel sind herabhängend, waagrecht oder hochgezogen. Die Bewegungen der Arme sind eng, fahrig, offen oder großzügig. Es gibt kleine, mittlere oder große Schrittlängen, eine schlurfende, schwerfällige, dynamische oder beschwingte Gangart usw.

Wenn wir uns traurig oder deprimiert fühlen, erzeugen wir eine Energie, die uns den Kopf nach unten neigen läßt. Scheint die Last des Lebens zu schwer, oder haben wir wenig Energie, hängen unsere Schultern herab und der Körper ist nach vorn gebeugt. Wird die Vergangenheit mental verdrängt, ist der Körper meistens nach hinten geneigt, so, als ob die Vergangenheit uns zurückzieht. Gibt es Probleme mit dem männlichen oder weiblichen Prinzip, verlagert sich der Körper zur rechten oder linken Seite. Sind wir selbstbewußt, erzeugen wir eine Energie, die uns aufrecht durch das Leben gehen läßt.

Über die Sprache des Körpers lassen sich alle Arten von Bewußtseinszuständen darstellen und vermitteln, mit allen dazu gehörenden körperchemischen Abläufen. Sie machen das emotionale Erleben möglich. Ein hoher Prozentsatz unserer Kommunikation und Informationsübermittlung geschieht auf nonverbale Art durch die Körpersprache. Das mag auch nicht verwundern, denn in der Menschheitsgeschichte waren wir zuerst auf die Sprache des Körpers angewiesen, bevor sich die verschiedenen verbalen Kommunikationsmöglichkeiten entwickelten.

Sowohl die Ausdrucksmöglichkeiten der Stimme als auch die Sprache des Körpers haben einen starken Erinnerungs-, Emotions- und Symbolwert. Es lohnt sich, wenn Sie diese Potentiale einsetzen.

Gedanken sind Steuerungsenergien

Jeder Gedanke ist Energie, mit der wir etwas in Bewegung bringen. Sie ist die bewegende Ursache, die das, was wir denken und mental erleben, in Materie umsetzt. Alles, was wir sehen, hören, fühlen, riechen und schmecken, sei es mit unseren physischen oder geistigen Sinnen, ist Information, die von uns gedanklich verarbeitet, zugeordnet und bewertet wird.

Unsere Fähigkeit der mental gelenkten Aufmerksamkeit können wir dazu verwenden, unsere inneren Wahrnehmungskanäle anzusteuern und bestimmte Wirkungen gezielt zu lenken. Der Denkvorgang selbst ist dabei nicht gleichzusetzen mit dem Vorgang der Wahrnehmung. Durch ihn interpretieren und bewerten wir das mit unseren Sinnen Wahrgenommene und kommen zu Erkenntnissen, auf die wir entsprechend reagieren und handeln.

Wir haben die fantastische Fähigkeit, uns mit unseren Gedanken sehr schnell zwischen Vergangenheit, Gegenwart und Zukunft hin- und herbewegen zu können. Wir machen in Gedanken Urlaub an einem Ort, an dem wir noch nie waren, von dem wir vielleicht nur etwas gehört haben, wir entwerfen Häuser, die noch nicht gebaut sind, wir vollbringen gedanklich großartige Leistungen, die wir erst noch tun werden, wir haben gute Ideen, die wir später umsetzen wollen.

Auch körperchemische Abläufe können wir mental steuern, indem wir unsere Atemfrequenz verändern, den Herzschlag regulieren, unsere Abwehrkräfte und Zellaktivitäten steigern und Wärme oder Kühle in bestimmten Bereichen unseres Körpers erzeugen. Wir sind in der Lage, anderen Menschen Energie zu übertragen, damit sie so bald wie möglich wieder gesund werden. Tumore bilden sich schneller zurück und das Energieniveau steigt wieder an u. a. m. Wir können andere motivieren und ihnen Mut machen.

Aber wir vereiteln auch unsere eigenen Vorhaben, weil wir uns selbst nicht vertrauen, unseren eigenen Wert nicht erkennen, uns selbst an den Rand des Lebens drängen aus falsch verstandenen und oft auch unbewußten Schuldgefühlen heraus. Wir denken und reden uns krank und alt. Wir lösen uns nicht von unangenehmen Erfahrungen der Vergangenheit. Sie holen uns ein, weil sie von uns in Gedanken immer und immer wieder bewegt werden. Es ist wie ein Kratzer auf einer alten Schallplatte, bei dem sich alles an der gleichen Stelle wiederholt. Wir projizieren in die Zukunft, daß wir etwas nicht schaffen, sehen in unseren Phantasien, wie alles schiefgeht und wie wir mal wieder versagen. Es ist so, als wäre die Zeit stehengeblieben und bestünde die Wahrheit nur aus dem, wie andere Menschen zu früheren Zeiten einmal über uns gedacht haben.

Wie lange hat es bei Ihnen gedauert, bis Sie sich von einer zurückliegenden heftigen Meinungsverschiedenheit mit einem anderen Menschen gedanklich lösen konnten und sie vergessen haben?

Negative Erlebnisse wirken deshalb solange nach, weil wir uns gedanklich zu häufig mit ihnen beschäftigen, anstatt uns neu zu orientieren. So entstehen dem Leben gegenüber plötzlich im eigenen inneren Dialog viele Wenn und Aber. Sind wir jedoch mental flexibel und beweglich, können wir uns von alten, überholungsbedürftigen Gewohnheiten wesentlich leichter trennen.

Die Essenz des Lebens besteht nicht darin, negative Erfahrungen zu speichern. Wir können sie neu bewerten und daraus lernen, unser Verhalten zu ändern. Darauf zu warten, ob bestimmte andere Leute ihr Verhalten ändern, wäre so, als würden wir darauf warten, daß eine kalte Suppe von allein wieder heiß wird. Wir sind zu viel mehr fähig, als uns entmutigen zu lassen, zu klagen, zu schimpfen, deprimiert zu sein und andere für unsere Lage verantwortlich zu machen.

Jeden Tag treffen wir viele Entscheidungen. Wir beliefern unser Unterbewußtsein ständig mit Informationen und senden sie gleichzeitig in den Äther. Wenn wir daran denken, wie schwer oder schwierig etwas ist, und diese Gedanken nicht rechtzeitig ersetzen durch das, was wir anstreben, erleben wir die Welt, in der wir sind, auch als schwer oder schwierig. Wir ziehen im Außen das an, was wir denken. Negative Gedanken wie »Ich schaffe das nicht!« oder »Die anderen sind stärker oder besser als ich!«, »Am besten, ich gebe gleich auf!«, »Das hat sowieso keinen Zweck!« und andere helfen uns in keiner Weise, im Gegenteil: Sie können in wichtigen Angelegenheiten das »Aus« bedeuten, bevor überhaupt etwas begonnen hat.

Das gleiche Prinzip funktioniert aber auch umgekehrt, wenn wir konstruktiv denken, wenn wir auf allen inneren Ebenen unsere Sinne aktivieren, die uns wahrnehmen lassen, daß wir unser Ziel ganz sicher erreichen werden. In unserem inneren Erleben können wir Bilder und Filme produzieren, wie wir mit Schwung und Mut bestimmte Situationen bewerkstelligen, unseren inneren Dialog verändern und hören, wie wir uns mit einem »Ich schaffe es!« anfeuern. Wir sind in der Lage, schon vorher körperliche Emotionen des Glücks zu erzeugen, die uns fühlen lassen, wie es ist, wenn wir unser Ziel erreicht haben. Wir können unsere voreiligen Schlüsse unterlassen und uns statt dessen die Fragen beantworten:

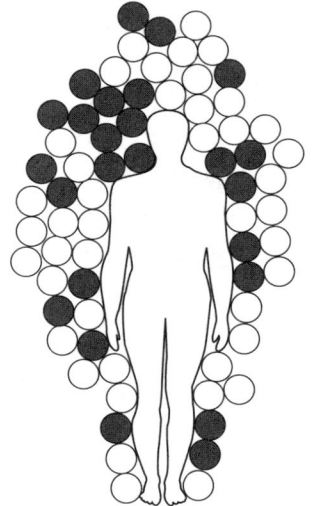

»Was hat zu geschehen, damit ich es schaffe?«, »Was kann ich tun, um nicht vorzeitig aufzugeben, sondern weiterzumachen?«, »Unter welchen Voraussetzungen hat das Ganze einen Sinn für mich?«

Wenn wir konstruktiv denken und optimistisch eingestellt sind, konzentrieren sich in und um uns konstruktive und optimistische Energien, und wir ziehen die gewünschten Ergebnisse an. Denken wir zu oft destruktiv und pessimistisch, konzentrieren sich destruktive Energien in und um uns, die ebenfalls dementsprechende Ergebnisse zur Folge haben. (Abb. 1)

Abb. 1

Die Qualität dessen, wie und was wir denken, ist von zentraler Bedeutung. Die beste Voraussetzung, unsere Zustände und Verhaltensweisen zu ändern, ist, bereit zu sein, den Kreislauf alter Denkgewohnheiten zu durchbrechen.

Das ist deshalb so wichtig, weil es vier Faktoren gibt, die unsere Art des Denkens erheblich beeinflussen und prägen und somit auch den Verlauf unseres Lebens bestimmen, denn unser Gehirn funktioniert in folgender Weise: empfangen – wahrnehmen – verarbeiten – bewerten – reagieren – senden. Es gibt einige Auslöser, die diese Funktionen in dieser Reihenfolge überlagern und beeinträchtigen.

Der *erste Einflußfaktor* besteht darin, daß wir in den ersten Lebensjahren entscheidend von den Denkgewohnheiten und Emotionen unserer Eltern, Familienmitglieder oder anderen erziehenden Personen beeinflußt werden. Sie sind für uns das Maß aller Dinge, nach dem wir uns richten und das uns prägt, ganz gleich ob aufbauend, hemmend oder zerstörend. Die Art ihrer Zuwendung, die sie uns angedeihen lassen, basiert darauf, welche Einflüsse und Prägungen sie wiederum erlebt haben, aus denen ihre Reaktionen und Handlungen resultieren. Sie vermitteln uns ihre Art des Denkens, Redens, Bewegens und Handelns – ihre Wertvorstellungen von sich und der Welt. Wie Kleidungsstücke ziehen wir uns all dies Schicht um Schicht über und haben uns angewöhnt, auch so zu denken und zu bewerten wie sie. (Abb. 2)

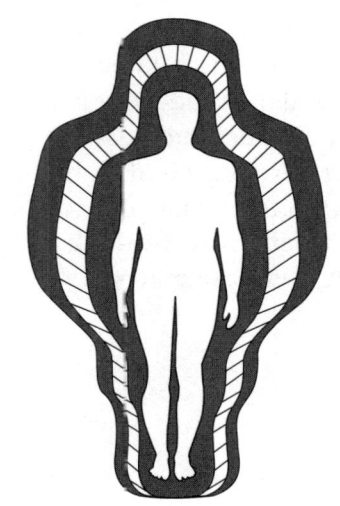

Abb. 2

Eines Tages stellen wir fest, daß uns einige dieser anerzogenen Kleidungsstücke nicht mehr passen. Wir fühlen uns darin nicht wohl, weil wir spüren: »Das bin nicht ich!« und machen uns auf den eigenen Weg. Wir erheben unseren Anspruch auf eigene Erfahrungen und Erkenntnisse – wollen herausfinden, was wir für unser Glücklichsein brauchen.

Der *zweite Einflußfaktor* ist all das, was wir im Umgang mit anderen Menschen lernen und erfahren, die sich außerhalb unseres Familienkreises befinden. Auch diese Menschen sind geprägt von Erfahrungen ihrer Familie, ihrer Umgebung usw. Je nachdem, wie sie sich entwickeln konnten, beeinflussen sie uns ebenfalls in aufbauender, hemmender oder zerstörender Weise.

Der *dritte Einflußfaktor* sind die sogenannten morphogenetischen Felder, die ich bereits im zweiten Kapitel der Einführung erwähnt habe. Sie wurden vom englischen Biologen und Naturwissenschaftler Rupert Sheldrake erforscht. Er berichtet über diese Arbeit u. a. in seinem Buch »Das schöpferische Universum« (Ullstein, 1993) und erregte in Fachkreisen weltweites Aufsehen.

Morphogenetische Felder sind »formbildende Verursachungen«, die durch alles, was Bewußtsein hat, entstehen. Dabei geht es um Materie und die sie bewegende Ursache, die Energie. Da jeder Gedanke Energie ist und jeder Handlung ein Gedanke vorausgeht, bilden sich die morphogenetischen Felder z. B. auch durch die Art und Weise, wie und was jeder einzelne Mensch denkt und tut. All dies wirkt über den feinstofflichen Bereich auf uns ein. Dabei spielt es m. E. keine Rolle, ob von lebenden Menschen oder von Verstorbenen. Die Übergänge sind fließend, und das Leben geht weiter, jenseits von Zeit und Raum.

Ich habe schon vor Jahren die gesicherten Erkenntnisse über diese Felder in meine praktische Arbeit übernommen und festgestellt, daß sie sich in destruktive, neutrale und konstruktive unterteilen lassen. Es gibt das morphogenetische Feld der Liebe, der Freude, der Motivation, des Mutes, des Vertrauens, des Erfolgs, der Gesundheit, aber auch das der Gewalt, der Resignation, des Frusts, des Alkoholismus, der Drogen- und Tablettensucht, der Streitsucht, der Konfrontation, der Korruption, der finanziellen Mängel, der Armut, um nur einige zu nennen.

Je nachdem, was wir denken, koppeln wir uns an die entsprechenden Felder an, die dann, wenn sie eine kritische Masse erreicht haben, auf uns einwirken. (Abb.3)

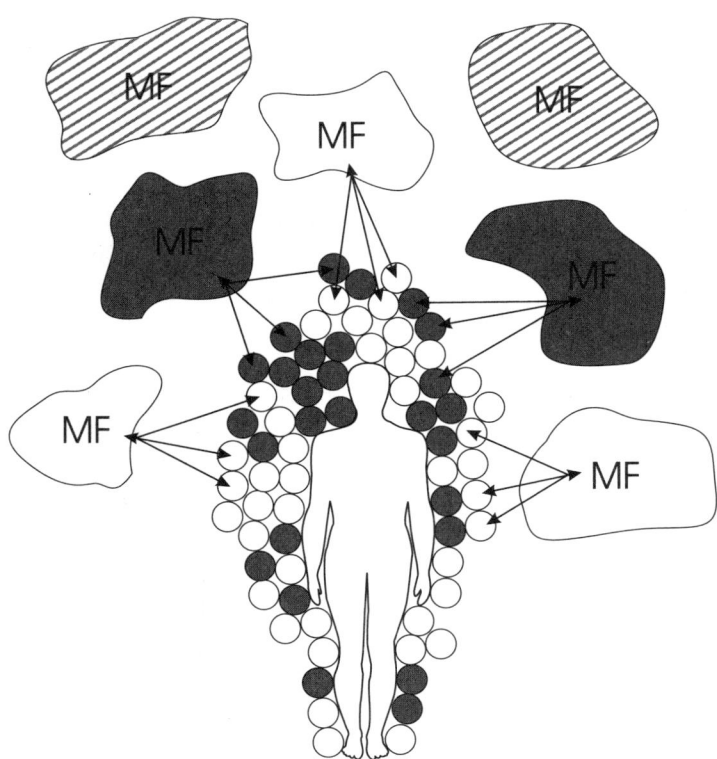

Abb. 3 (MF = Morphogenetische Felder)

Wenn wir durch seelische Belastungen, heftige emotionale Ausbrüche oder geistige Fehlhaltung ein »Leck« in unserem Energiesystem haben, verstärken die destruktiven morphogenetischen Felder diese Zustände und Verhaltensweisen. Sie überlagern unsere Wahrnehmung und blockieren klares Denken. Manchmal sogar so drastisch, daß sich plötzlich und unerwartet ein unangenehmer Gemütszustand überfallartig breitmacht. Es gibt viele Menschen, die innerhalb weniger Minuten aggressiv, unbeherrscht, launisch oder depressiv werden, die, zu ihrer eigenen Verblüffung, von einem Tag zum anderen zum Alkohol greifen, ihre Sexualität exzessiv ausleben oder von Trauer überfallen werden u. a. m.

In der Psychologie der Zukunft werden die morphogenetischen Felder noch eine große Bedeutung erhalten, denn die derzeitige Lage in der Welt spitzt sich überall zu und die destruktiven Felder haben zur Zeit Übergewicht. Sie sind sehr voluminös und von ebensolcher Wirkung und werden jeden Tag reichlich genährt. Es ist keine Seltenheit, daß bei Gesprächen häufig diskutiert, bedauert, geschimpft und gestritten wird. Die Arztpraxen sind voll von Menschen, die im Wartezimmer fast nur noch über Krankheiten reden. Tagtäglich erreichen uns über Radio und Fernsehen Schreckensmeldungen ohne Ende, und Millionen von Menschen sind mit diesen Informationen zur selben Zeit gedanklich gleichgeschaltet und beschäftigt. Für Gedankenenergien gibt es keine Grenzen. Es ist dringend erforderlich, dazu ein stabiles Gegengewicht herzustellen, und mentale Stärke und Stabilität sind die einzigen Möglichkeiten, diese Felder zu verändern und unwirksam zu machen.

Und somit kommen wir zum entscheidenden *vierten Einflußfaktor*, den wir selbst in der Hand haben und bestimmen können. Wenn wir unseren eigenen Weg gefunden haben, spüren wir, daß sich so manches um uns und in uns angelagert hat, das nicht zu uns gehört. Es kommt zu einem Lösungsprozeß, der auch irritierend und unangenehm sein kann, der aber erforderlich ist, wenn wir uns entwickeln und nicht an den belastenden Dingen der Vergangenheit und anderen Beeinträchtigungen hängen bleiben wollen.

Wenn jeder einzelne von uns dazu beiträgt, seine mentalen Kräfte sinnvoll und konstruktiv zu mobilisieren und einzusetzen, überwinden wir die dunkle Seite in uns. Es verändert sich nicht nur unser persönliches Energiefeld, sondern auch die morphogenetischen Felder. Auch Sie empfangen und senden Informationen, und die Qualität Ihres Denkens bestimmt die Richtung, in die Sie sich entwickeln und damit auch die Welt. Einer Reaktion und Handlung ist immer ein Gedanke vorgeschaltet. Deshalb ist es so wichtig, daß wir alle lernen, mit unseren mentalen Fähigkeiten verantwortungsvoll umzugehen, unsere Gedanken zu ordnen, ihre Herkunft und ihre Auslösermechanismen zu kennen und uns richtig zu motivieren, damit wir zu unserer eigenen Essenz vordringen.

Denn was Sie denken, liebe Leserin, lieber Leser, hat Wirkung. Es sind keine leeren Worte, Begriffe und Sätze, sondern Sie aktivieren und transportieren damit Energie, die zu Materie wird.

Den inneren Dialog ausblenden

Die von mir zuvor beschriebenen Einflußfaktoren können sehr nachhaltig auf unseren inneren Dialog einwirken. Wenn Angelegenheiten sich nicht wie gewünscht entwickeln, dann ist einer der wesentlichen Gründe, daß wir uns vom inneren Dialog steuern lassen, statt ihn in die gewünschte Richtung zu lenken.

Wir denken jeden Tag überwiegend unkontrolliert vor uns hin und führen innere Selbstgespräche, mit denen wir das, was wir im Außen erleben, ständig kommentieren und bewerten. Die Art und Weise, wie wir etwas kommentieren und bewerten, ist aber eingefärbt durch das subjektive Erleben und durch eine Beschreibung der Welt, die uns zuvor von anderen vermittelt wurde. Dazu kommen die weiteren Einwirkungen durch die morphogenetischen Felder.

In Situationen, in denen wir nach Lösungen suchen, nimmt in der Regel der innere Dialog in unserem Kopf zu – ein relativ normaler Vorgang. Wenn unsere bisherigen Erfahrungswerte und Bewertungsmaßstäbe nicht ausreichen, fängt unser inneres Suchsystem an zu rotieren. Das geschieht auch, wenn wir uns entspannen oder meditieren. Gedanken über Gedanken dringen an die Oberfläche, all das, was wir sonst nicht verarbeiten konnten. Für viele ist dies sehr belastend und energieverzehrend, weil jeder Gedanke zuerst einmal für das eigene Produkt gehalten wird. Wir haben nicht gelernt, sie nach Herkunft und Brauchbarkeit zu sortieren und sind irritiert über das Gedankenkarussell, das sich je nach psychischer Befindlichkeit verstärkt.

Jeder Mensch hat sein körpereigenes elektrisches Feld, das auf andere elektromagnetische Felder reagiert. Unser Gehirn ist gleichermaßen Empfänger wie Sender. Daher ist es nicht verwunderlich, wenn wir auch Gedanken aus anderen Einflußbereichen empfangen. Es ist sinnvoll, daß wir uns damit auseinandersetzen, um nicht zum Ping-Pong-Ball fremder, widersprüchlicher und willkürlicher Gedankenketten zu werden.

Hier einige zusätzliche bewährte Hinweise, wie Sie Ihre inneren Dialoge im Alltag besser unterscheiden, kontrollieren und ausblenden können:

- Hören Sie dem inneren Dialog erst einmal zu, ohne gleich betroffen zu sein und ihn zu bewerten.

- Behandeln Sie die Gedanken, die Sie haben, wertfrei wie einen vorbeifahrenden Zug, in dem bunt gemixt nutzlose, neutrale, unangenehme, störende, brauchbare, schädliche, aufbauende, förderliche und angenehme Gedanken gleichermaßen vorhanden sind.

- Achten Sie darauf, ob Sie sich bei Ihrem inneren Dialog mit »Ich« oder »Du« ansprechen.

- Sortieren Sie Ihre Gedanken danach, wie wichtig, nützlich und brauchbar sie sind und ob sie Ihre ganzheitliche Entwicklung unterstützen oder nicht. Wenn sich Gedanken einstellen, die Sie gefühlsmäßig herunterziehen, die Ihren Wert in Frage stellen und ähnliches, ersetzen Sie sie durch das aufbauende Gegenteil oder ignorieren Sie sie gänzlich, indem Sie innerlich davon Abstand nehmen.

- Wenn das Gedankenkarussell zu stark ist und Sie merken, daß Sie sich davon unangenehm beeinflussen lassen, ändern Sie sofort oder sobald Sie Zeit dafür haben Ihren Zustand, indem Sie z. B. im Garten arbeiten, eine MENTAL IN FORM-Übung machen, den Raum wechseln, spazierengehen, malen oder sich mit etwas anderem Praktischen beschäftigen.

Durch diese Möglichkeiten lenken Sie Ihre Aufmerksamkeit auf etwas anderes und unterbrechen damit die kreisende Gedankenkette und verschwenden nicht Ihre wertvolle Energie. Durch solche Maßnahmen gelingt es, den inneren Dialog umzulenken und zu beruhigen, ja sogar auszublenden. Sie werden feststellen, daß die belastende Wirkung nachläßt und es dann anders weitergeht als zuvor.

Das ist auch einer der Gründe, warum ich in MENTAL IN FORM die Körperarbeit gezielt einsetze, denn sie ist ein optimales Instrument, den sonst üblichen inneren Dialog auszublenden, damit die gelenkte Aufmerksamkeit auf einen einzigen gedanklichen Vorgang konzentriert werden kann. Dadurch entsteht ein Bewußtseinszustand, in dem nur das Gegenwärtige existiert. Es werden Informationen freigesetzt, die jenseits Ihrer sonst üblichen Bewertungsmaßstäbe liegen, denn während Sie damit beschäftigt sind, mit Ihrem Körper bestimmte Bewegungsabläufe durchzuführen, der mit einem speziellen Leitsatz verbunden ist, können Sie an nichts anderes denken.

Allgemeine Empfehlungen

Im folgenden möchte ich Sie mit einigen Hinweisen vertraut machen, die für alle Übungen gelten:

- Bei ernsthaften psychischen oder körperlichen Beschwerden ersetzen diese Übungen nicht den Psychologen, Arzt oder Heilpraktiker. Sie wenden diese Übungen eigenverantwortlich an. Für unsachgemäße Durchführung übernehmen Autorin und Verlag keinerlei Haftung.

- Alle Grafiken in diesem Buch sind numeriert: Abb. 1, Abb. 2 usw. Alle Bewegungsabläufe, die durch Figuren dargestellt werden, sind mit Buchstaben gekennzeichnet: Abb. A, Abb. B, Abb. C usw.

- Machen Sie die Übungen möglichst in einem ruhigen Raum, den Sie vorher gut gelüftet haben.

- Achten Sie darauf, daß keine Zugluft entstehen kann.

- Der Raum soll angenehm temperiert sein, aber in keinem Fall zu warm oder gar überheizt.

- Alternativ können Sie auch im Freien üben, an der frischen Luft, z. B. bei einem Spaziergang. Ziehen Sie sich aber entsprechend warm an.

- Sorgen Sie dafür, daß Sie während des Übens nicht gestört werden, z. B. durch Haustiere, Mitbewohner, Telefon oder Türklingel. Gewöhnen Sie sich an, daß die Zeit, die Sie sich für das Üben nehmen, ganz allein Ihnen gehört.

- Tragen Sie bequeme Kleidung wie Freizeitkleidung oder Jogginganzug. Ziehen Sie bequeme Freizeitschuhe an oder üben Sie in Wollsocken oder barfuß. Vermeiden Sie Einschnürendes oder Enganliegendes, besonders an Taille und Bauch.

- Üben Sie ohne jegliche Hintergrundmusik.

- Machen Sie die Übungen zu einer Uhrzeit, die Ihnen angenehm ist, aber bitte nicht, wenn Ihre Zeit begrenzt ist (z. B. hektisch zwischen zwei Terminen).

- Zwischen dem Ende Ihrer Übungen aus dem motivierenden Trainingsprogramm und Ihrem Zubettgehen sollten ca. 1–2 Stunden Abstand sein, da sie anregende Wirkung haben, mit Ausnahme der ruhiger ablaufenden Übungen wie z. B. Übung 20.

Ich wünsche Ihnen guten Erfolg!

ERSTER TEIL

Wie Sie sich auf das mentale Training vorbereiten
Wie Sie sich motivieren mit Stimme und Körper
Wie Sie Ihr Trainingsprogramm beenden

Wie Sie sich auf das mentale Training vorbereiten

Es dauert nur wenige Minuten

Seit Jahren stelle ich bei meiner praktischen Arbeit immer wieder fest, daß das mentale Training wesentlich effizientere Ergebnisse bringt, wenn vorbereitende Übungen gemacht werden, die einen entspannten Zustand herbeiführen. Wenn Sie nicht mehr verkrampft sind und wieder Energie haben, stellen sich die positiven Ergebnisse schneller und dauerhafter ein.

Die täglichen Anforderungen hinterlassen deutliche Spuren in unserem Energie- und Ganzheitssystem Körper – Geist – Seele. Bei Verspannung und Energiemangel fühlen wir uns unwohl. Wir sind unmotiviert, antriebslos oder müde und leiden unter extremen Stimmungsschwankungen. Oft kommt es auch zu Magendrücken, Übelkeit, Schwindelgefühlen oder sonstigen Beeinträchtigungen, ohne daß organische Ursachen festgestellt werden können. Unter diesen Bedingungen wäre das mentale Training zunächst beeinträchtigt, da unsere mentale Aufmerksamkeit erst einmal an die destruktive Befindlichkeit gebunden ist. Wenn Sie z. B. eine Aufgabe mental lösen wollen und sind dafür zu müde und verspannt, ist der Geist nicht frisch und aufnahmefähig für Erkenntnisse und Lösungsmöglichkeiten.

Daher verwende ich verschiedene kurze Techniken, die solche Zustände im Vorfeld abbauen, damit Sie sich schneller erholen. Wenn Sie sich wohlfühlen, sind Sie auch wieder aufnahmefähig und begünstigen somit Ihre mentalen Abläufe und weiteren Entwicklungen positiv. Vergleichen Sie diese Vorgehensweise mit den Aufwärmübungen, die vor jeder sportlichen Disziplin ausgeführt werden. Ohne diese Vorbereitungsphasen ist der Körper nicht warm genug. Die Muskulatur, Sehnen und Bänder würden von einem Moment zum anderen zu stark belastet, und es käme plötzlich zu Verstauchungen und Zerrungen. Im mentalen Bereich ist das ähnlich. Nachfolgend gebe ich Ihnen einige praktische Anleitungen, wie Sie sich energetisch in kurzer Zeit wieder frisch und körperlich entspannt fühlen. Vorab noch diese Informationen:

• Jede der vorbereitenden Übungen dauert nur wenige Sekunden bis maximal 1–3 Minuten. Diese Kurztechniken können Sie unabhängig von den 30 anderen motivierenden Übungen machen. Sie lassen sich leicht und bequem, z. B. am Tisch, im Büro, während der Hausarbeit, in der Pause oder bei einem Spaziergang ausführen.

• Alle Kurztechniken und Anwendungshinweise sind als Empfehlungen zu verstehen, und nicht als Muß. Sie sind sehr wirkungsvoll.

• Schauen Sie bei den einzelnen Kurzübungen, die Sie machen wollen, zuerst die Abbildungen an. Dann lesen Sie die ganze Beschreibung dazu, bevor Sie mit der praktischen Durchführung beginnen. Das vereinfacht Ihnen den Übungsvorgang.

• Für diejenigen, die in ihren Bewegungen eingeschränkt sind, habe ich ergänzende Alternativen ausgearbeitet, die in jeder Übung unter »Weitere Varianten« erklärt sind.

• Während oder nach der Anwendung kann es sein, daß Sie in den einzelnen Körperbereichen ein sanftes Kribbeln, angenehme Wärme oder Wärmeschübe spüren. Das sind natürliche Reaktionen, die Ihnen anzeigen, daß die Energie wieder frei in Ihrem mentalen und körperlichen System fließt und zirkuliert.

Sie regulieren die Energiezonen Ihres Körpers

Der menschliche Körper ist durchzogen von zahlreichen Energiebahnen, auch »Meridiane« genannt. Auf diesen Meridianen befinden sich viele Punkte, die mit bestimmten Organen sowie körperspezifischen und mentalen Abläufen korrespondieren. Wie ein feines Meßinstrument reagiert der Körper auf jede Art von Einflüssen, auch auf diejenigen, die durch das Denken, die Gedanken, ausgelöst werden. Streßfaktoren der verschiedensten Art blockieren diese Energiebahnen. Die Folge sind mentale und körperliche Verspannungen. Die Energie staut sich, und bestimmte Körperbereiche werden nur noch mangelhaft mit Energie versorgt. So auch das Gehirn. Je länger ein Energiestau anhält, um so nachteiliger wirkt sich das auf den geistigen und körperlichen Zustand aus.

Ich erkläre Ihnen 3 verschiedene Druck- und Klopftechniken, die es Ihnen ermöglichen, die Energiebahnen an wichtigen Stellen frei zu machen und eine energetische Regulation herbeizuführen.

Bei diesen Anwendungen werden Sie feststellen, daß die jeweils angegebenen Punkte manchmal mehr oder weniger druckempfindlich sind. Das hat den Vorteil, daß Sie diese Punkte schneller finden. Nach der Anwendung läßt die Druckempfindlichkeit nach, bis sie vollkommen verschwindet. Deshalb eignen sich diese Stellen auch als Kontrollpunkte, an denen Sie überprüfen können, ob eine energetische Beeinträchtigung vorliegt.

Wenn Sie die Druck- und Klopftechniken ausführen, stimulieren Sie bitte mit einem mittelstarken Druck, der Ihnen angenehm ist. Wenn Sie einen Punkt nicht spüren, dann erhöhen Sie trotzdem die Intensität des Drucks nicht und machen diese Anwendung vorbeugend.

1. Drucktechnik an den Handgelenken rechts und links

Diese Drucktechnik macht Ihnen den Schulter-, Nacken- und Kopfbereich frei. Die Energie kann dann an diesen Stellen wieder frei fließen und zirkulieren, und die Verspannungen lösen sich auf. Sie haben vielleicht schon einmal den Satz gehört: »Eine Last auf den Schultern tragen.« Er interpretiert sehr gut dieses Körpergefühl. Verspannungen des Oberkörpers entstehen z. B. durch Überlastung, falsche Körperhaltung, Reizüberflutung, Lärm, Fremdeinflüsse durch große Menschenansammlungen oder durch destruktive Gespräche. Machen Sie diese Anwendung, besonders wenn Sie sich unter vielen Menschen aufgehalten haben, wie z. B. nach dem Einkaufen, nach Büroschluß, nach dem Schulaufenthalt, nach einer Autofahrt in dichtem Straßenverkehr, nach einem Familienfest oder einer Party, nach heftigen Auseinandersetzungen oder Begegnungen mit anderen, deren negative Einstellung Sie gefühlsmäßig heruntergezogen hat. Im Zusammensein mit manchen Menschen verbrauchen Sie mehr Energie als mit anderen. Sie merken es daran, daß Sie sich hinterher matt, leer oder ausgelaugt fühlen.

Anwendung: 3–5mal täglich je 7–12 Stimulierungen, d. h.,
          7–12mal den betreffenden Punkt drücken.

Praktische Durchführung:

• Beginnen Sie mit dem rechten Handgelenk. Der erste Punkt liegt an der Innenseite, der zweite an der Außenseite des Handgelenks. Diese beiden Punkte sind leicht zu finden, denn Sie werden an Innen- und Außenseite Ihres Handgelenks kleine Vertiefungen fühlen. (Abb. A, Seite 46)

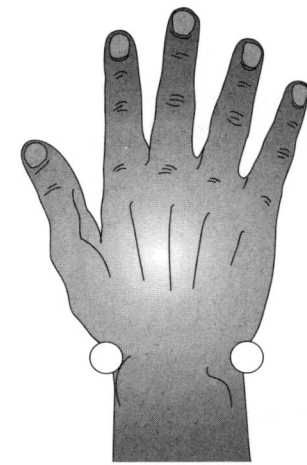

Abb. A

- Formen Sie mit dem Zeigefinger und dem Daumen der linken Hand ein »U«, und umfassen Sie damit das rechte Handgelenk.

- Zum Auffinden der Punkte drücken Sie mehrmals den linken Zeigefinger an die Handgelenksvertiefung der Außenseite und gleichzeitig den Daumen an die Handgelenksvertiefung der Innenseite.

- Nachdem Sie diese Punkte am rechten Handgelenk gefunden haben, stimulieren Sie sie gleichzeitig 7–12mal im Sekundenrhythmus. Drehen Sie dazu das rechte Handgelenk im »U« hin und her, und drücken Sie dabei Zeigefinger und Daumen mit etwas Druck an das Handgelenk.

- Nach der Stimulierung der Punkte des rechten Handgelenks stimulieren Sie in gleicher Weise die beiden Punkte des linken Handgelenks.

2. Drucktechnik auf Handrückenpunkte rechts und links

Diese Punkte stimulieren Sie, um Ihr psychisches Gleichgewicht wiederherzustellen und zu stabilisieren. Das ist besonders erforderlich nach einem arbeitsreichen Tag, bei psychischer Anspannung oder nach konzentrierten, anstrengenden oder heftigen Gesprächen. Diese Drucktechnik verbessert Ihre innere Verarbeitung äußerer Einflüsse, besonders wenn Sie sich irritiert oder durcheinander fühlen. Es findet eine Regulation statt, eine Art Positivpolung, die Störungen der weiblichen und männlichen Anteile in uns ausgleicht.

Anwendung: 1mal täglich 36 Stimulierungen morgens, mittags oder abends.

Praktische Durchführung:

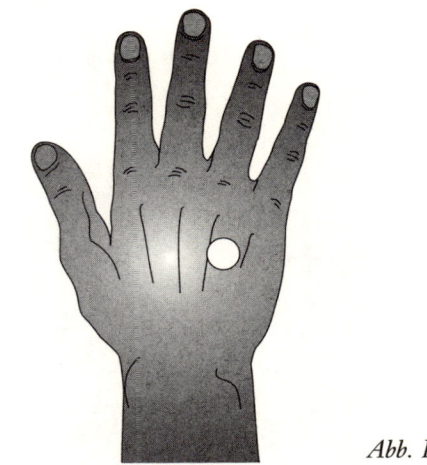

- Beginnen Sie mit dem rechten Handrücken. Legen Sie die rechte Hand mit
  dem Handrücken nach oben auf den
  Tisch. Den Punkt finden Sie in der
  Handspeiche zwischen dem 4. und
  5. Finger in einer ca. 3 cm langen Vertiefung. (Abb. B)

- Drücken Sie mit dem Zeige- oder Mit-
  telfinger der linken Hand mehrmals
  dicht nebeneinander in diese kleine
  Vertiefung. Sie finden den Punkt ganz
  leicht, denn er ist etwas druckempfind-
  licher als die anderen Stellen der Vertiefung.

Abb. B

- Stimulieren Sie diesen Punkt durch mittelstarkes Drücken 36mal im Sekundenrhythmus.

- Nach der Stimulierung des Punktes auf dem rechten Handrücken stimulieren
  Sie in gleicher Weise den Punkt auf dem linken Handrücken.

3. Klopftechnik auf Thymusdrüse

Dieser Punkt wird stimuliert, um Schwächezustände und Energiemängel zu beheben, die durch Streß, Leistungsabfall, Erschöpfung, psychische und körperliche
Belastungen sowie falsche Körperhaltung ausgelöst werden. Die Thymusdrüse
wird durch mehrmaliges Klopfen angeregt, um körperchemische Substanzen im
Körper freizusetzen. Diese führen ihm Energie zu und sind lebenspendend. In
kurzer Zeit fühlen Sie sich wieder aufgebaut und wohl. Die Thymusdrüse nimmt
sofort jede Überforderung wahr. Sie hat eine wichtige Funktion, wenn es darum
geht, Streß und Belastungen abzuwehren. Bis ins hohe Alter produziert sie wichtige Hormone. Deshalb ist es wichtig, sie regelmäßig zur Produktion und Aus-
schüttung zu bringen, damit Streß und Belastungen Ihr Energieniveau nicht reduzieren.

Anwendung: Mehrmals täglich (ca. 5–7mal) über den Tag verteilt, sobald ein Energiemangel spürbar ist. Der Thymuspunkt wird dann jedesmal ca. 7–16mal stimuliert.

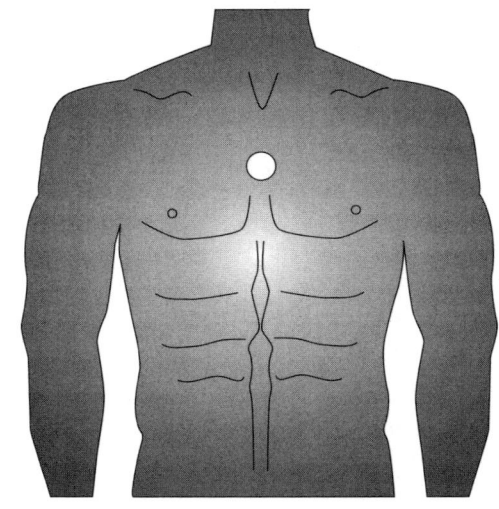

Praktische Durchführung:

- Suchen Sie den Thymuspunkt mit den Fingern der linken Hand, führen Sie dazu die Fingerkuppen aneinander. Sie finden ihn genau auf der Mitte des Brustkorbs, im oberen Teil des Brustbeins. Er ist deutlich als kleine Erhebung zu sehen und zu spüren. (Abb. C)

- Nachdem Sie den Thymuspunkt gefunden haben, stimulieren Sie ihn 7–16mal im Sekundenrhythmus. Klopfen Sie auf diese Stelle mit den Fingern der linken Hand etwa mittelstark.

Abb. C

Sie stimulieren den Energiefluß

Nachdem Sie die Energieleitbahnen frei gemacht und eine Regulation herbeigeführt haben, stimulieren Sie nun den Energiefluß. Sie lockern, dehnen und strecken dabei die wichtigsten Körperbereiche von unten nach oben. Durch diesen Vorgang werden die Energieleitbahnen so richtig »durchgepustet«, und der Energiefluß so angeregt, daß er zügig an alle Stellen gelangt. Die Botenstoffe werden wieder einwandfrei transportiert und weitergeleitet.

Lockern, dehnen und strecken haben eine verjüngende Wirkung auf die Wechselfunktion zwischen Körper und Geist und sind für die mentale Arbeit eine wichtige Unterstützung. Deshalb stelle ich Ihnen im Anschluß 5 Kurzübungen vor, die sich sehr bewährt haben.

1. Lockern der Füße und Beine

Diese Kurzübung unterstützt Sie dabei, sich mit beiden Füßen und Beinen sicher im Leben zu bewegen. Wenn Sie im Fuß- und Beinbereich verkrampft und verspannt sind, kann das bewirken, daß Sie vielleicht nicht locker genug auf Ihrem Weg voranschreiten und Mühe haben, sich auf Ihr Ziel zuzubewegen. Sind Ihre Füße und Beine locker, entwickeln Sie körperlich wie mental mehr Sicherheit in Bodenständigkeit und Vorwärtsbewegung.

Anwendung: 1–3mal täglich über den Tag verteilt, besonders wenn sich die Beine müde anfühlen oder einfach als vorbeugende Maßnahme.

Praktische Durchführung:

* Sie stehen aufrecht und locker, die Arme und Hände sind seitlich nach unten gestreckt. Die Beine sind gestreckt, und die Füße stehen parallel nebeneinander. Sie schauen geradeaus.

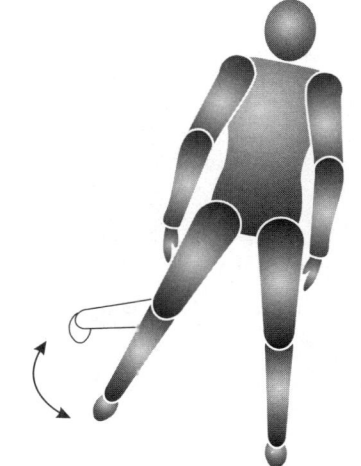

* Jetzt verlagern Sie Ihr Körpergewicht auf den linken Fuß, heben das rechte Bein zur Seite an und schütteln es 7mal im Sekundenrhythmus aus. Strecken Sie das angehobene Bein nicht zu ruckartig. Beim Streckvorgang baumeln Bein und Fuß locker an der Seite. Stehen Sie dabei möglichst aufrecht. (Abb. A)

* Nach dem 7. Mal stellen Sie den rechten Fuß wieder neben den linken.

Abb. A

* Dann verlagern Sie Ihr Körpergewicht auf den rechten Fuß, heben das linke Bein zur Seite und machen 7mal die gleiche Beinbewegung wie zuvor mit dem rechten Bein.

* Nach dem 7. Mal stellen Sie den linken Fuß wieder neben den rechten Fuß.

* Führen Sie diese Beinbewegungen rechts und links insgesamt 3–5mal nacheinander aus.

Weitere Varianten:

• Wenn Sie mit Ihrem Körper das Gleichgewicht nicht gut halten können, stellen Sie sich hinter einen Stuhl mit Rückenlehne, der fest auf dem Boden steht, oder seitlich an eine Tür mit Türklinke. Sie können sich dann mit Ihren Händen an der Rückenlehne oder am Türgriff festhalten.

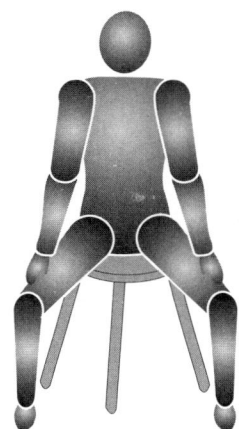

Abb. B

• Wenn Sie nicht gut stehen können, setzen Sie sich auf einen Hocker, mit dem Gesäß mehr zum Rand hin, stellen die Füße parallel und etwas auseinander, schütteln beide Beine gleichzeitig in kurzen Intervallen hin und her, nach innen und außen, bis die Waden- und Oberschenkelmuskulatur gelockert »mitschaukelt«. Machen Sie das ca. 3–5mal nacheinander jeweils 5–10 Sekunden lang. (Abb. B)

2. Lockern der Hände und Arme

Durch das Lockern der Hände und Arme fördern Sie gleichzeitig Ihr lockeres Handeln und Tun. Die Arme und Hände stehen symbolisch dafür, die Dinge des Lebens anzunehmen, anzupacken, zuzugreifen, zärtlich zu sein, loszulassen und flexibel zu sein. Sie können Ihre Fähigkeiten nur dann zeigen, wenn Sie handeln bzw. etwas unternehmen. Wenn Sie Ihre Hände und Arme regelmäßig lockern, bekommen Sie mit der Zeit ein anderes Gefühl für Ihren Arm- und Handbereich. Sie entwickeln dadurch mehr Sicherheit für Ihr Leistungsvermögen und Ihre Fähigkeit, Erfahrungen zu verwerten und dabei offen und aufgeschlossen zu sein und zu bleiben.

Anwendung: 1–3mal täglich über den Tag verteilt, besonders wenn sich die Hände und Arme verspannt anfühlen, oder einfach als vorbeugende Maßnahme.

Praktische Durchführung:

* Sie stehen aufrecht und locker. Die Beine sind gestreckt und die Füße stehen parallel nebeneinander. Der linke Arm ist seitlich am Körper nach unten gestreckt, und die linke Hand berührt mit der Handfläche den linken Oberschenkel. Der rechte Arm ist senkrecht nach oben über dem Kopf ausgestreckt und die rechte Hand im Handgelenk locker. Sie schauen auf Ihre lockere Hand.

* Jetzt lassen Sie Ihren rechten Arm 7mal von oben nach unten seitlich vom Körper entspannt fallen. Jedesmal, wenn Sie Ihren Arm nach oben halten, entspannen Sie ihn, bis er ganz schwer ist. Dann lassen Sie ihn nach unten fallen und zusammen mit der rechten Hand locker auspendeln. Überprüfen Sie mit Ihrem Blick, wie locker Ihr Arm dabei ist. Erst wenn das Auspendeln von alleine aufhört, führen Sie den rechten Arm wieder nach oben. (Abb. C)

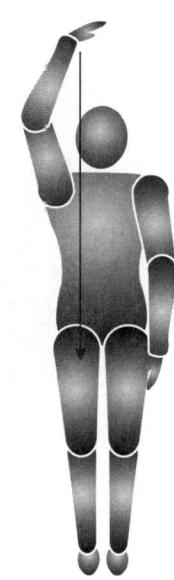

Abb. C

* Nach dem 7. Mal strecken Sie beide Arme locker nach unten.

* Nun machen Sie die gleiche Armbewegung mit dem linken Arm und der linken Hand. Während jetzt der linke Arm 7mal von oben nach unten entspannt fallen gelassen wird und zusammen mit der linken Hand auspendelt, bleibt nun der rechte Arm mit rechten Hand locker nach unten gestreckt.

* Nach dem 7. Mal sind beide Arme wieder locker nach unten gestreckt.

* Machen Sie jetzt die bisherige Armbewegung 7mal mit beiden Armen zusammen. Sie lassen dazu gleichzeitig beide Arme und Hände von oben nach unten locker fallen und auspendeln.

* Wenn die Arme und Hände nicht auspendeln, ist noch Spannung darin. Sie brauchen aber deswegen nicht mehr Durchgänge zu machen, als angegeben. Mit etwas Übung stellt sich die Lockerheit im Arm ein.

Weitere Varianten:

• Wenn Sie nicht gut stehen können, lassen sich die gesamten Armbewegungen auch im Sitzen durchführen. Setzen Sie sich dazu auf einen Hocker, der fest auf dem Boden steht. Die Füße stehen etwas auseinander und parallel geradeaus.

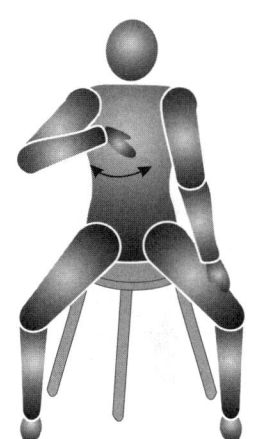

Abb. D

• Wenn Sie Ihre Arme nicht senkrecht nach oben ausstrecken können, gibt es für Sie im Sitzen eine Alternative: Legen Sie die Handfläche der linken Hand locker auf den linken Oberschenkel, den rechten Arm mit der rechten Hand heben Sie auf Brusthöhe locker und angewinkelt über dem rechten Oberschenkel an. (Abb. D)

• Nun schütteln Sie vor sich in kurzen Intervallen den rechten Arm ca. 5–10 Sekunden hin und her, so daß sich die rechte Hand ganz locker und entspannt im Handgelenk mitbewegt. Dann legen Sie die rechte Hand mit der Handfläche locker auf den rechten Oberschenkel.

• Heben Sie jetzt in der gleichen Weise den linken Arm mit der linken Hand auf Brusthöhe locker und angewinkelt über dem linken Oberschenkel an und schütteln Sie den linken Arm 5–10 Sekunden. Dann legen Sie die linke Hand mit der Handfläche wieder locker auf den rechten Oberschenkel.

• Nun heben Sie beide Arme und Hände locker und angewinkelt auf Brusthöhe hoch und schütteln sie gleichzeitig 5–10 Sekunden. Dann legen Sie die Hände mit den Handflächen auf die Oberschenkel.

3. Schulterkreisen

Das Schulterkreisen macht Ihre Schultern frei und beweglich. Mentale und körperliche Belastungen oder Überlastungen sind oft zuerst in den Schultern spürbar. Wenn Sie sich in diesem Bereich unangenehm verspannt oder steif fühlen, kann das ein Hinweis dafür sein, daß Sie bisherige Belastungen zu sehr in sich hineingenommen haben, statt Abstand zu gewinnen. Diese Kurzübung unterstützt Sie dabei, körperlich wie mental, Ihre Sorgen einfach abzuschütteln und im Schulterbereich lockerer zu werden.

Anwendung: 1–3mal täglich über den Tag verteilt, besonders wenn Sie sich verspannt oder steif fühlen und die Schultern hängen lassen, oder einfach als vorbeugende Maßnahme.

Praktische Durchführung:

- Sie stehen aufrecht und locker in der Grätsche, die Beine sind gestreckt, und Ihre Füße stehen parallel geradeaus. Die Arme und Hände sind seitlich locker nach unten gestreckt. Sie schauen geradeaus.

- Kreisen sie in den Schultergelenken mit den seitlich nach unten gestreckten Armen 7mal vorwärts und stehen nach dem 7. Mal 3–5 Sekunden ruhig mit seitlich nach unten gestreckten Armen wie am Anfang. Dann kreisen Sie in den Schultergelenken mit den seitlich nach unten gestreckten Armen 7mal rückwärts und stehen wieder 3–5 Sekunden ruhig mit seitlich nach unten gestreckten Armen wie zu Beginn. (Abb. E)

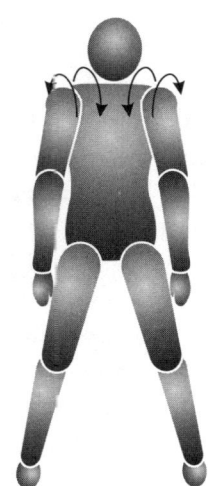

Abb. E

- Jetzt heben Sie Ihre Arme waagrecht in Schulterhöhe an und beugen sie so, daß sich die Hände vor der Brust rechts und links befinden. Die Handflächen zeigen zum Boden.

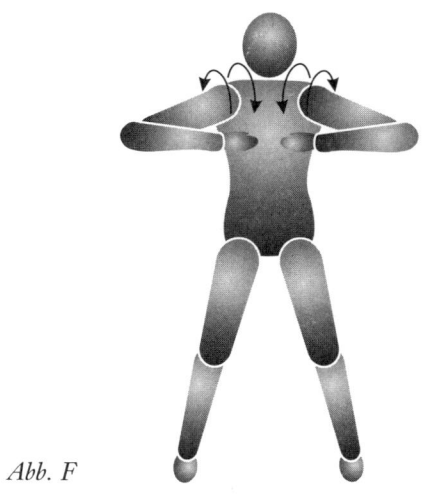

Abb. F

• Kreisen Sie in den Schultergelenken nun mit den waagrecht gebeugten Armen 7mal vorwärts und stehen dann 3–5 Sekunden ruhig. Die Ellbogen zeigen dabei nach rechts und links außen. Dann kreisen Sie in den Schultergelenken mit den waagrecht gebeugten Armen 7mal rückwärts und stehen wieder 3–5 Sekunden ruhig. Die Ellbogen zeigen dabei ebenfalls nach rechts und links außen. (Abb. F)

• Anschließend strecken Sie die Arme seitlich wieder nach unten und stehen aufrecht und locker.

Weitere Varianten:

• Wenn Sie nicht gut stehen können, machen Sie den bisherigen Kurzübungsablauf im Sitzen auf einem Hocker, der fest auf dem Boden steht. Die Füße stehen dabei parallel und etwas auseinander. Ihr Körper ist aufrecht und locker. Sie schauen geradeaus.

• Wenn Sie die Bewegungen aus dem Schultergelenk weder mit nach unten gestreckten noch waagrecht gebeugten Armen ausführen können, lassen Sie diese Kurzübung aus.

4. Kopfneigen und Kopfdrehen nach allen Seiten

Im Kopf ist die wichtigste Schaltzentrale, das Gehirn. Von dort werden alle Steuerungen ausgelöst. Überforderung und ständig kreisende Gedanken führen dazu, daß sich die Kopfhaut, die Stirn, die Augenmuskeln, die Gesichtsmuskulatur und der Nacken verspannen. Wenn die seelischen Belastungen zu lange anhalten, kann es z. B. zu Haarausfall kommen, Sehschwächen stellen sich ein, Kummerfalten entstehen, es wird nicht mehr klar und deutlich gesprochen, oder Konzentration und Merkfähigkeit lassen nach.

Diese Folgen sind nicht von vornherein einer normalen Alterserscheinung zuzuordnen, sondern einer geistigen Fehlorientierung, die sich körperlich auswirkt. Sie läßt sich jedoch bis ins hohe Alter regulieren und korrigieren. Deshalb ist es sehr wichtig, dafür zu sorgen, daß der Kopf im Nacken frei und gut beweglich bleibt. Das verbessert die Energiezufuhr für das Gehirn und dessen Tätigkeit. Sie sind konzentrierter, aufmerksamer und aufnahmefähiger. Es verbessert Ihre Sehkraft und Ihr Hörvermögen.

Es folgen nun vier verschiedene Möglichkeiten, den Kopf zu neigen und zu drehen. Führen Sie diese Bewegungen langsam, sanft und schonungsvoll aus. Unterlassen Sie jede ruckartige Bewegung. Überdehnen Sie die Muskeln nicht. Machen Sie diese Bewegungen bis zu dem Punkt, an dem es leicht zu ziehen beginnt und nicht weiter. Der Kopf wird allein vom obersten Halswirbel, dem Atlas, getragen, an den sich die ganze Wirbelsäule anschließt.

Es kann sein, daß Sie Ihren Kopf am Anfang nicht ganz so weit drehen und neigen können und es im Nacken etwas knistert. Diese Anzeichen sind nicht unbedingt Abnutzungserscheinungen, sondern kristalline Ablagerungen, die mit regelmäßiger Durchführung abnehmen und sogar ganz verschwinden. Vielleicht ist es Ihnen vorerst noch nicht möglich, alle Varianten durchzuführen. Dann machen Sie nur diejenigen, die Ihnen gut tun. Wenn Sie von Anfang an im Nacken Schmerzen haben, lassen Sie diese Übung zunächst weg.

Anwendung: 1–3mal täglich über den Tag verteilt, besonders wenn Sie sich müde fühlen oder sich nicht mehr so gut konzentrieren können, oder einfach als vorbeugende Maßnahme.

Praktische Durchführung:

- Sie stehen oder sitzen aufrecht und locker. Die Arme und Hände sind seitlich locker nach unten gestreckt. Ihre Füße stehen parallel nebeneinander. Sie schauen geradeaus. Wenn Sie wollen, können Sie auch die Augen schließen.

- Neigen Sie nun langsam den Kopf erst nach vorn und dann nach hinten. Führen Sie diese Bewegung insgesamt 7mal aus. Dann ist der Kopf wieder in der Ausgangsposition. (Abb. G und H)

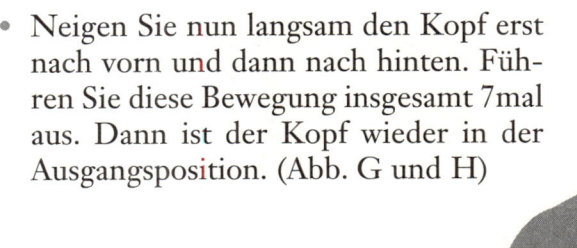 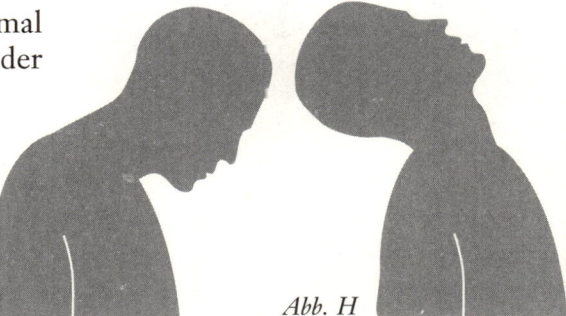

Abb. G   *Abb. H*

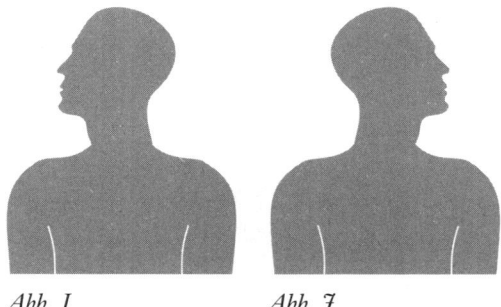

Abb. I   *Abb. J*

- Jetzt drehen Sie den Kopf langsam nach rechts und dann nach links zur Seite. Drehen Sie ihn insgesamt 7mal nach rechts und links. Dann ist der Kopf wieder in der Ausgangsposition. (Abb. I und J)

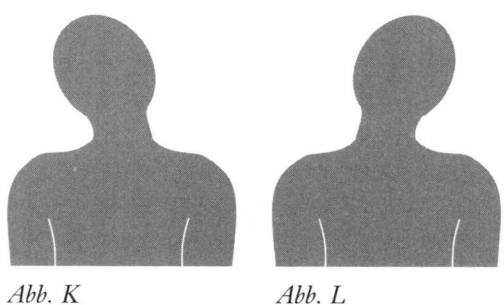

Abb. K   *Abb. L*

- Neigen Sie nun langsam den Kopf nach rechts und nach links zur Schulter hin. Führen Sie diese Bewegung insgesamt 7mal aus. Dann ist der Kopf wieder in der Ausgangsposition. (Abb. K und L)

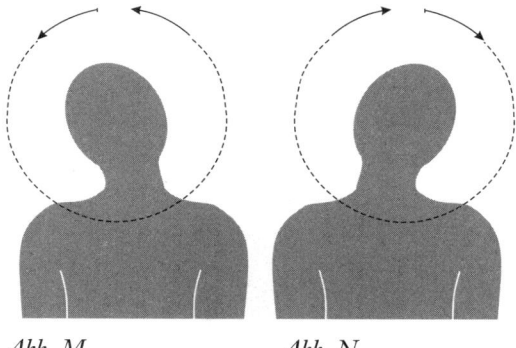

Abb. M   *Abb. N*

- Jetzt rollen Sie sanft und langsam den Kopf 7mal kreisförmig linksdrehend und anschließend 7mal kreisförmig rechtsdrehend. Dann ist Ihr Kopf wieder in der Ausgangsposition und Sie schauen geradeaus. (Abb. M und N)

5. Strecken des ganzen Körpers

Diese Kurzübung wirkt sich sehr erfrischend aus, wenn es darum geht, in einer Situation über sich selbst hinauszuwachsen. Wenn Sie sich vielleicht manchmal steif, unbeweglich oder in sich zusammengezogen vorkommen, gibt es in Ihrem Leben möglicherweise Angelegenheiten und Situationen, die ins Stocken geraten sind und stagnieren. Durch das Strecken des ganzen Körpers fließt und zirkuliert die Energie viel besser. Sie fühlen sich belebt, was sich auch auf weitere Entwicklungen förderlich auswirkt.

Anwendung: 1–3mal täglich über den Tag verteilt, besonders wenn Sie sich im Körper verspannt fühlen, oder einfach als vorbeugende Maßnahme.

Praktische Durchführung:

* Sie stehen aufrecht und locker, die Arme und Hände sind seitlich locker nach unten gestreckt. Die Beine sind gestreckt, und die Füße stehen parallel nebeneinander. Sie schauen geradeaus.

* Nun stellen Sie sich auf die Zehenspitzen und heben beide Arme senkrecht gestreckt über den Kopf. Strecken Sie sich so gut es geht nach oben, erst die eine Körperseite, dann die andere, als ob Sie oben etwas greifen wollen. Treten Sie abwechselnd mit dem rechten und linken Vorderfuß auf der Stelle. Machen Sie das ca. 10 Sekunden. (Abb. O)

* Dann führen Sie Ihre Arme seitlich nach unten und stellen sich normal auf die Fußsohlen. Sie stehen für ein paar Sekunden aufrecht und locker.

* Führen Sie die Körperstreckung 3–5mal hintereinander aus, jeweils 10 Sekunden.

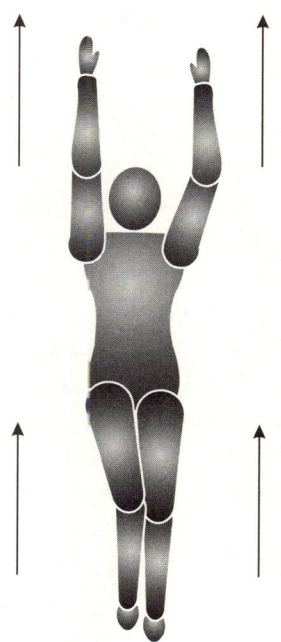

Abb. O

Weitere Varianten:

- Wenn Sie sich nicht gut auf den Beinen halten können, machen Sie den Streck-vorgang im Sitzen auf einem Hocker, der fest auf dem Boden steht.

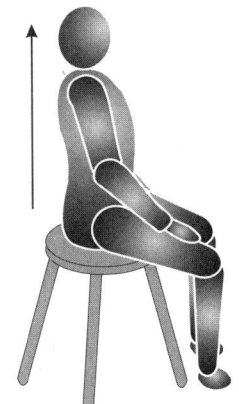

- Wenn Sie Ihre Arme nicht über dem Kopf ausstrecken können, legen Sie die Hände mit den Handflächen auf die Oberschenkel, richten den Oberkörper auf und strecken sich im Sitzen soweit es geht nach oben. Das kräftigt gleich-zeitig Ihre Rückenmuskulatur. (Abb. P)

Abb. P

Sie kontrollieren und verändern Ihre Atmung

Unsere innere Lebenskraft steht in direkter Verbindung mit unserer Atmung. Wie würden Sie z. B. diese Frage beantworten:

»Wer oder was atmet mich?«

Haben Sie eine Antwort gefunden?

Wenn ich in meinen Kursen und Seminaren diese Frage stelle, werde ich meist sehr erstaunt angeschaut. Ich bekomme immer wieder die Antwort: »Ja, ich bin es doch, der da atmet! Was soll diese Frage?« Worauf ich zurückfrage: »Wenn Sie es sind, der da atmet – können Sie dann Ihren Atem nur 10 Minuten anhalten, weil Sie es jetzt so wollen?« Worauf die Teilnehmerinnen und Teilnehmer noch erstaunter schauen als zuvor.

Es sind nicht wir selbst, die da atmen. Es ist die Lebenskraft, die uns ein- und ausatmen läßt, das sogenannte »Es« oder die göttliche Kraft, die im ganzen Universum, in allem was lebt, existiert und uns am Leben erhält. Wenn wir den Atem anhalten, werden wir nach kurzer Zeit dazu gezwungen, einatmen oder ausatmen »zu müssen«. Vielleicht denken Sie jetzt: »Das alles sind doch Steuerungen, die durch bestimmte Bereiche des Gehirns geregelt werden!« Das ist absolut korrekt. Und ich frage Sie zusätzlich weiter: »Wer oder was steuert dann die Gehirnfunktionen?«

Das einzige, worauf wir körperlich und mental Einfluß nehmen können, ist unser Atemrhythmus. Wir machen im allgemeinen nur zu wenig Gebrauch davon. Durch Kontrolle und Veränderung des Atemrhythmus können wir im Rahmen unserer Möglichkeiten den Sauerstoff und die Lebenskräfte immer wieder optimal in uns aktivieren, ansammeln, nutzbar machen und gezielt in bestimmte Bereiche lenken.

Wenn wir ausatmen, geben wir nicht nur »verbrauchte« Luft ab, sondern verbrauchen auch Lebenskraft. Stellen Sie sich die Lebenskraft als eine energetisch-ätherische Substanz vor, die in der Luft enthalten ist. Streß, Belastungen, destruktive Gedanken und heftige emotionale Empfindungen verändern sofort unseren Atemrhythmus und verbrauchen enorm viel Energie. Wir atmen schneller und sind kurzatmiger. Es kommt zu Sauerstoffmangel im Gehirn, im Blut, im ganzen Körper. Das optimale Zirkulieren der Lebenskraft ist beeinträchtigt, weil sich auch der Bauch beim Einatmen verspannt und nur noch oben in die Brust eingeatmet wird. Unser Herzrhythmus wird ebenfalls erheblich davon beeinflußt. Das Herz schlägt schneller als in einem ausgeglichenen Zustand. Sie haben das sicher auch schon erlebt, wenn Sie aufgeregt waren.

Leider haben viele Menschen unter dem Einfluß der alltäglichen Anforderungen die normale und natürliche Bauchatmung, auch Zwerchfellatmung genannt, verlernt. Besonders diejenigen, die unter Angstzuständen leiden; sie atmen fast ausschließlich nur noch im Brustbereich. Sind diese Zustände akut, geraten die Gedanken erst einmal außer Kontrolle. Falsches Atmen kann sogar soweit führen, daß die aufgeblähte Lunge so auf das Herz drückt, daß dort Unwohlsein, Beklemmungen oder Schmerzen einsetzen. Sie werden fälschlicherweise als Herzbeschwerden oder Herzinfarktgefährdung eingeordnet, die den Angstzustand noch verstärken. Durch die richtige Bauchatmung lassen sich diese Anzeichen schon nach kurzer Zeit beheben und verschwinden so plötzlich, wie sie gekommen waren.

Gelingt es Ihnen, den Atemrhythmus zu kontrollieren und zu verändern, dann wirkt sich das sehr positiv auf Ihre körperliche und geistige Befindlichkeit aus. Sie bringen Ihre Gehirnaktivität sehr leicht in den Alpha- oder Thetazustand, der erforderlich ist, um mentale und körperliche Heilungsabläufe zu begünstigen und zu optimieren. Ich habe für Sie einen separaten Übungsblock mit 5 speziellen Atemtechniken zusammengestellt. So können Sie sich dieser wichtigen Funktion aufmerksam zuwenden und sich voll darauf konzentrieren.

Mit etwas Übung erreichen Sie, daß alle Ihre Körperbereiche optimal mit Sauerstoff versorgt werden, und die Lebenskraft überall da fließt und zirkuliert, wo Sie sie hinlenken. Mental können Sie sich besser konzentrieren und sind aufmerksam bei der Sache. Schmerzen, Ängste und Sorgen lassen sich regelrecht »wegatmen«, wenn Sie Ihren Atem mit Ihrem Bewußtsein dorthin steuern. Richtiges und natürliches Atmen verbessert den Gasaustausch in Ihrem Körper, unterstützt positiv den kleinen und großen Blutkreislauf, regt Ihre Verdauungsorgane an und fördert Ihre Darmtätigkeit zur regelmäßigen Ausscheidung. Das Herz z. B. läßt sich am einfachsten beruhigen, wenn Sie den Atemrhythmus gezielt verlangsamen. Dadurch unterstützen Sie die Kontrolle über Ihre destruktiven Gedanken und Emotionen, damit Sie nicht mehr Opfer dieser Zustände werden, sondern sie beherrschen.

Die 5 Atemtechniken bauen aufeinander auf. Die Anwendungshinweise sind als Empfehlungen zu verstehen und nicht als Muß. Wenn Ihnen alle an einem Tag zuviel sind, verteilen Sie die 5 Atemtechniken auf 5 Tage. Machen Sie immer eine im täglichen Wechsel.

1. Natürliche Bauch- oder Zwerchfellatmung

Mit der natürlichen Bauchatmung verbessern Sie die Sauerstoffversorgung, Sauerstoffzirkulation und den Gasaustausch in Ihrem ganzen Körper. Die Verdauungs- und Ausscheidungsorgane werden angeregt. Das Gehirn wird besser durchblutet, das Herz entlastet, und Beklemmungen lösen sich auf. Sie können besser durchatmen und sind konzentrierter und aufmerksamer.

Anwendung: 1–3mal täglich, am besten morgens nach dem Aufstehen, mittags in der Pause und/oder abends vor der Nachtruhe, jeweils bei offenem Fenster oder draußen an der frischen Luft.

Praktische Durchführung:

* Sie stehen aufrecht und locker in der Grätsche. Die Beine sind gestreckt und die Füße stehen parallel geradeaus. Der linke Arm und die linke Hand sind an der linken Körperseite nach unten gestreckt. Der rechte Arm ist etwas gebeugt und die rechte Hand liegt auf dem Bauch unterhalb des Bauchnabels. Sie schauen geradeaus.

* Jetzt atmen Sie durch die Nase langsam und gleichmäßig in den Bauch ein. Dazu ist die Bauchmuskulatur entspannt und der Bauch wölbt sich nach vorn. Sie können das mit der rechten Hand fühlen, die auf dem Bauch liegt. Gelegentlich können Sie das mit einem Blick auf Ihre rechte Hand überprüfen. Der Mund bleibt geschlossen. (Abb. A)

- Dann atmen Sie die Luft durch den Mund langsam und gleichmäßig wieder aus. Dazu ziehen Sie den Bauch ein und spannen die Bauchmuskulatur an. Drücken Sie die rechte Hand etwas drauf, als Signal, um das Ausatmen zu erleichtern. (Abb. B)

- Führen Sie dieses Ein- und Ausatmen 7–12mal hintereinander aus.

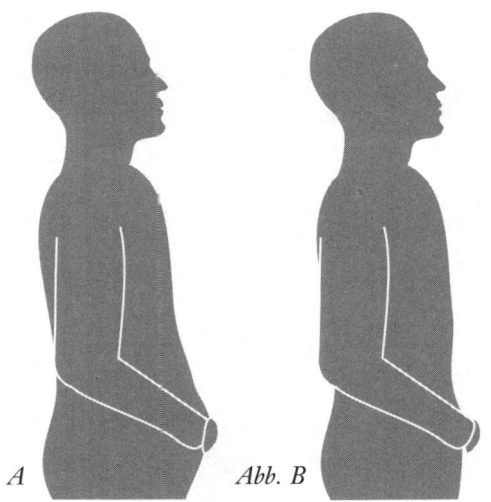

Abb. A   Abb. B

Wenn Sie beim Einatmen merken, daß sich statt des Bauches der Brustkorb hochwölbt, ist das für Sie ein Zeichen, daß sich die natürliche Bauchatmung noch nicht gleichmäßig eingestellt hat. Haben Sie ein wenig Geduld, mit etwas Übung werden Sie es schaffen. Sie spüren schon kurz danach, daß Ihnen diese Art des Atmens guttut, auch wenn sie am Anfang noch etwas ungewohnt für Sie ist.

Weitere Variante:

- Wenn Sie nicht gut stehen können, machen Sie diesen kompletten Atmungsvorgang im Sitzen. Setzen Sie sich auf einen Hocker, der fest auf dem Boden steht. Die Füße, Arme und Hände sind genauso plaziert wie im Stehen. Sie sitzen aufrecht und locker. Sie schauen geradeaus.

2. Rechts- und linksseitige Nasenatmung

Mit dieser Atemtechnik machen Sie nacheinander Ihre Nasenkanäle rechts und links optimal luftdurchlässig. Das ist sehr förderlich, um das Gehirn intensiv mit Sauerstoff zu versorgen. Die Nase steht mit dem Limbischen System, das für Entstehung und Steuerung unserer Emotionen verantwortlich ist, in direkter Verbindung. Sie ist ein wichtiges Sinnesorgan, das uns viele wertvolle Informationen übermittelt, wenn sie einwandfrei funktioniert.

Haben auch Sie schon einmal den Satz gehört oder selbst ausgesprochen: »Das gibt bestimmt wieder Stunk!« oder »Das stinkt gewaltig nach Betrug!« Unser Riechorgan gibt uns auf der feinstofflichen Ebene wichtige Informationen, die wir durch diese oder ähnliche Gedanken und Sätze zum Ausdruck bringen.

Wenn Sie schon einmal eine Nasenseite zugehalten haben, dann konnten Sie vielleicht feststellen, daß die Luft auf der einen Seite besser transportiert wurde als auf der anderen. Deshalb sorgt diese Atemtechnik dafür, daß Sie den Sauerstoff so optimal wie möglich in sich aufnehmen können.

Anwendung: 1–3mal täglich, am besten morgens nach dem Aufstehen, mittags in der Pause und/oder abends vor der Nachtruhe, jeweils bei offenem Fenster oder draußen an der frischen Luft.

Praktische Durchführung:

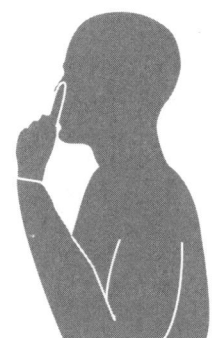

Abb. C

- Sie stehen aufrecht und locker in der Grätsche, die Beine sind gestreckt, und Ihre Füße stehen parallel geradeaus. Der rechte Arm ist gebeugt und die rechte Hand liegt auf dem Bauch, unterhalb des Bauchnabels. Der linke Arm ist ebenfalls gebeugt, und Sie halten sich mit dem Zeigefinger der linken Hand die linke Nasenseite so zu, daß sie nicht mehr luftdurchlässig ist. Sie schauen geradeaus. (Abb. C)

- Nun atmen Sie durch die rechte Nasenseite langsam und gleichmäßig ein, die Bauchmuskulatur ist entspannt, und der Bauch wölbt sich nach vorn, was Sie mit der rechten Hand fühlen können. Der Mund bleibt dabei geschlossen.

- Dann atmen Sie durch die rechte Nasenseite wieder aus und ziehen dabei den Bauch ein, die Bauchmuskulatur ist angespannt. Mit der rechten Hand drücken Sie etwas auf den Bauch, um sich das Ausatmen zu erleichtern. Der Mund bleibt dabei geschlossen.

- Führen Sie diesen Vorgang 5–7mal hintereinander aus und atmen anschließend normal und natürlich weiter.

- Dann machen Sie das gleiche mit der anderen Nasenseite. Dazu legen Sie die linke Hand auf den Bauch, und der Zeigefinger der rechten Hand hält die rechte Nasenseite zu.

- Nun atmen Sie langsam und gleichmäßig durch die linke Nasenseite ein, die Bauchmuskulatur ist entspannt, und der Bauch wölbt sich nach vorn, was Sie mit Ihrer linken Hand fühlen können. Der Mund bleibt dabei geschlossen.

- Dann atmen Sie langsam und gleichmäßig wieder durch die linke Nasenseite aus, und Sie ziehen den Bauch dabei ein, die Bauchmuskulatur ist angespannt. Der Mund bleibt dabei geschlossen.

- Führen Sie diesen Vorgang ebenfalls 5–7mal hintereinander durch und atmen anschließend normal weiter.

Wenn eine Nasenseite nur wenig Luft durchläßt, machen Sie diese Anwendung einfach weiter. Mit etwas Übung wird sie frei werden. Wenn eine Nasenseite verstopft ist, machen Sie diese Atemtechnik nur mit der anderen Nasenseite. Wenn beide Nasenseiten verstopft sind, z. B. durch Schnupfen, probieren Sie, ob Sie diese Atemtechnik durchführen können. Wenn nicht, dann lassen Sie diesen Vorgang vorerst aus.

Weitere Variante:

- Wenn Sie nicht gut stehen können, machen Sie diese komplette Atemtechnik im Sitzen. Setzen Sie sich auf einen Hocker, der fest auf dem Boden steht. Die Füße, Arme und Hände sind genauso plaziert wie im Stehen. Sie sitzen aufrecht und locker. Sie schauen geradeaus.

3. Ausatmen der Restluft

Diese Atemtechnik wenden Sie an, um Ihr Restluftreservoir zu erneuern. Wenn Sie ein- und ausatmen, verbleiben ca. 20–30 % der Luft in der Lunge. Diese 20–30 % Restluft zirkulieren ständig in der Lunge mit, da wir sie seit Monaten, Wochen oder Jahren nicht erneuert haben. Wenn die Restluft regelmäßig aus frischem Sauerstoff besteht, wirkt sich das sehr aufbauend und kräftigend auf Körper und Geist aus.

Anwendung: Nicht mehr als 1mal täglich oder jeden 2. Tag, am besten gleich morgens nach dem Aufstehen oder abends vor der Nachtruhe, bei offenem Fenster oder draußen an der frischen Luft.

Praktische Durchführung:

• Sie stehen aufrecht und locker in der Grätsche. Die Beine sind gestreckt, und die Füße stehen parallel geradeaus. Der rechte Arm ist mit der rechten Hand auf der rechten Körperseite nach unten gestreckt. Die linke Hand des linken Armes liegt auf dem Bauch unterhalb des Bauchnabels. Sie schauen geradeaus.

• Jetzt atmen Sie durch die Nase ein, die Bauchmuskulatur ist entspannt, und der Bauch wölbt sich vor, was Sie mit der linken Hand fühlen können. Dann atmen Sie langsam und gleichmäßig durch den Mund alle Luft aus, bis keine Luft mehr entweicht. Ziehen Sie dazu den Bauch ein, so stark es geht. Anschließend atmen Sie normal weiter.

• Nach einigen Sekunden wiederholen Sie diesen Atemvorgang. Machen Sie ihn nicht mehr als maximal 3mal im Abstand von ein paar Sekunden.

Weitere Varianten:

• Wenn Sie nicht gut stehen können, machen Sie die komplette Atemtechnik im Sitzen. Setzen Sie sich auf einen Hocker, der fest auf dem Boden steht. Die Füße, Arme und Hände sind genauso plaziert wie im Stehen. Sie sitzen aufrecht und locker und schauen geradeaus.

• Wenn Sie Schwierigkeiten haben mit dem Atmen, z. B. durch eine Erkältung oder Asthma, lassen Sie diese Atemtechnik vorerst aus.

4. Verschiedene Ein- und Ausatmungsphasen

Mit diesem Atmungsvorgang lernen Sie, wie Sie Ihre Lungenkapazität erhöhen, Ihre Atemzüge einteilen und gezielt einsetzen. Sie haben mehr Luft zur Verfügung, können Ängste, Sorgen und Schmerzen wegatmen, den Atemrhythmus verlangsamen und damit das Herz beruhigen, wenn es auf heftige Emotionen oder körperliche Anstrengungen reagiert.

Anwendung: 1mal täglich morgens oder abends, bei offenem Fenster oder draußen an der frischen Luft.

Praktische Durchführung:

* Sie stehen aufrecht und locker in der Grätsche. Die Beine sind gestreckt, und die Füße stehen parallel geradeaus. Der rechte Arm ist mit der rechten Hand auf der rechten Körperseite nach unten gestreckt. Die linke Hand des linken Armes liegt auf dem Bauch unterhalb des Bauchnabels. Sie schauen geradeaus.

* Atmen Sie zunächst durch die Nase langsam und gleichmäßig ca. 2 Sekunden lang ein, die Bauchmuskulatur ist entspannt und der Bauch wölbt sich nach vorn.

* Atmen Sie langsam und gleichmäßig durch den Mund ca. 2 Sekunden lang wieder aus, der Bauch wird eingezogen und die Bauchmuskulatur ist angespannt.

* Wiederholen Sie diesen Vorgang 3mal hintereinander, und atmen Sie dann für ein paar Sekunden normal weiter.

* Jetzt atmen Sie durch die Nase langsam und gleichmäßig ca. 3 Sekunden lang ein, die Bauchmuskulatur ist entspannt, und der Bauch wölbt sich nach vorn.

* Atmen Sie langsam und gleichmäßig durch den Mund ca. 3 Sekunden lang wieder aus, der Bauch wird eingezogen, und die Bauchmuskulatur ist angespannt.

* Wiederholen Sie diesen Vorgang 3mal hintereinander, und atmen Sie dann für ein paar Sekunden normal weiter.

* Jetzt atmen Sie durch die Nase langsam und gleichmäßig ca. 4 Sekunden lang ein, die Bauchmuskulatur ist entspannt, und der Bauch wölbt sich nach vorn.

* Atmen Sie langsam und gleichmäßig durch den Mund ca. 4 Sekunden lang wieder aus, der Bauch wird eingezogen, und die Bauchmuskulatur ist angespannt.

* Wiederholen Sie diesen Vorgang 3mal hintereinander, und atmen Sie dann für ein paar Sekunden normal weiter.

* Jetzt atmen Sie durch die Nase langsam und gleichmäßig ca. 4 Sekunden lang ein, die Bauchmuskulatur ist entspannt, und der Bauch wölbt sich nach vorn.

- Atmen Sie durch den Mund langsam und gleichmäßig ca. 6 (8, 10, 12 . . .) Sekunden lang wieder aus, der Bauch wird eingezogen, und die Bauchmuskulatur ist angespannt.

- Wiederholen Sie diesen Vorgang 3mal hintereinander, und atmen Sie dann für ein paar Sekunden normal weiter.

Die Einatemphase bleibt bei 4 Sekunden, und die Ausatemphase erhöht sich jedesmal um 2 weitere Sekunden. Sie können mit der Zeit das Ausatmen bis auf 14–20 Sekunden ausdehnen.

Wenn Sie merken, daß Sie bei den einzelnen Atmungsphasen an Ihre Grenzen kommen, bleiben Sie für mehrere Tage bei der Atmungsphase, die Sie noch gut schaffen. Sie spüren genau, wann Sie die nächste dazunehmen können. Steigern Sie allmählich und nicht zuviel auf einmal.

Weitere Varianten:

- Wenn Sie nicht gut stehen können, machen Sie die komplette Atemtechnik im Sitzen. Setzen Sie sich auf einen Hocker, der fest auf dem Boden steht. Die Füße, Arme und Hände sind genauso plaziert wie im Stehen. Sie sitzen aufrecht und locker. Sie schauen geradeaus.

- Wenn Ihre Atmung beeinträchtigt ist, z. B. durch eine Erkältung oder durch Asthma, gehen Sie behutsam vor oder lassen diese Atemtechnik vorerst aus.

Weitere praktische Anwendung:

Wenn Sie Sorgen, Ängste oder Schmerzen haben und abbauen wollen, gehen Sie wie folgt vor:

- Stehen oder sitzen Sie wie gehabt.

- Machen Sie sich bewußt, wovon Sie sich befreien wollen.

- Atmen Sie dann durch die Nase ca. 2–4 Sekunden langsam und gleichmäßig ein. Beim Einatmen stellen Sie sich gedanklich darauf ein, daß Sie lebensspendende Energien einatmen, die sich in Ihrem ganzen Körper ausbreiten und Ihnen guttun.

- Dann atmen Sie durch den Mund gleichmäßig und etwas stärker als in den Übungen zuvor ca. 4 Sekunden lang aus. Beim Ausatmen stellen Sie sich gedanklich darauf ein, daß Ihr Ausatmen Ihr Problem mit sich fortnimmt. Sie atmen es weg und fühlen sich frei. Anschließend atmen Sie normal weiter.

- Führen Sie diesen Vorgang 7mal hintereinander aus mit jeweils einigen Sekunden Pause dazwischen, in denen Sie normal weiteratmen.

5. Einatmen, speichern und lenken der Lebenskraft

Mit dieser Atemtechnik sammeln, speichern und lenken Sie die Lebenskraft in Ihren Körper. Sie ist eine energetisch-ätherische Substanz, die in der Luft enthalten ist und die Sie mit dem Sauerstoff in sich aufnehmen. Mit Ihrem Atem und Ihrem Bewußtsein können Sie diese Lebenskraft so ansammeln, speichern und lenken, daß Sie nach und nach außergewöhnliche Ergebnisse erzielen.

Wenn Sie diese Technik regelmäßig anwenden, haben Sie jederzeit reichlich Energie für Ihren Alltag. Sie verfügen über eine bessere Kondition, Ihre Reaktionen werden schneller, und Sie erhöhen Ihre Wahrnehmung und Sensibilität, den sogenannten 6. Sinn.

Für diese Atemtechnik ist es sehr vorteilhaft, wenn Sie die natürliche Bauchatmung schon beherrschen. Es ist förderlich, sie täglich anzuwenden. Wenn Sie regelmäßig üben, erzielen Sie außergewöhnliche und dauerhafte Ergebnisse.

Anwendung: 2mal täglich, morgens und abends, bei offenem Fenster oder draußen an der frischen Luft.

Praktische Durchführung:

- Bevor Sie beginnen, betrachten Sie zuerst die Abbildungen D und E, die Ihnen eine Übersicht geben, wie Sie sich das Lenken und Speichern der Lebenskraft in Ihrem Körper vorstellen können. Abb. D zeigt den Weg der zu sammelnden Lebenskraft beim Einatmen. Abb. E zeigt den Weg der zu lenkenden und zu speichernden Lebenskraft beim Ausatmen. (Abb. D und E)

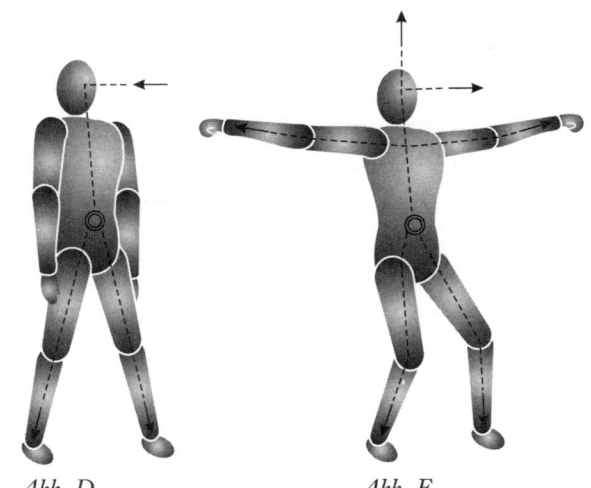

Abb. D   *Abb. E*

• Stehen Sie nun aufrecht und locker in der Grätsche. Die Beine sind gestreckt, und die Füße stehen parallel geradeaus. Beide Arme und Hände sind seitlich am Körper nach unten gestreckt. Sie schauen geradeaus.

• Jetzt atmen Sie durch die Nase langsam und gleichmäßig ein (Abb. D). Die Bauchmuskulatur ist entspannt, und der Bauch wölbt sich nach vorn. Dann halten Sie den Atem für 3–4 Sekunden an.

Unterhalb des Bauchnabels ist der Schwerpunkt des Körpers. Mit Ihrem Bewußtsein lenken Sie die Lebenskraft beim Einatmen dorthin, was einfach ist, weil Sie Ihren Bauch beim Einatmen vorwölben. Dann stellen Sie sich vor, wie sich von dort die Lebenskraft in Ihre Beine und Füße verteilt.

• Während Sie nun den Atem anhalten, pressen Sie Ihre Gesäßmuskeln so fest zusammen, daß sie sehr angespannt sind. Gleichzeitig gehen Sie mit beiden Beinen etwas in die Kniebeuge. Ihre Hände ballen Sie locker zu einer Faust, heben Ihre Arme gestreckt in Schulterhöhe waagrecht zur Seite und atmen langsam und gleichmäßig durch die Nase wieder aus (Abb. E). Anschließend halten Sie wieder den Atem für 3–4 Sekunden an.

Mit dieser Art des Ausatmens speichern Sie die Lebenskraft und lenken sie weiter in die Arme, den Hals und in den Kopf. Durch das Zusammenpressen der Gesäßmuskeln, die Kniebeuge beider Beine, das Anheben der Arme und das lockere Ballen der Hände fließt und zirkuliert die Lebensenergie so, daß sie beim Ausatmen nicht verlorengeht, sondern Zeit hat, sich anzulagern. Nur die verbrauchten Anteile werden mit dem Kohlendioxyd ausgeatmet.

• Während Sie den Atem anhalten, lockern Sie die Gesäßmuskeln, entspannen die Hände und führen die gestreckten Arme seitlich am Körper nach unten. Dann beginnt der Atemvorgang wieder von vorn. Wiederholen Sie diese Atemtechnik noch 9mal hintereinander. Anschließend atmen Sie normal weiter.

Wenn Sie diese Atemtechnik beherrschen, sind Sie auch in der Lage, die Lebens-kraft mit Ihrem Bewußtsein gezielt in bestimmte Körperbereiche zu lenken, dort zirkulieren zu lassen und sich zu kräftigen. Sind Sie z. B. im Nacken oder Rücken verspannt oder haben Schmerzen, dann lenken Sie die Lebenskraft genau in diesen Bereich und sammeln sie dort vermehrt an. Haben Sie Magenbeschwerden, dann konzentrieren Sie die Energie genau dort.

- Das Einatmen und Ausatmen wird durchgeführt wie zuvor beschrieben. Beim Ausatmen konzentrieren Sie sich zusätzlich darauf, daß die Lebensenergie ver-mehrt an die betreffende Stelle gelangt.

Diese 5. Atemtechnik ergänzt sich gut mit der 2. Atemtechnik, bei der Sie in verschiedenen Ein- und Ausatmungsphasen Ängste, Sorgen und Schmerzen weg-atmen. Wenn Sie beide miteinander kombinieren, machen Sie zuerst Atemtechnik 2 und anschließend Atemtechnik 5.

Weitere Variante:

- Wenn Sie nicht gut stehen können, machen Sie die komplette Atemtechnik im Sitzen. Setzen Sie sich auf einen Hocker, der fest auf dem Boden steht. Die Füße, Arme und Hände sind genauso plaziert wie im Stehen. Sie sitzen aufrecht und locker, und Sie schauen geradeaus.

Anmerkungen:

- Lassen Sie diese Übung aus, wenn Sie krank oder verletzt sind. Beginnen Sie erst wieder damit, wenn es Ihnen besser geht.

- Wenn diese Atemtechnik für Sie vorerst noch zu anstrengend ist und Sie diese nicht regelmäßig durchführen können oder wollen, lassen Sie sie aus. Wenden Sie sich ihr zu einem späteren Zeitpunkt zu.

Das mentale Training:

Wie Sie sich motivieren mit Stimme und Körper

Die 3 dynamischen Schritte jeder Übung

Jede Übung aus dem folgenden Gesamtprogramm wurde für ein spezielles Anwendungsgebiet entwickelt und behandelt ein in sich abgeschlossenes Thema. Sie setzt sich aus 3 dynamischen Schritten zusammen, die einzeln nacheinander ausgeführt werden und fließend harmonisch ineinander übergehen.

*   Schritt 1 besteht aus einem mentalen und zielorientierten Leitsatz. Genaue Angaben vermitteln Ihnen, wie Sie ihn mental und im Einsatz mit Ihrer Stimme praktisch anwenden.

*   Dann folgt Schritt 2. Er enthält speziell für den Leitsatz entwickelte Körperbewegungen, die ausführlich beschrieben sind. Dazu gibt es mehrere Abbildungen mit deutlichen Markierungen des Bewegungsablaufs, die Ihnen die Übung leicht verständlich über das bildhafte Erleben verdeutlichen.

*   Anschließend folgt Schritt 3, der zusammen mit Schritt 2 gleichzeitig ausgeführt wird, eine Synthese aus Leitsatz und Körperbewegungen. Genaue Anleitungen informieren Sie darüber, wie Sie den Leitsatz in Bewegung umsetzen, der auf den ganzen Bewegungsablauf zwischen 1–4 Blöcken aufgeteilt ist. Er hebt sich im Buch optisch deutlich durch eine Randmarkierung von Schritt 2 ab und ist direkt hinter der jeweils entsprechenden Körperbewegung eingefügt. Das ermöglicht Ihnen beim Üben eine chronologische Vorgehensweise. Die Bezeichnung dafür lautet Schritt 3 bzw. Schritt 3 A, 3 B, 3 C, 3 D.

Diese Form des Übungsablaufes ist ein wichtiger Bestandteil des gesamten Aufbaus. Sie können sich jedem Schritt mit voller Aufmerksamkeit widmen, und das schrittweise Vorgehen läßt Sie den Übungsablauf leicht nachvollziehen und durchführen. Jeder Einzelschritt entfaltet dadurch seine besondere Wirksamkeit, die sich durch diese spezielle Abfolge verdreifacht.

Die Ebenen des Verstandes, der Emotionen, der Intuition und Inspiration sind koordiniert. Sie steigern Ihre Fähigkeit der mentalen Aufmerksamkeit, die Ihr gesamtes Energiefeld verändert und positiv aufbaut. Für einige Minuten bleiben Sie absolut konzentriert bei einem einzigen Thema, ohne durch ständig kreisende Gedanken gestört oder unterbrochen zu werden. Der sonst übliche innere Dialog ist während dieser Zeit vollkommen ausgeblendet, denn Ihre emotionale Ebene ist voll integriert und aktiv. Sie wird durch energetisch wirksame Körperaktivität angesteuert, die einen direkten Zugang zu Ihren mentalen, emotionalen und körperchemischen Steuerungsmechanismen ermöglicht. Dadurch werden Ihrem Unterbewußtsein sehr schnell alle Informationen zugeführt, die es zur Umsetzung und Verwirklichung Ihrer Anliegen und Ziele braucht.

Die 3 dynamischen Schritte jeder Übung sind wie folgt aufgebaut:

Schritt 1: **Der mentale Leitsatz und seine suggestive Wirkung durch Denken und Sprechen**

Jede Übung fängt damit an, daß Sie sich zuerst mit dem mentalen Leitsatz des von Ihnen ausgewählten Themas auseinandersetzen, ihn denken, sprechen und verinnerlichen. Damit setzen Sie den »auditiven« Wahrnehmungsbereich, innen wie außen, in Funktion.

Wenn Sie z. B. früher einmal auf etwas wütend waren, was Sie im Außen erlebt haben, dann erinnern Sie sich sicherlich noch daran, daß Ihre inneren Dialoge und Ihre Worte, die Sie dabei verwendet haben, entsprechend heftig und emotional geladen waren. Wenn Sie ein Ziel haben, das Sie zu erreichen wünschen, ist es ebenfalls wichtig, Ihr Denken und Ihre verbalen Äußerungen mit der gleichen mentalen und emotionalen Intensität, Anteilnahme und Tonalität umzusetzen, jedoch ohne Aggressivität, wie das in destruktiven Situationen der Fall wäre.

Die Art und Weise, wie Sie denken und emotional verarbeiten, beeinflußt den Klang Ihrer Stimme und löst dementsprechende körperchemische Reaktionen aus. Eine Stimme, die verärgert, engagiert oder impulsiv klingt, verstärkt z. B. die Hitzewallungen. Es verändert sich die Hautfarbe des Gesichtes und der Ohren, die sich rötlich färben, bzw. bei Angst oder Panik bleich werden. Oder es bildet sich Schweiß auf der Stirn, und die Hände werden feucht.

Eine Stimme, die freudig oder ruhig und gelassen klingt, verstärkt unser körperliches Wohlgefühl. Der Körper ist angenehm temperiert, und im Bauch ist ein wohliges Kribbeln zu spüren. Die Stimme ist ein sehr persönliches Erkennungsmerkmal und hat starken Erinnerungs- und Wiedererkennungswert. Sie bleibt uns im Gedächtnis haften, und das kann unangenehm oder angenehm sein.

Je ernster es Ihnen ist, Ihre Vorhaben umzusetzen, je klarer Ihre Gedanken dazu sind, je mehr Sie davon überzeugt sind, um so klarer und deutlicher klingt Ihre Stimme. Durch diese Vorgehensweise des Denkens und Sprechens gelingt es Ihnen, die suggestive Wirkung zu verstärken. Sie denken und sprechen auch im Alltag klarer und deutlicher. Es ist ein gutes Gefühl, wenn Sie spüren, wie Sie beim Sprechen an Sicherheit gewinnen und durch den Einsatz Ihrer Stimme wirkungsvoll, dynamisch und sicher Ihre Informationen und Ihre Anliegen mitteilen.

Ihre Steuerungsmechanismen werden schneller zielorientiert aktiv, und Sie gewöhnen sich eine konstruktive Art des Denkens und Sprechens an, die Sie mental stark und stabil macht.

Folgendes ist bei Schritt 1 zu beachten:

- Die für die Übungen entwickelten Leitsätze haben eine bestimmte Form der Einteilung, damit sie mit den Körperbewegungsabläufen harmonieren und gut zu merken sind.

- Einige Sätze sind so zusammengestellt, daß sie bestimmte Zustände direkt hervorheben, wie z. B. »Unruhe« oder »Flexibilität« usw. Andere sind übergeordnet formuliert, wie z. B. »Sich lösen von Destruktivität« oder »Konstruktive Potentiale aktivieren« usw. Diese Sätze haben eine Code- bzw. Schlüsselwortfunktion, unter der Sie Ihr persönliches Anliegen zusammenfassen können. Denn jeder Mensch hat individuelle Bedürfnisse und Beweggründe, warum er sich mit einem bestimmten Thema auseinandersetzt. Wichtig ist, daß die Steuerung in die gewünschte Richtung aktiviert wird.

- Befassen Sie sich zuerst gedanklich mit dem Leitsatz einer Übung, bevor Sie ihn sprechen. Machen Sie sich bewußt, was er für Sie bedeutet.

- Anschließend sprechen Sie den Leitsatz mit einer angenehmen Sprechstimme. Probieren Sie aus, ob Sie das Sprechen in Ihrer tiefen oder mittleren Tonlage bevorzugen und welche für das jeweilige Thema angemessen ist. Das Sprechen in hoher Tonlage ist nicht so gut geeignet, weil sie Unruhe auslösen kann.

- Sprechen Sie jedes Wort und jeden Satz klar, deutlich, intensiv und überzeugend. Sie können z. B. deutlich und bestimmend sprechen, ohne laut und aggressiv zu werden. Oder sprechen Sie leise und deutlich intensiv, aber nicht leise und lasch oder dumpf. Holen Sie das Beste aus sich heraus, was Ihnen sprechensmäßig möglich ist. Sie werden genau spüren, wann Sie den Tonfall und den Charakter eines Leitsatzes getroffen haben.

- Wenn Sie am Anfang Hemmungen haben, den Leitsatz einer Übung zu sprechen, dann denken Sie ihn intensiv, mit Klarheit und Überzeugung. Gehen Sie aber so bald wie möglich dazu über, Ihre Stimme einzusetzen, denn Sie bekommen dadurch mehr Selbstvertrauen.

- Wenn Sie Beeinträchtigungen beim Sprechen haben, z. B. durch Lispeln, Stottern oder ähnliches, sprechen Sie die Leitsätze, so gut Sie es können. Sie werden ganz bestimmt davon profitieren, weil es Sie im Umgang mit Ihrer Stimme sicher macht.

- Schenken Sie Ihren Anliegen und Zielen mental und verbal alle Aufmerksamkeit, die Ihnen möglich ist. Seien Sie engagiert dabei. Identifizieren Sie sich damit, daß Sie das, was Ihnen wichtig und wesentlich ist, erreichen werden.

Schritt 2:   Die Körperbewegungen – Ankerfunktion und Beeinflussung der Körperchemie

Nachdem Sie Schritt 1 ausgeführt haben, konzentrieren Sie sich auf Schritt 2 – das Ausführen der Körperbewegungen. Hier habe ich sowohl die Energiefließrichtung der Meridiane als auch den symbolischen Wert einer Bewegung, Bewegungsrichtung und Körperberührung berücksichtigt und integriert. Sie sind mit dem Informationsgehalt des Leitsatzes identisch und bewirken eine »visuelle« und »kinästhetische« Ankerung, die sich mit jedem Übungsablauf verstärkt. Der visuelle Bereich wird durch spezielle Körperbewegungen angesteuert, wie z. B. das Darstellen von nah – fern, hoch – tief, eng – weit, rund – eckig usw. Der kinästhetische Bereich wird durch das Spüren der Körperbewegungen über die Nerven und Muskeln und durch das Berühren der Hände selbst oder des Körpers mobilisiert. Gleichzeitig werden Steuerungsmechanismen aktiviert, die körperchemische Substanzen freisetzen. Diese heben das persönliche Stimmungs- und Leistungsniveau an. Jeder Leitsatz wird dadurch visuell und emotional erlebbar gemacht. Das Unterbewußtsein erhält über die Augen und über das Körpergefühl die gleiche Botschaft wie über den gedachten und gesprochenen Leitsatz.

Folgendes ist bei Schritt 2 zu beachten:

- Führen Sie jede Körperhaltung und Körperbewegung bewußt aus.

- Integrieren Sie, wenn möglich, auch Ihre Mimik. Machen Sie zu jeder Übung einen entschlossenen und/oder heiteren Gesichtsausdruck.

- Atmen Sie ruhig und regelmäßig weiter. Das Ein- und Ausatmen regelt sich beim Sprechen automatisch.

- Führen Sie den Bewegungsablauf so lange aus, bis Sie ihn verstanden haben. Erst danach gehen Sie zu Schritt 3 weiter.

Schritt 3:   Der gesprochene mentale Leitsatz synchron mit den Körperbewegungen

Nachdem Sie zuerst Schritt 1 und dann Schritt 2 ausgeführt haben, synchronisieren Sie beide Schritte, d. h., zu den Körperbewegungen wird der Leitsatz entsprechend aufgeteilt und dazu gesprochen. Sie verdreifachen dadurch die Wirkung, indem Sie eine gezielte Information nun auf 3 Wahrnehmungsebenen innen wie außen gleichzeitig zur Wirkung bringen: visuell, auditiv und kinästhetisch. Der sonst übliche Dialog ist während dieser Zeit völlig ausgeblendet, und die emotionalen und körperchemischen Steuerungsfunktionen werden gleichzeitig aktiv. Sie erzeugen einen Bewußtseinszustand, in dem für die Zeit Ihres Übens durch Ihre gelenkte Aufmerksamkeit nur eine einzige Information existiert. Ihr Unterbewußtsein speichert diese Erfahrung erneut ab und setzt weitere Steuerungsmechanismen in Gang jenseits Ihrer persönlichen Bewertungsmaßstäbe, d. h., Sie erhalten aus Ihrem inneren Bereich Hinweise und werden auf Ereignisse im Äußeren aufmerksam, die Sie sich durch oberflächliches kopflastiges Denken nicht derart bewußt machen können.

Für Schritt 3 gelten alle Hinweise wie für Schritt 1 und 2, nun jedoch beides gleichzeitig. Weitere Informationen erhalten Sie im darauffolgenden Kapitel »Die 30 Übungen von MENTAL IN FORM«.

Die 30 Übungen von MENTAL IN FORM

Diese 30 Übungen sind mein Beitrag für Sie, Ihre mentalen Fähigkeiten auf andere Art zu aktivieren, als Sie es vielleicht bereits durch andere Methoden kennengelernt haben. Sie brauchen keine gehirnakrobatischen Leistungen zu vollbringen, und Sie werden auch mental nicht überfordert. Das einzige, was Sie zu tun haben, ist, sich mit dem Übungsablauf vertraut zu machen, um die Kraft der Motivation mental und körperlich nutzen zu können.

Die 30 Übungen sind so aufgebaut, daß sie auch in der Reihenfolge logisch aufeinander abgestimmt sind. Durch die besondere Vorgehensweise, die jeder Übung zugrundeliegt, entsteht eine positive Wechselwirkung zwischen mentalen, akustischen, körperbewegenden und körperchemischen Aktivitäten. Diese finden gleichzeitig statt und lösen mit zielorientierten Informationen Steuerungsimpulse aus, durch die Sie das erreichen, was Sie sich vorgenommen haben.

Bevor Sie mit dem Üben beginnen, hier noch wichtige Hinweise, die für alle 30 Übungen gelten:

- Jede Übung behandelt ein in sich abgeschlossenes Thema. Die Einzelheiten und Zusammenhänge erkläre ich vor der Durchführung und mache Sie mit der jeweiligen Thematik vertraut. Zuerst gibt es Fragestellungen, die es Ihnen ermöglichen, vom unmittelbar Betroffenen zum Beobachtenden zu werden. Sie bekommen mehr inneren Abstand von Ihrer aktuellen Situation und bessere Übersicht und Anregungen, sie neu zu überdenken. Dann folgen Informationen darüber, was Sie mit dieser Übung erreichen und was sie erforderlich macht. Anschließend werden die einzelnen Übungsschritte aufgeführt, die Ihnen den Ablauf erklären und veranschaulichen.

- Nach der praktischen Durchführung gibt es »Anmerkungen«, die Ihnen einen Überblick über die energetische und symbolische Bedeutung und Wirksamkeit der Leitsätze und Bewegungen vermitteln.

- Doch zunächst wählen Sie aus dem Gesamtprogramm eine Übung aus, die zum gegenwärtigen Zeitpunkt für Sie am wichtigsten ist. Sie haben damit den besten Einstieg, die Methode MENTAL IN FORM kennenzulernen. Daß Sie die richtige Übung gewählt haben, spüren Sie an Ihrer inneren Zustimmung.

- Lesen Sie die Übung Ihrer Wahl zuerst einmal komplett durch, um sich mit dem Thema und dem praktischen Aufbau vertraut zu machen.

- Daran anschließend beginnen Sie mit Schritt 1, indem Sie den Leitsatz wie beschrieben verinnerlichen.

- Dann widmen Sie sich Schritt 2, um die einzelnen Bewegungsabläufe kennenzulernen. Die Beschreibungen sind mit grauen Punkten gekennzeichnet und durch entsprechende Abbildungen dargestellt.

- Schauen Sie zuerst die Abbildungen an, dann verstehen Sie sofort den Bewegungsablauf.

- Anschließend lesen Sie die gesamte Beschreibung. Danach führen Sie die Bewegungen aus, unberücksichtigt von Schritt 3, den integrieren Sie erst dann, wenn Sie den Bewegungsablauf verstanden haben und ausführen können.

- Die abgebildeten Figuren zeigen Ihnen die einzelnen Körperhaltungen und Bewegungsabläufe. Die jeweiligen Bewegungsrichtungen sind mit durchzogenen, gestrichelten Linien und Pfeilen dargestellt.

- Die durchzogene Linie zeigt an, daß die abgebildete Figur die Bewegung bereits hinter sich hat, die gestrichelte Linie bedeutet, daß die Figur die Bewegung noch auszuführen hat. Dadurch erkennen Sie, wo die Bewegungen anfangen und wie Sie weitergeführt werden.

- Die meisten Abbildungen zeigen die Position oder den Bewegungsablauf direkt von vorn. Manche Arm- und Fußhaltungen konnten jedoch von der Seite besser dargestellt werden. Deshalb gibt es einige Abbildungen mit Seitenansicht. Diese Positionsänderung der Abbildungen lassen Sie unberücksichtigt, d. h., Sie drehen sich nicht zur Seite.

- Einige Abbildungen der Figur bestehen aus Doppelbildern, d. h., hinter der grau getönten Figur sind zusätzlich Körperteile abgebildet, wie z. B. Armhaltungen und Oberkörper. Sie sind fein liniert und weiß. Diese zeigen Ihnen die zuvor erreichte Haltung an, damit Sie den Wechsel von der einen zur nächsten Position verstehen.

- Die kleinen Pfeile an den Ellbogen und Kniegelenken bedeuten, daß Arm- oder auch Beinarbeit erforderlich ist, die aus der Beschreibung hervorgeht. Wenn Sie diese Pfeile sehen, achten Sie auch auf die entsprechende Textstelle.

- Wo es angebracht ist, habe ich für Sie bei einigen Übungen grafische Abbildungen zusammengestellt, die Ihnen eine Übersicht des gesamten Bewegungsablaufs auf einen Blick geben. Sie wurden mit Zahlen versehen, denen Sie in Ihren Bewegungen folgen, von 1 nach 2, von 2 nach 3 usw. »R« steht für rechts, »L« steht für links. Dadurch können Sie seitenrichtig wahrnehmen und die Bewegungen mit den Armen und Händen entsprechend nachvollziehen.

- Alle Grafiken sind mit Abb. 1, Abb. 2 usw. numeriert. Alle Bewegungsabläufe mit figürlichen Abbildungen sind mit Buchstaben gekennzeichnet: Abb. A, Abb. B usw.

- Wenn Sie die Bewegungsabläufe von Schritt 2 gut nachvollzogen und umgesetzt haben, gehen Sie dazu über, Schritt 3 zu integrieren. Lesen Sie deshalb auch diesen Schritt zunächst durch, denn er enthält die Aufteilung und Zuordnung des Leitsatzes zu den Bewegungen. Er hebt sich optisch durch einen grauen Balken deutlich von Schritt 1 und 2 ab und wird erst nach der Ausführung von Schritt 2 berücksichtigt und ausgeführt.

- Den zutreffenden Teil eines Leitsatzes finden Sie direkt nach der entsprechenden Körperhaltung oder Körperbewegung als Block eingefügt. Wenn der Leitsatz nur einem Bewegungsablauf angepaßt ist, lautet die Bezeichnung dafür einfach »Schritt 3«. Ist der Leitsatz auf 2 bis 4 Bewegungsabläufe aufgeteilt, lautet die Bezeichnung Schritt 3 A, Schritt 3 B, Schritt 3 C und Schritt 3 D.

- An den Stellen, wo »Schritt 3« nicht eingefügt ist, werden die Körperhaltungen oder Bewegungsabläufe stumm ausgeführt.

- Es kann sein, daß sich während oder nach den Übungen verschiedene Reaktionen einstellen, z. B., daß Sie die Muskeltätigkeit der Arme und Beine spüren, daß es in Ihren Armen zu kribbeln beginnt, daß Ihre Hände und Füße warm werden und ähnliches. Diese Reaktionen sind normal und erwünscht. Sie zeigen an, daß energetische Abläufe stattfinden.

Machen Sie alle 3 Schritte bei der von Ihnen ausgewählten Übung bewußt und mit voller Hingabe, so, als gäbe es in diesem Moment nichts Wichtigeres. Mit etwas Übung gelingt es Ihnen schon bald, Ihre erlernte Fähigkeit der gelenkten Aufmerksamkeit auch sinnvoll in den Alltag zu übertragen, damit nicht unangenehme Emotionen Ihren Verstand überlagern und beherrschen. Denn Verstand kommt von verstehen. Und wer versteht, schafft beste Voraussetzungen für die Ebenen der Intuition und Inspiration.

Bei regelmäßiger oder mehrmaliger Anwendung der einzelnen Übungen können Sie in Verbindung kommen mit Ihrer inneren Führung und von dieser Instanz entscheidende Botschaften und Hilfestellungen erhalten. Ebenso ist es möglich, daß Sie dadurch auf äußere Signale aufmerksam werden, die Ihnen wichtige Hinweise und Informationen vermitteln.

Übung 1   Frei von Streß und Belastungen

Gibt es in Ihrem Leben Situationen oder Gemütszustände, die Sie belasten? Kreisen dann ihre Gedanken? Hetzen Sie von einem Termin zum anderen? Fühlen Sie sich manchmal getrieben oder als ein Opfer der Umstände? Ist es für Sie problematisch, sich die Zeit zu nehmen für Dinge, die Ihnen wichtig sind?

Seelische Belastungen stehen als Streßfaktoren an oberster Stelle. Sie binden mental enorm viel Energie, wenn sie uns ständig gedanklich beschäftigen. Die stärksten emotionalen Auslöser von Streß sind Streit und gereizte Auseinandersetzungen jeglicher Art, Neid und Mißgunst, falsche Zeitdisposition, Trennung, Scheidung, Kündigung, nicht bestandene Prüfungen, schlechte Noten, zu hohe Leistungsanforderungen, Arbeitsplatz-, Orts- und Schulwechsel, lebensbedrohende Krankheit, Unfall, Gerichtsverfahren, finanzielle Schwierigkeiten, Schuldgefühle, Tod und Verlust eines geliebten Menschen.

Diese Übung ist genau richtig für Sie, wenn Sie sich von einem anstrengenden Tag gedanklich und körperlich erholen wollen. Sie wirkt entlastend und reinigend auf Körper, Geist und Seele, und Ihr innerer Dialog beruhigt sich. Belastungen der verschiedensten Art hinterlassen ihre Spuren im Energiesystem. Bauen Sie diese Belastungen gleich jetzt mit dieser Übung ab. Sie hat sich schon oft bewährt und ist auch als vorbeugende Maßnahme bestens geeignet. Sie fühlen sich im Kopf-, Brust-, Schulter- und Rückenbereich wieder befreit und erleichtert und atmen besser durch.

Das mehrmalige Üben macht Ihnen entweder bewußt, was Sie bisher in Streß gebracht hat, oder Sie bekommen zur richtigen Zeit wichtige Hinweise, wie Sie belastende Situationen vermeiden können.

Die praktische Durchführung der Übung

Schritt 1:   Denken und sprechen Sie den folgenden mentalen Leitsatz langsam, deutlich und engagiert mit Intensität, Klarheit und Überzeugung:

> Ich bin frei,
> ich bin frei,
> vollkommen frei
> von Streß und Belastungen!

Wiederholen Sie diesen Satz 5–7mal. Identifizieren Sie sich mit seiner Aussage, und bejahen Sie den zu erreichenden Zustand.

Schritt 2:   Jetzt werden die Körperbewegungen ausgeführt.

* Ausgangsposition:
  Stellen Sie sich in die Grätsche, und nehmen Sie mit dem ganzen Körper eine aufrechte Haltung ein. Ihre Beine sind gestreckt, und Ihre Füße stehen parallel geradeaus. Die Arme bilden rechts und links einen Bogen nach unten, und die Hände befinden sich vor dem Unterkörper. Diese Hände liegen in der Mitte waagrecht aufeinander, d. h., der Handrücken der oberen Hand liegt auf der Handfläche der unteren Hand. Sie schauen geradeaus. (Abb. A)

Abb. A

* Nun beginnen Sie mit beiden Armen vor dem Körper schwungvoll auswärts nach oben zu kreisen, aber nicht zu schnell. Die Hände und Arme gehen unten rechts und links nach außen auseinander, seitlich aufwärts, über den Kopf, wo die Hände erneut einander berühren. Diese Berührung bleibt, während Sie die Arme nun von oben nach unten in der Mitte abwärts führen bis zum Unterkörper. Damit sind Sie wieder in der Ausgangsposition. Lassen Sie auf diese Weise Ihre Arme 4mal hintereinander kreisen. (Abb. B)

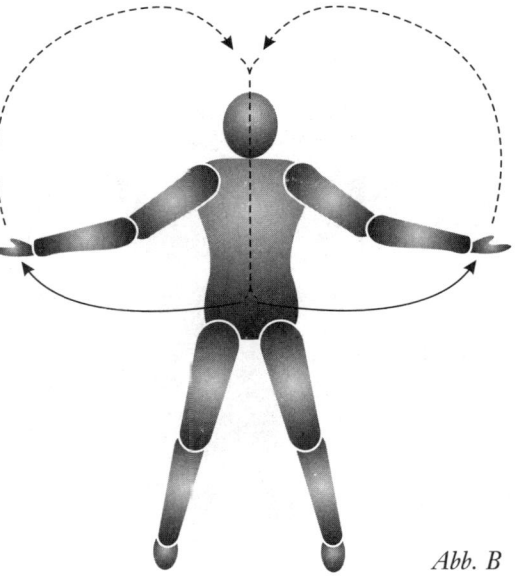

Abb. B

Schritt 3 A: Der gesprochene mentale Leitsatz wird mit den Körperbewegungen koordiniert und synchronisiert.

Sprechen Sie zu jedem Armkreisen auswärts nach oben vor dem Körper beim

      1. Armkreisen = Ich bin frei,
      2. Armkreisen = ich bin frei,
      3. Armkreisen = vollkommen frei
      4. Armkreisen = von Streß und Belastungen!

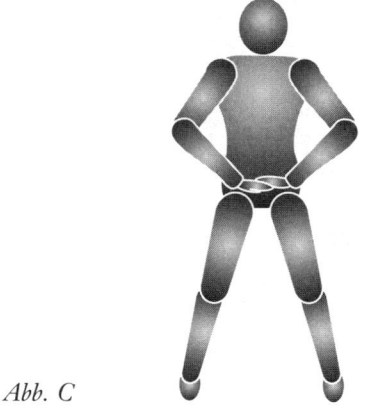

Abb. C

• Nach dem 4. Mal sind Sie wieder in der Ausgangsposition und drehen dann für den folgenden Bewegungsablauf die einander berührenden Hände mit den Handflächen nach unten. Die Hände liegen waagrecht aufeinander, d. h., die Handfläche der oberen Hand liegt auf dem Handrücken der unteren Hand. (Abb. C)

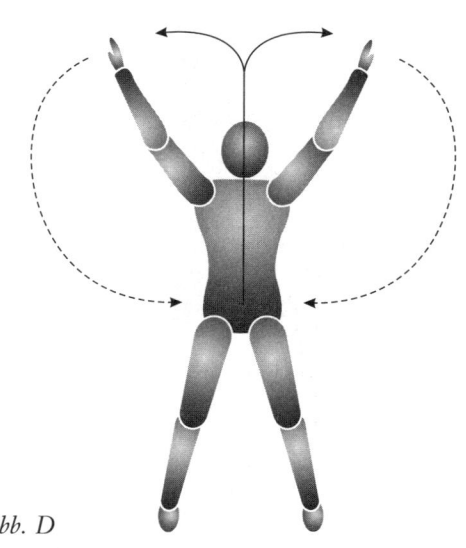

Abb. D

• Jetzt kreisen Sie mit beiden Armen vor dem Körper auswärts nach unten. Sie führen dazu beide Arme und die einander berührenden Hände von unten nach oben vor sich in der Mitte aufwärts bis über den Kopf. Oben gehen die Hände und Arme nach rechts und links auseinander. Die Handflächen zeigen nach außen. Dann führen Sie sie seitlich abwärts, bis die Hände unten vor dem Unterkörper erneut einander berühren und die Handfläche der oberen Hand auf dem Handrücken der unteren Hand liegt. Lassen Sie so Ihre Arme 4mal hintereinander kreisen, bis Sie nach dem 4. Mal wieder in der Ausgangsposition sind. (Abb. D)

Schritt 3 B: Der gesprochene mentale Leitsatz wird mit den Körperbewegungen koordiniert und synchronisiert.

Sprechen Sie zu jedem Armkreisen auswärts nach unten vor dem Körper beim

1. Armkreisen = Ich bin frei,
2. Armkreisen = ich bin frei,
3. Armkreisen = vollkommen frei
4. Armkreisen = von Streß und Belastungen!

- Nun führen Sie Hände und Arme unten nach rechts und links auseinander, bis sie sich seitlich am Körper befinden und die Handflächen rechts und links die Oberschenkel berühren. Drehen Sie die Arme so, daß beide Handrücken nach vorn zeigen. Die Arme und Finger sind gestreckt. (Abb. E)

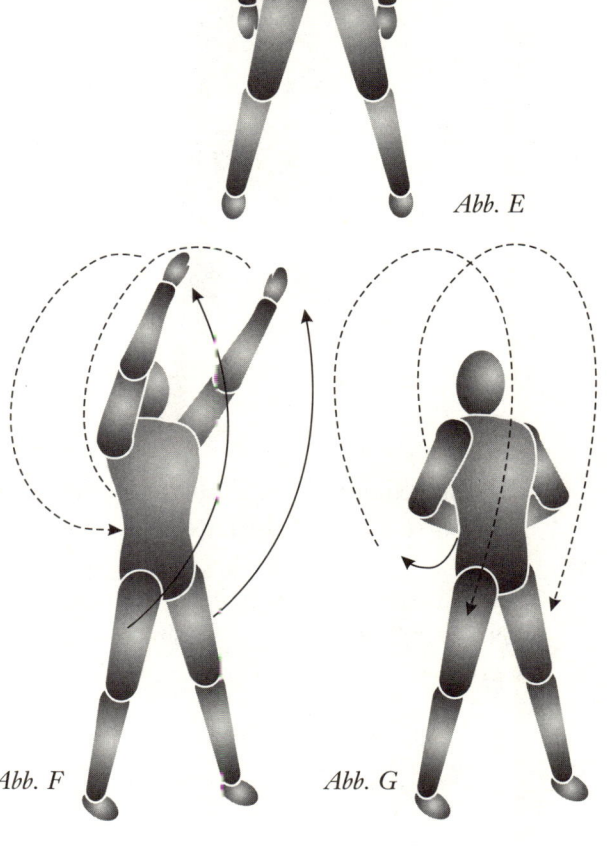

Abb. E

- Dann kreisen Sie gleichzeitig mit beiden Armen seitlich des Körpers rechts und links. Kreisen Sie zuerst rückwärts, und führen Sie Ihre Hände hinter dem Körper im unteren Rücken zusammen. Danach führen Sie die Hände im Rücken wieder auseinander und kreisen vorwärts, bis sich die Arme und Hände wieder seitlich am Körper befinden. Lassen Sie so Ihre Arme 4mal hintereinander rückwärts – vorwärts kreisen. (Abb. F und G)

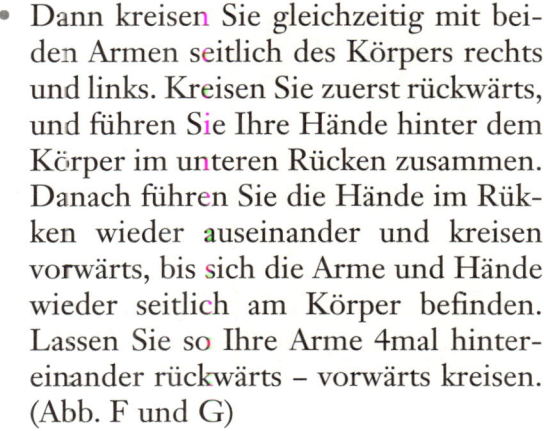

Abb. F   *Abb. G*

Schritt 3 C: Der gesprochene mentale Leitsatz wird mit den Körperbewegungen koordiniert und synchronisiert.

Sprechen Sie zu jedem Armkreisen rückwärts-vorwärts seitlich des Körpers beim

        1. Armkreisen rückwärts = Ich bin frei,
        1. Armkreisen vorwärts = ich bin frei,
        2. Armkreisen rückwärts = vollkommen frei
        2. Armkreisen vorwärts = von Streß und Belastungen!
        3. Armkreisen rückwärts = Ich bin frei,
        3. Armkreisen vorwärts = ich bin frei,
        4. Armkreisen rückwärts = vollkommen frei
        4. Armkreisen vorwärts = von Streß und Belastungen!

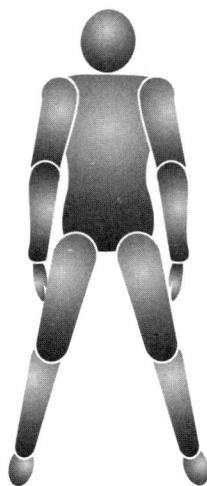

Abb. H

• Schlußposition: Nach dem 4. Mal sind Ihre Arme und Hände wieder seitlich am Körper wie in der Ausgangsposition. Die Handflächen berühren rechts und links die Oberschenkel, und die Arme sind gestreckt. Sie stehen in der Grätsche. Die Beine sind gestreckt und die Füße parallel geradeaus. Sie stehen aufrecht und locker und schauen geradeaus. (Abb. H)

Bleiben Sie in dieser Haltung noch einige Sekunden, und atmen Sie langsam durch die Nase ein und durch den Mund aus.

Wiederholen Sie Schritt 2 mit Schritt 3 A, 3 B und 3 C dieser Übung noch einmal, damit sich Ihnen der Gesamtablauf noch besser einprägt und sich die Wirkung verstärkt.

Anmerkungen zu Übung 1

Oft lassen wir in uns in einen Strudel von Betriebsamkeiten hineinziehen und vergessen dabei, daß wir nicht unbegrenzt belastbar sind. Einige der meistbenutzten Redewendungen unserer Gesellschaft sind Sätze wie: »War das heute wieder ein Streß!« oder »Heute ging es mal wieder hektisch zu!« oder »Die Hektik macht mich eines Tages noch total fertig!« und ähnliche mehr. Ziehen Sie rechtzeitig die Bremse, und sorgen Sie dafür, daß Ihr Energiesystem auf allen Ebenen von negativen Nachwirkungen frei bleibt.

• Mit den Worten des Leitsatzes »Ich bin frei, vollkommen frei von Streß und Belastungen!« programmieren Sie sich darauf, die Nachwirkungen eines anstrengenden Tages zu neutralisieren und bestrebt zu sein, Lösungen zu finden, Ihr Leben ohne Streß und Belastungen zu leben.

• Beine und Füße sind in der Bewegungslehre das Symbol für Standfestigkeit und Voranschreiten im Leben. Der Grätschstand der Beine bedeutet, daß Sie für sich selbst angemessenen Raum beanspruchen. Damit demonstrieren Sie, daß Sie Ihre Bedürfnisse nicht hintanstellen. Ihr Gleichgewicht ist optimal auf beide Beine verteilt. Sie sind bestens im Boden verankert und haben ein Gefühl der Sicherheit, die sich auf Ihre geistige und seelische Befindlichkeit überträgt.

• Hände und Arme sind in der Bewegungslehre das Symbol des Handelns und Leistungsvermögens. Das schwungvolle Kreisen in drei verschiedene Richtungen bedeutet, daß Sie rund um Ihren Körper und auf allen Ebenen Ihres Seins die sich angesammelten belastenden Energien umwandeln und unwirksam machen.

• Die aufrechte Körperhaltung der Schlußposition bedeutet, daß Sie sich aufrecht und befreit dem weiteren Tages- oder Abendverlauf widmen. Sie beugen Fehlhaltungen vor oder gleichen sie aus. Dies überträgt sich auch auf den geistigen Bereich.

Mit dieser Übung leiten Sie nach einem arbeitsreichen Tag eine Pause ein, mit der Sie zu den Ereignissen des Tages den erforderlichen Abstand bekommen.

Übung 2   Schutz und Abschirmung

Reagieren Sie empfindlich auf Lärm, grelles Licht, verbrauchte Luft, Verkehrs-
stauungen, große Menschenansammlungen, schlechtes Gerede von anderen Leuten, dichtes Gedränge in Bussen, Aufzügen, Kaufhäusern usw.? Fühlen Sie sich
manchmal wehrlos? Macht Sie die tägliche Betriebsamkeit reizbar und nervös?
   Dann wenden Sie unbedingt diese Übung an. Sie erschaffen sich mental eine
kegelförmige Schutzspirale, die Sie körperlich umgibt und abschirmt. Das macht
Sie auf allen Ebenen stabil und widerstandsfähig gegen all die belastenden Einflüsse, mit denen wir es ständig zu tun haben. Sicher würden Sie sich bei strömen-
dem Regen auch nicht ohne Regenschutz auf die Straße begeben, weil Sie genau
wissen, daß Sie bis auf die Haut naß werden. Genauso wichtig ist es, darauf zu
achten, daß Sie auf die täglichen Anforderungen immer gut vorbereitet sind. Also
schützen Sie sich, damit Sie immer im Vollbesitz Ihrer geistigen und körperlichen
Kräfte bleiben.

Die praktische Durchführung der Übung

Schritt 1:   Denken und sprechen Sie den folgenden mentalen Leitsatz langsam,
              deutlich und engagiert mit Intensität, Klarheit und Überzeugung:

              Ich bin geschützt
              und gut abgeschirmt,
              Gutes geht von mir aus,
              und Gutes erreicht mich!

Wiederholen Sie diesen Satz 5–7mal. Identifizieren Sie sich mit seiner Aussage,
und bejahen Sie den zu erreichenden Zustand.

Schritt 2: Jetzt werden die Körperbewegungen ausgeführt.

- Ausgangsposition:
  Ihre Füße stehen parallel geradeaus und berühren einander. Gehen Sie mit beiden Beinen etwas in die Kniebeuge, und beugen Sie Ihren Oberkörper nach vorn. Strecken Sie dabei Ihre Arme und Hände nach vorn und nach unten, bis die Finger den Boden berühren. Wenn Sie nicht ganz nach unten kommen, reicht es aus, wenn die Finger in Bodennähe sind, etwa in Schienbeinhöhe. Die Hände berühren sich seitlich an den Daumen- und Zeigefingern. Die Finger beider Hände sind gestreckt und ergeben eine geschlossene Fläche. Diese Berührung bleibt während des gesamten Übungsablaufes. Die Handflächen zeigen zum Boden. (Abb. A)

- Nun machen Sie mit Ihren Händen von unten nach oben um Ihren Körper herum eine nach rechts drehende, kegelförmige Spirale mit 3–4 Umdrehungen. Drehen Sie sich zügig nach rechts, aber nicht zu schnell. Während jeder Umdrehung richtet sich Ihr Körper mehr auf, und die Arme und Hände erheben sich mit nach oben. Die erste Umdrehung der Spirale hat in Bodennähe den größten Radius. Während jeder weiteren Umdrehung nach oben wird der Radius kleiner. Beugen Sie dazu Ihre Arme zum Körper hin erst etwas an und strecken sie wieder, sobald sie in der Mitte über dem Kopf sind. Sie stehen nun aufrecht, und die Beine sind gestreckt. Bleiben Sie etwa 5 Sekunden so stehen. (Abb. B und C)

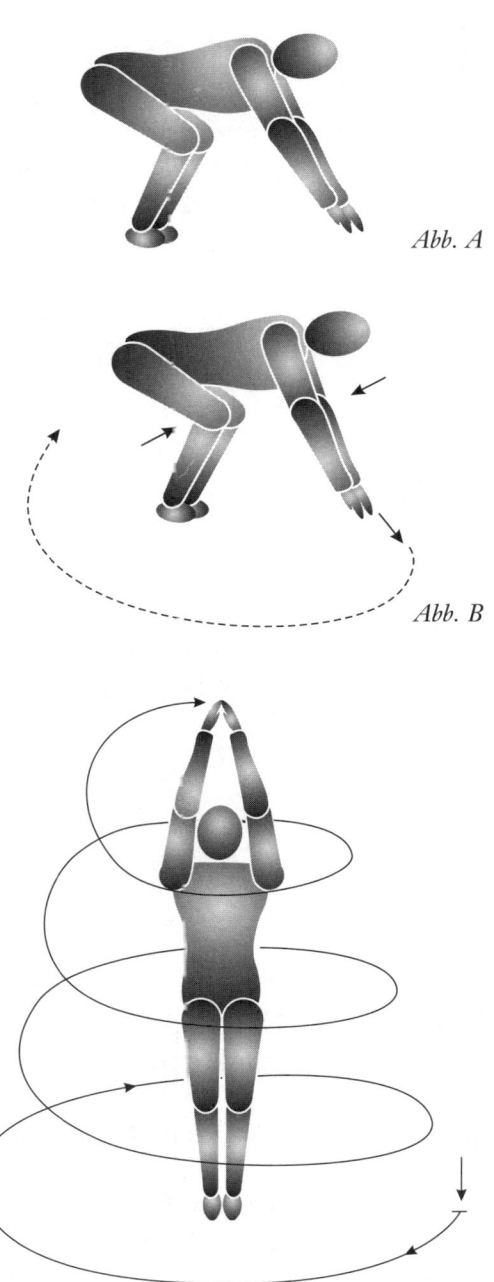

Abb. A

Abb. B

Abb. C

Schritt 3 A: Der gesprochene mentale Leitsatz wird mit den Körperbewegungen koordiniert und synchronisiert.

Sprechen Sie, während Sie die Spirale von unten nach oben aufwärtsdrehen:

> Ich bin geschützt
> und gut abgeschirmt,
> Gutes geht von mir aus,
> und Gutes erreicht mich!

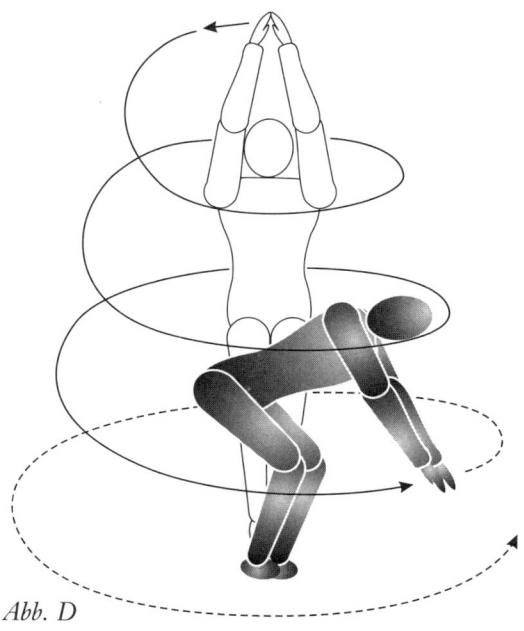

Abb. D

- Dann drehen Sie die kegelförmige Spirale von oben nach unten mit 3–4 Umdrehungen linksherum wieder zurück, bis Ihre Finger den Boden erneut berühren. Mit jeder Umdrehung der Spirale werden dazu die Arme zum Körper hin mehr und mehr angebeugt und dann wieder gestreckt, während der Radius nach unten größer wird. Wenn Ihre Finger den Boden berühren, sind Sie wieder in der Kniebeuge wie in der Ausgangsposition. (Abb. D)

Schritt 3 B: Der gesprochene mentale Leitsatz wird mit den Körperbewegungen koordiniert und synchronisiert.

Sprechen Sie, während Sie die Spirale von oben nach unten zurückdrehen:

> Ich bin geschützt
> und gut abgeschirmt,
> Gutes geht von mir aus,
> und Gutes erreicht mich!

* Schlußposition:
  Erheben Sie sich aus der Kniebeuge.
  Ihre Beine sind gestreckt. Ihre Füße
  stehen parallel geradeaus und berühren
  einander. Die Arme und Hände sind
  seitlich am Körper nach unten gestreckt, und die Handflächen berühren
  links und rechts die Oberschenkel. Sie
  stehen aufrecht und locker und schauen
  geradeaus. (Abb. E)

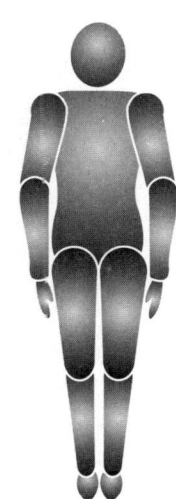

Abb. E

Bleiben Sie in dieser Haltung noch einige Sekunden, und atmen Sie langsam durch
die Nase ein und durch den Mund aus.

Wiederholen Sie Schritt 2 mit Schritt 3 A und B dieser Übung noch einmal, damit
sich Ihnen der Gesamtablauf noch besser einprägt und sich die Wirkung verstärkt.

Ich empfehle Ihnen, generell nur 1–2 Übungsabläufe pro Tag auszuführen, denn
die Drehungen haben eine intensive Wirkung. Am besten machen Sie sie, bevor
Sie morgens aus dem Haus gehen, Ihren Arbeitstag beginnen oder sich unter viele
Menschen begeben.

Anmerkungen zu Übung 2

In der heutigen Zeit ist es unerläßlich, sich energetisch zu schützen. Achten Sie
darauf, wie Sie auf verschiedene Anlässe reagieren, wie Sie sich fühlen und wie Sie
etwas sprachlich zum Ausdruck bringen. Dabei können Sie Signale wahrnehmen,
die Ihnen anzeigen, ob Abschirmmechanismen erforderlich sind. Sätze wie z. B.:
»Der (die oder das) hat mich schon wieder fertiggemacht!«, »Ich kann nichts
dagegen machen!«, »Immer trifft es mich!« oder »Ich fühle mich so hilf- und
machtlos!« und ähnliche mehr sind deutliche Hinweise, dafür zu sorgen, daß Ihr
Energiefeld stabil bleibt.

- Mit den Worten des Leitsatzes »Ich bin geschützt und gut abgeschirmt« lenken Sie Ihre mentale Aufmerksamkeit darauf, sich in Gedanken als geschützt und abgeschirmt zu erleben. Mit den Worten »Gutes geht von mir aus, und Gutes erreicht mich!« stellen Sie sich darauf ein, daß Sie Ihr Bestes geben und das Beste erhalten.

- Hände und Arme sind in der Bewegungslehre das Symbol des Handelns und Leistungsvermögens.

- Mit den Spiralen, die Sie durch Ihre Hände, Arme und das Drehen Ihres Körpers ausführen, umgeben Sie sich energetisch mit einem Schutzfeld. Die Spirale rechts herum aufwärts aktiviert eine dynamische Energie, die Ihre Abschirmung stark und stabil macht. Die Spirale links herum abwärts aktiviert eine empfangende Energie, die Ihnen alles zuführt, was für Ihre Entwicklung förderlich ist. Ihr energetisches Abschirmungsfeld ist dadurch ausgewogen, und es findet in Ihnen ein Ausgleich Ihrer männlichen und weiblichen, aktiven und passiven Anteile statt.

- Die zwischendurch aufrechte Körperhaltung mit den gestreckten Armen nach oben läßt die Energie besser fließen und zirkulieren. Symbolisch bedeutet diese Haltung, daß Sie über sich selbst hinauswachsen.

- Die aufrechte Körperhaltung der Schlußposition bedeutet, daß Sie sich aufrecht und bestens abgeschirmt den Aufgaben Ihres Lebens stellen. Sie beugen Fehlhaltungen vor oder gleichen sie aus. Dies überträgt sich auch auf den geistigen Bereich.

Übung 3   In allen Bereichen flexibel sein

Wie schnell können Sie sich auf unvorhersehbare oder wechselhafte Situationen und Anforderungen einstellen? Gelingt es Ihnen, sich rasch neu zu orientieren und mit der Lage vertraut zu machen? Sind Sie bei wichtigen Besprechungen, in denen viele Themen erörtert und bearbeitet werden, konzentriert bei der Sache? Können Sie mental schnell von einer Ebene zur anderen wechseln, unbeeinflußt von dem, womit Sie zuvor beschäftigt waren? Sind Sie bereit, alles Erforderliche zu tun, um sich zu verändern und flexibler zu werden?

Manchmal verbauen wir uns im Leben gute Chancen, weil wir uns zu stark auf etwas fixieren, ohne weitere Fakten zu berücksichtigen. Vielleicht halten wir auch zu lange fest an anerzogenen Denkgewohnheiten oder vorgegebenen Verhaltensnormen, die uns aufgezwungen wurden. Wenn das so ist, sind sie korrekturbedürftig, denn jede Situation hat ihre eigene Dynamik. Sie können ihr erst wirksam begegnen, wenn Sie bereit sind, sich mental auf sie einzustellen. Das Leben ist ständig in Bewegung, es ist niemals starr und unbeweglich. Alte Verhaltensmuster bringen Sie nicht weiter. Sie führen eher dazu, daß Sie mehrmals die gleiche unangenehme Erfahrung durchzumachen haben, bis Sie die notwendig gewordene Veränderung in Ihrem Verhalten herbeiführen.

Machen Sie deshalb diese Übung. Nach kurzer Zeit werden Sie mental noch flexibler und beweglicher als bisher, wo auch immer es für Sie erforderlich ist. Sie können sich auf neue, wechselhafte Situationen und Zustände schneller einstellen. Wenn Sie fähig sind, sich mental so zu verändern, wie es die Bewegungsrichtung einer Entwicklung erfordert, dann sind Sie auch in der Lage, angemessen zu agieren und zu reagieren. Bringen Sie mehr Flexibilität in Ihr Leben, Sie werden überrascht sein, was sich dadurch alles zu Ihrem Besten verändert.

Die praktische Durchführung der Übung

Machen Sie sich bewußt, in welchen Bereichen Ihres Lebens Sie flexibler werden möchten. Notieren Sie Stichworte, falls erforderlich. Wenn Ihnen nicht gleich etwas dazu einfällt, dann führen Sie die Übung sofort aus, denn Sie können auch zu einem späteren Zeitpunkt durch mehrmaliges Üben wichtige Hinweise erhalten.

Schritt 1:   Denken und Sprechen Sie den folgenden mentalen Leitsatz langsam, deutlich und engagiert mit Intensität, Klarheit und Überzeugung:

Ich bin flexibel,
ich bin flexibel,
in allen Bereichen,
jeden Tag!

Wiederholen Sie diesen Satz 5–7mal. Identifizieren Sie sich mit seiner Aussage, und bejahen Sie den zu erreichenden Zustand.

Schritt 2:   Jetzt werden die Körperbewegungen ausgeführt.

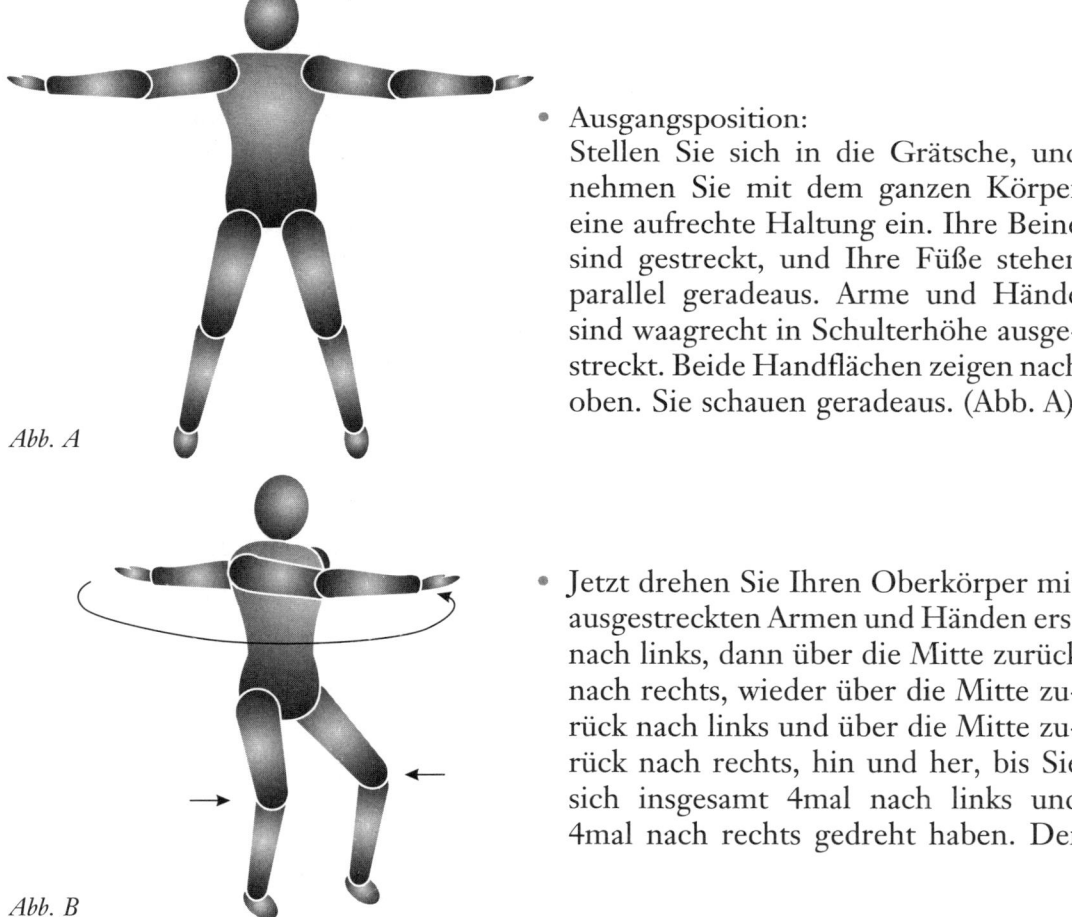

Abb. A

Abb. B

• Ausgangsposition:
Stellen Sie sich in die Grätsche, und nehmen Sie mit dem ganzen Körper eine aufrechte Haltung ein. Ihre Beine sind gestreckt, und Ihre Füße stehen parallel geradeaus. Arme und Hände sind waagrecht in Schulterhöhe ausgestreckt. Beide Handflächen zeigen nach oben. Sie schauen geradeaus. (Abb. A)

• Jetzt drehen Sie Ihren Oberkörper mit ausgestreckten Armen und Händen erst nach links, dann über die Mitte zurück nach rechts, wieder über die Mitte zurück nach links und über die Mitte zurück nach rechts, hin und her, bis Sie sich insgesamt 4mal nach links und 4mal nach rechts gedreht haben. Der

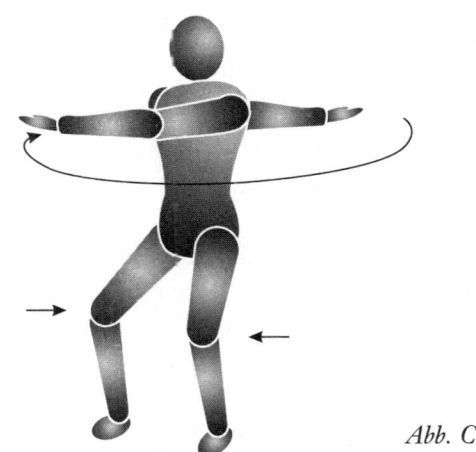

Kopf bewegt sich mit. Jede Drehung ist schwungvoll auszuführen, aber nicht zu schnell. Bei jeder Drehung nach links und rechts werden gleichzeitig beide Beine etwas gebeugt und jeweils in der Mitte wieder gestreckt. Die Füße bleiben parallel wie in der Ausgangsposition. (Abb. B und C)

Abb. C

Schritt 3:   Der gesprochene mentale Leitsatz wird mit den Körperbewegungen koordiniert und synchronisiert.

Sprechen Sie zu jeder Oberkörperdrehung nach links und rechts bei der

1. Drehung nach links   = Ich bin flexibel,
1. Drehung nach rechts = ich bin flexibel,
2. Drehung nach links   = in allen Bereichen,
2. Drehung nach rechts = jeden Tag!
3. Drehung nach links   = Ich bin flexibel,
3. Drehung nach rechts = ich bin flexibel,
4. Drehung nach links   = in allen Bereichen,
4. Drehung nach rechts = jeden Tag!

* Schlußposition:
  Nach der 4. Drehung nach rechts gehen Sie zurück zur Mitte, die Arme sind waagrecht in Schulterhöhe ausgestreckt. Drehen Sie die Arme so, daß die Handflächen nun zum Boden zeigen, und führen Sie sie langsam seitlich nach unten, bis beide Handflächen rechts und links die Oberschenkel berühren. Sie stehen aufrecht und locker und schauen geradeaus. (Abb. D)

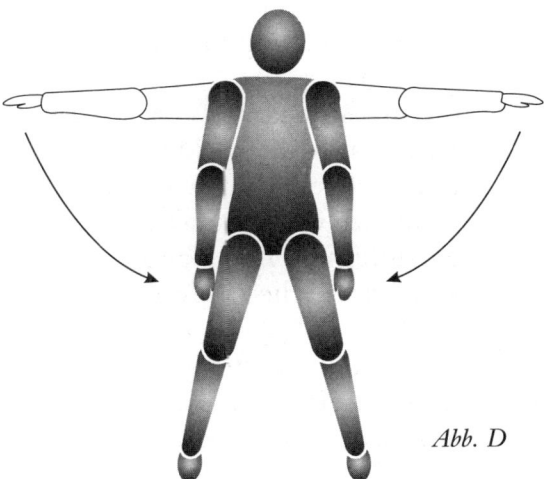

Abb. D

Bleiben Sie in dieser Haltung noch einige Sekunden, und atmen Sie langsam durch die Nase ein und durch den Mund aus.

Wiederholen Sie Schritt 2 mit Schritt 3 dieser Übung noch einmal, damit sich Ihnen der Gesamtablauf noch besser einprägt und sich die Wirkung verstärkt.

Wenn Sie sich aus der Hüfte heraus nach rechts und links drehen, achten Sie darauf, daß Sie sich dabei nicht überdrehen. Drehen Sie bis zu dem Punkt, der noch leicht für Sie möglich ist. Nach einigem Üben werden Sie feststellen, daß Ihre Beweglichkeit in den Hüften zunimmt.

Bei der praktischen Durchführung kann es sein, daß sich Ihre Arme beim Ausbreiten nach einigen Minuten etwas schwer anfühlen. Dieses Gefühl verändert sich durch Übung. Schon bald können Sie Ihre Arme längere Zeit ausgebreitet halten.

Anmerkungen zu Übung 3

Flexibel zu sein ist eine Fähigkeit, die uns das Leben besser meistern läßt, egal auf welchem Gebiet. Es geht nicht darum, durch krampfhaftes Festhalten unnötig Energien zu vergeuden, sondern sich energiesparend auf die Anforderungen des Alltags einzustellen.

- Mit den Worten des Leitsatzes »Ich bin flexibel« lenken Sie Ihre mentale Aufmerksamkeit darauf, sich von einseitig orientierten Meinungen und Verhaltensweisen zu lösen und sich in Ihren Gedanken flexibel zu erleben. Mit den Worten »in allen Bereichen, jeden Tag!« programmieren Sie sich, daß es Ihnen gelingt, jeden Tag in allen Bereichen Ihres Lebens flexibel zu sein.

- Die am Anfang aufrechte Körperhaltung mit den waagrecht ausgebreiteten Armen zur Seite macht um die Brust herum frei. Sie halten sich wie eine Waage im Gleichgewicht. Symbolisch bedeutet diese Haltung, daß Sie bereit sind, flexibler zu werden und sich den verschiedenen Möglichkeiten und Veränderungen zu öffnen. Die Handflächen, die nach oben zeigen, bedeuten, daß Sie alle dafür erforderlichen Informationen aufzunehmen bereit sind.

- Beine und Füße sind in der Bewegungslehre das Symbol für Standfestigkeit und Voranschreiten im Leben. Der Grätschstand bedeutet, daß Sie für sich selbst angemessen Raum beanspruchen. Ihr Gleichgewicht ist optimal auf beide Beine verteilt. Sie sind bestens im Boden verankert und haben ein Gefühl der Sicherheit, die sich auf Ihre geistige und seelische Befindlichkeit überträgt.

- Hände und Arme sind in der Bewegungslehre das Symbol des Handelns und Leistungsvermögens. Das Drehen des Oberkörpers um die senkrechte Achse fördert Ihre Beweglichkeit aus der Körpermitte. Diese Beweglichkeit bedeutet symbolisch Flexibilität. Sie verschaffen sich eine Rundumsicht auf die Dinge Ihres Lebens. Dadurch behalten Sie die Übersicht, das läßt Sie ruhig und gelassen bleiben, und Sie sind fähig, sich auf jede Situation einzustellen.

- Die aufrechte Körperhaltung der Schlußposition bedeutet, daß Sie sich aufrecht und flexibel den Angelegenheiten Ihres Lebens stellen. Sie beugen Fehlhaltungen vor oder gleichen sie aus. Dies überträgt sich auch auf den geistigen Bereich.

Übung 4   Morgenmüdigkeit loswerden

Sind Sie ein Mensch, der morgens schwer wach wird? Ist Ihr Kopf dann manchmal wie benommen oder benebelt? Stellen Sie an Ihrem Wecker 2 Weckzeiten ein? Wie lange brauchen Sie dann, bis Sie aus dem Bett gehen? Wie schnell kommen Sie nach dem Aufstehen mental und körperlich in die Gänge? Möchten Sie morgens lieber erst einmal eine Weile für sich sein, bis Sie ansprechbar sind? Würden Sie sich als Morgenmuffel bezeichnen? Sind Sie auch dann noch müde, wenn Sie Ihre Tätigkeit beginnen? Wenn der eine oder andere hier beschriebene Zustand für Sie zutrifft, empfinden Sie ihn als unangenehm oder lästig?

Dann können Sie sich mit dieser Übung mental und körperlich umprogrammieren. Machen Sie sie am besten gleich morgens nach dem Aufstehen. In kurzer Zeit verändert sich Ihr bisheriger morgendlicher Zustand. Sie werden wacher und munterer sein, als Sie es je zuvor waren. Durch mehrmaliges Ausführen dieser Übung können Sie sich die Ursachen dieser Morgenmüdigkeit bewußt machen. Oder Sie bekommen gedanklich wichtige Hinweise, was Sie zusätzlich tun können, um am Vormittag voll da zu sein.

Vielleicht ist es z. B. die Empfehlung, sich einen Lachwecker zu kaufen, der Sie schon vor dem Aufstehen in gute Laune bringt? Probieren Sie es einmal aus. Wie ungewöhnlich Ihnen manche Hinweise auch vorkommen mögen, Ihre innere Schaltstelle weiß am besten, was Sie brauchen, und das ist nicht immer das, was Sie sich rational vorstellen.

Die praktische Durchführung der Übung

Schritt 1:   Denken und sprechen Sie den folgenden mentalen Leitsatz langsam, deutlich und engagiert mit Intensität, Klarheit und Überzeugung:

> Ich bin wach,
> ich bin munter,
> und der Tag
> kann beginnen!

Wiederholen Sie diesen Satz 5–7mal. Identifizieren Sie sich mit seiner Aussage, und bejahen Sie den zu erreichenden Zustand.

Schritt 2:   Jetzt werden die Körperbewegungen ausgeführt.

Der 4zeilige Leitsatz ist für den nun folgenden Übungsablauf in 4 Durchgänge aufgeteilt, der wiederum insgesamt 4mal hintereinander durchgeführt wird.

- Ausgangsposition:
  Nehmen Sie im Stehen mit dem ganzen Körper eine aufrechte und lockere Haltung ein. Ihre Beine sind gestreckt, und Ihre Füße stehen parallel nebeneinander geradeaus und berühren einander nicht. Ihre Arme sind in Schulterhöhe zum Körper hin gebeugt, die Hände befinden sich parallel hintereinander mit etwas Abstand zur Brustmitte. Beide Handflächen zeigen zum Körper und berühren einander nicht. Der Abstand zwischen den Handflächen beträgt ca. 20 cm. Sie schauen geradeaus. (Abb. A)

Abb. A

- Marschieren Sie zuerst gleichmäßig auf der Stelle. Dann führen Sie mit Ihren Händen und Armen in Höhe der Brustmitte wirbelnde Kreisbewegungen durch. Dabei umkreisen Ihre Hände einander im Abstand von 20 cm mehrmals hintereinander. Die Drehrichtung dieser Bewegung wird dadurch bestimmt, daß die körpernahe Hand nach oben geführt wird, während die andere Hand nach unten geht. Mit Ihren Füßen marschieren Sie gleichmäßig auf der Stelle weiter bis zur Schlußposition. (Abb. B)

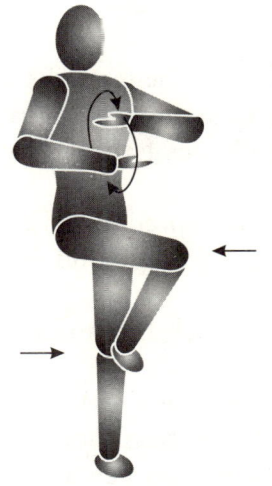

Abb. B

Schritt 3 A: Der gesprochene mentale Leitsatz wird mit den Körperbewegungen koordiniert und synchronisiert.

Sprechen Sie, während Sie mit Ihren Händen und Armen die wirbelnden Kreisbewegungen durchführen, im 1. Durchgang:

Ich bin wach,

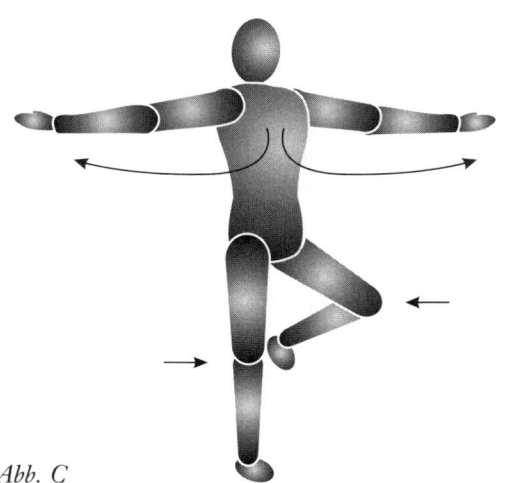

• Nach mehrmaligen wirbelnden Kreisbewegungen der Hände und Arme, während Sie auf der Stelle gleichmäßig weitermarschieren, führen Sie Ihre Hände und Arme in Höhe der Brustmitte nach vorn auseinander, bis Ihre Arme seitlich waagrecht ausgestreckt sind und die Handflächen nach vorn zeigen. (Abb. C)

Abb. C

• Anschließend beugen Sie die Arme wie in der Ausgangsposition, beginnen wieder mit dem Bewegungsablauf wie zu Abb. B beschrieben und sprechen dazu die 2. Zeile des Leitsatzes.

Schritt 3 B: Sprechen Sie während der wirbelnden Kreisbewegungen der Hände und Arme im 2. Durchgang:

ich bin munter,

• Dann öffnen Sie die Arme wieder wie zu Abb. C beschrieben, beugen sie daran anschließend, beginnen wieder mit dem Bewegungsablauf wie zu Abb. B beschrieben und sprechen dazu die 3. Zeile des Leitsatzes.

Schritt 3 C: Sprechen Sie während der wirbelnden Kreisbewegungen der Hände und Arme im 3. Durchgang:

und der Tag

• Nun öffnen Sie wieder die Arme wie zu Abb. C beschrieben, beugen sie daran anschließend, beginnen wieder mit dem Bewegungsablauf wie zu Abb. B beschrieben und sprechen dazu die 4. Zeile des Leitsatzes.

Schritt 3 D: Sprechen Sie während der wirbelnden Kreisbewegungen im 4. Durchgang:

kann beginnen!

• Dann öffnen Sie noch einmal die Arme wie zu Abb. C beschrieben.

Sie führen den bisherigen Übungsablauf insgesamt 4mal hintereinander durch. Sie wechseln deshalb jedesmal von der jetzigen Bewegung wie zu Abb. C beschrieben zur Bewegung wie zu Abb. B beschrieben. Dazu marschieren Sie gleichmäßig auf der Stelle weiter. Nach dem 4. Mal kommt die

• Schlußposition:
Dazu stehen Ihre Beine jetzt ruhig und sind gestreckt. Ihre Füße stehen parallel nebeneinander geradeaus. Dann führen Sie rechts und links Ihre waagrecht in Schulterhöhe ausgestreckten Arme und Hände seitlich nach unten, bis die Handflächen rechts und links die Oberschenkel berühren. Sie stehen aufrecht und locker. Sie schauen geradeaus. (Abb. D)

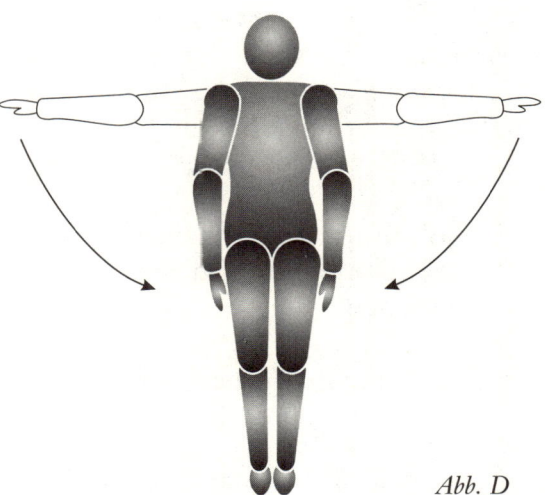

Abb. D

Bleiben Sie in dieser Haltung noch einige Sekunden stehen, und atmen Sie durch die Nase ein und durch den Mund aus.

Wiederholen Sie Schritt 2 mit Schritt 3 A, 3 B, 3 C und 3 D dieser Übung noch einmal, damit sich Ihnen der Gesamtablauf noch besser einprägt und sich die Wirkung verstärkt.

Anmerkungen zu Übung 4

Morgenmüdigkeit kann verschiedene Ursachen haben. Vielleicht gefällt Ihnen Ihre Tätigkeit nicht, weil Sie lieber etwas anderes tun wollen, oder Sie überfordern sich mit zuviel Arbeit, und die Nachtruhe allein reicht nicht aus, um den Energiemangel auszugleichen. Vielleicht haben Sie auch nicht genug Bewegung an der frischen Luft, oder Sie gehen zu spät ins Bett.

- Mit dem Leitsatz »Ich bin wach, ich bin munter und der Tag kann beginnen!« programmieren Sie sich darauf, daß der Tag auch anders als bisher beginnen kann.

- Beine und Füße sind in der Bewegungslehre das Symbol für Standfestigkeit und Voranschreiten im Leben. Das gleichmäßige Marschieren auf der Stelle bedeutet, daß Sie sich auf den Tag zubewegen. Es bringt Ihren Kreislauf in Schwung und macht Sie wach.

- Hände und Arme sind in der Bewegungslehre das Symbol des Handelns und Leistungsvermögens. Mit den wirbelnden Kreisbewegungen der Arme vor dem Körper bringen Sie die Energie in Ihrem Energiefeld in Bewegung. Das Aufwärtsdrehen vor dem Körper führt Ihnen Energie zu und gibt Ihnen Kraft.

- Das Öffnen der Arme macht Sie um die Brust herum frei. Symbolisch bedeutet diese Bewegung, daß Sie sich dem neuen Tag öffnen und sich ihm bewußt zuwenden.

- Die aufrechte Körperhaltung der Schlußposition bedeutet, daß Sie sich aufrecht, wach und munter dem neuen Tag und allen seinen Aufgaben stellen.

Diese Bewegungsabläufe machen Sie morgens sehr schnell wach und munter. Wenn Sie diese Übung schon öfter angewendet haben, können Sie die Wirkung verstärken, indem Sie das Marschieren auf der Stelle durch gleichmäßiges Voranschreiten ersetzen. Die Bewegungen der Arme sind dieselben.

Übung 5   Nervosität und Unruhe ableiten

Gibt es manchmal Probleme, die Sie um den Schlaf bringen? Neigen Sie dazu, sich übermäßig Sorgen zu machen? Sind Sie öfter unruhig, nervös oder gereizt? Juckt Ihre Haut, oder spannt sie im Gesicht? Wenn Sie nervös sind, rauchen, trinken oder essen Sie dann mehr als sonst? Bringt es Sie emotional schnell aus der Fassung, wenn sich plötzlich in Ihrem Leben eine unangenehme Situation ergibt? Kreisen Ihre Gedanken ständig um das gleiche Thema? Wie lange dauert es bei Ihnen, bis Sie sich mental und körperlich entspannen können?

Das Gehirn ist für die ununterbrochene Produktion körperchemischer Substanzen zuständig. Je nach mentaler und emotionaler Verfassung und Beanspruchung verändern sich die elektrischen Spannungsverhältnisse des Körpers. Wenn zuviel elektrische Ladung entsteht, wirkt sich das mental und körperlich entsprechend aus: Wir schlafen nicht gut, die Haut ist gereizt, wir bekommen Schweißausbrüche, sprechen zu schnell, werden hektisch und verhalten uns unangemessen u. a. m.

Ich empfehle Ihnen diese Übung, um derartige Reaktionen abzubauen oder ganz zu vermeiden. Sie leiten damit die elektrische Überspannung ab und sind recht bald mental und körperlich wieder ruhig, entspannt und gelassen. Wenn Sie sich in einem entspannten und gelassenen Zustand befinden, können Sie das Wesentliche einer Situation viel direkter und präziser wahrnehmen. Sie werden wieder Frau oder Herr über die Lage sein und nicht umgekehrt.

Die praktische Durchführung der Übung

Schritt 1:   Denken und sprechen Sie den folgenden mentalen Leitsatz langsam, deutlich und engagiert mit Intensität, Klarheit und Überzeugung:

> Nervosität und Unruhe
> leite ich ab –
> ich bin entspannt
> und bleibe gelassen!

Wiederholen Sie diesen Satz 5–7mal. Identifizieren Sie sich mit seiner Aussage, und bejahen Sie den zu erreichenden Zustand.

Schritt 2:   Jetzt werden die Körperbewegungen ausgeführt.

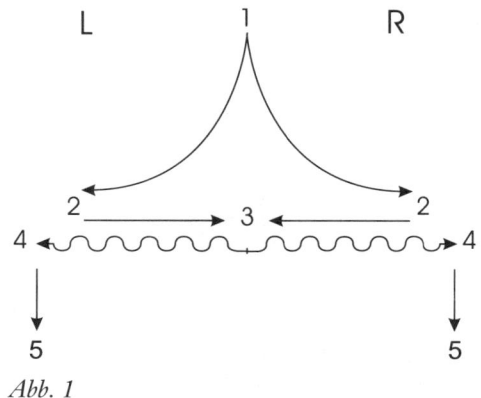

Abb. 1

- Betrachten Sie zuerst die nebenstehende grafische Darstellung, die Ihnen eine Gesamtübersicht des Bewegungsablaufes gibt, damit Sie ihn noch leichter nachvollziehen können. (Abb. 1).

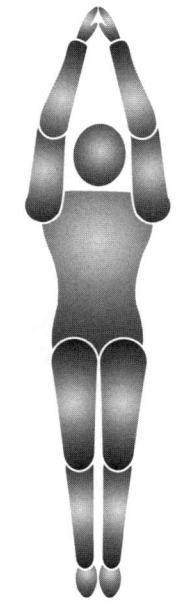

Abb. A

- Ausgangsposition:
Nehmen Sie im Stehen mit dem ganzen Körper eine aufrechte Haltung ein. Ihre Beine sind gestreckt, und Ihre Füße stehen parallel nebeneinander geradeaus und berühren einander. Arme und Hände sind nach oben über den Kopf ausgestreckt. Die Fingerspitzen beider Hände berühren einander. Die Handrücken zeigen nach rechts und links. Sie schauen nach oben auf Ihre Hände. (Abb. A)

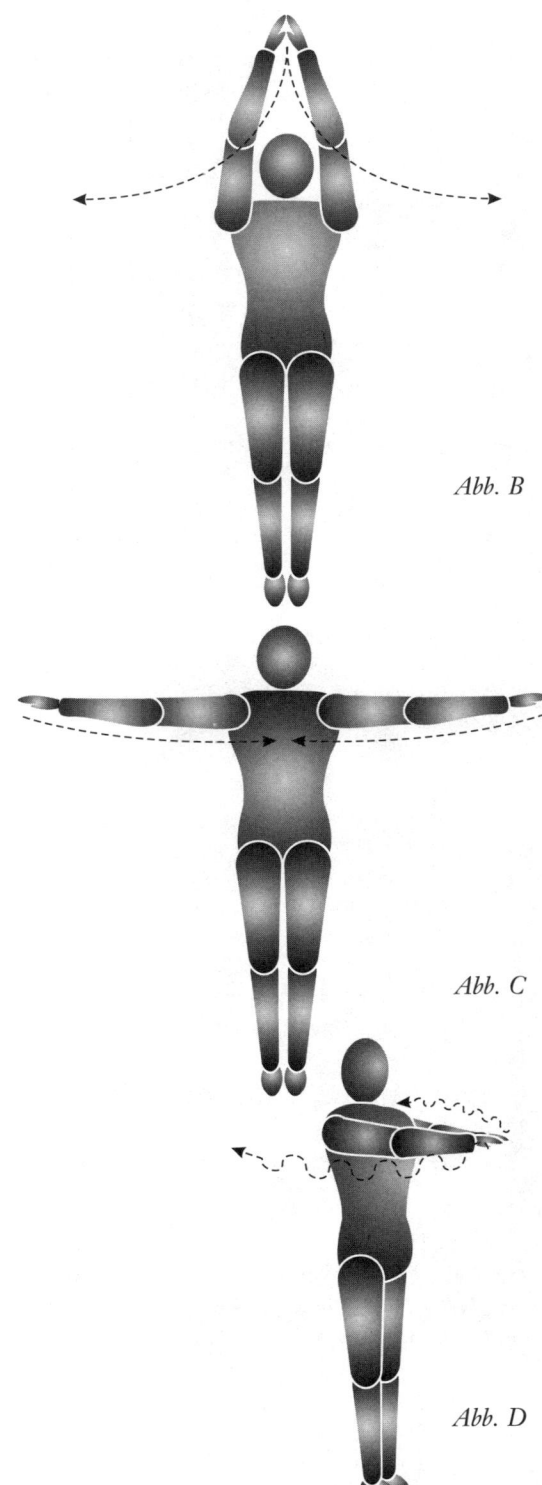

- Führen Sie jetzt Ihre gestreckten Arme und Hände von oben bis auf Schulterhöhe schwungvoll und in leichtem Bogen weit nach rechts und links zur Seite auseinander. Ihre Handflächen zeigen zum Boden. (Abb. B)

Abb. B

- Dann bringen Sie die zur Seite ausgestreckten Arme und Hände waagrecht wieder nach vorn zur Mitte. Die Handflächen zeigen nach unten. Daumen und Zeigefinger beider Hände berühren einander seitlich. (Abb. C)

Abb. C

- Jetzt führen Sie die gestreckten Arme und Hände wieder weit nach rechts und links in Schulterhöhe auseinander, indem sich Ihre Arme, Hände und Finger gleichzeitig wellenförmig mit nach außen bewegen. Die Handflächen zeigen weiterhin nach unten. (Abb. D)

Abb. D

Schritt 3 A: Der gesprochene mentale Leitsatz wird mit den Körperbewegungen koordiniert und synchronisiert.

Sprechen Sie, während Sie Ihre Arme, Hände und Finger wellenförmig nach außen bewegen:

Nervosität und Unruhe,

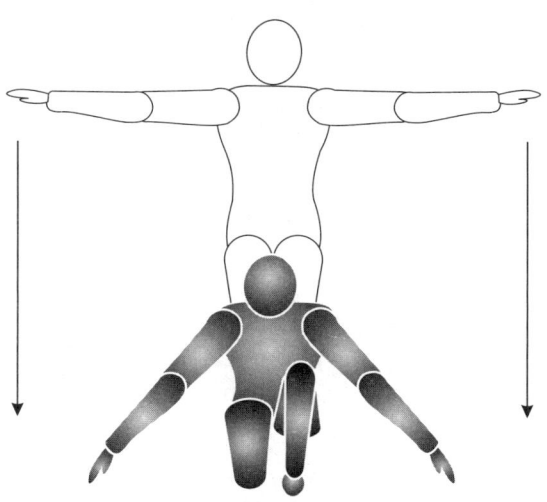

• Dann führen Sie Ihre zur Seite ausgebreiteten Arme und Hände von oben nach unten. Dazu gehen Sie in die Kniebeuge und beugen den Körper nach vorn und unten. Sie können den einen Fuß einen kleinen Schritt nach hinten oder vorn versetzen. Bewegen Sie sich soweit nach unten, bis die Fingerspitzen den Boden berühren. (Abb. E)

Abb. E

Schritt 3 B: Der gesprochene mentale Leitsatz wird mit den Körperbewegungen koordiniert und synchronisiert.

Sprechen Sie, während Sie Ihre Arme und Hände von oben nach unten zum Boden führen:

leite ich ab!

Sie führen den bisherigen Übungsablauf insgesamt 3mal hintereinander durch. Sie wechseln dazu von der jetzigen Haltung wie in Abb. E zur Ausgangsposition wie in Abb. A. Nach dem 3. Mal kommt die

- Schlußposition:
Erheben Sie sich aus der Kniebeuge, bis
Sie mit dem ganzen Körper eine aufrechte und lockere Haltung haben. Die
Füße stehen wieder parallel nebeneinander und berühren einander. Die
Arme sind seitlich am Körper nach unten gestreckt und die Handflächen berühren rechts und links die Oberschenkel. Sie schauen geradeaus. (Abb. F)

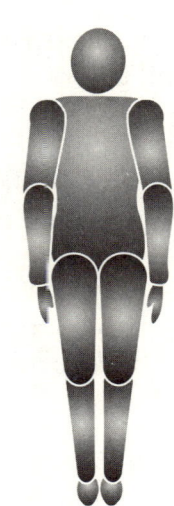

Abb. F

Schritt 3 C: Der gesprochene mentale Leitsatz wird mit den Körperbewegungen koordiniert und synchronisiert.

Sprechen Sie, während Sie aufrecht in der Schlußposition stehen:

ich bin entspannt
und bleibe gelassen!

Bleiben Sie in dieser Haltung noch einige Sekunden, und atmen Sie langsam durch
die Nase ein und durch den Mund aus.

Wiederholen Sie Schritt 2 mit Schritt 3 A, 3 B und 3 C dieser Übung noch einmal,
damit sich Ihnen der Gesamtablauf noch besser einprägt und sich die Wirkung
verstärkt.

Anmerkungen zu Übung 5

Mit Nervosität und Unruhe reagieren Sie auf die täglichen Anforderungen, die Sie
nicht völlig verarbeitet haben. Es hat sich zuviel Spannung aufgebaut, die unbedingt abzuleiten ist, um die Gesundheit zu erhalten.

- Mit den Worten des Leitsatzes »Nervosität und Unruhe leite ich ab« lenken Sie
Ihre mentale Aufmerksamkeit darauf, Ihre innere Spannung abzuleiten. Mit den

Worten »ich bin entspannt und bleibe gelassen!« programmieren Sie, sich als entspannt und gelassen zu erleben.

- Die am Anfang aufrechte Körperhaltung mit den gestreckten Armen nach oben, läßt die Energie besser fließen und zirkulieren. Symbolisch bedeutet diese Haltung, daß Sie über sich selbst hinauswachsen.

- Beine und Füße sind in der Bewegungslehre das Symbol für Standfestigkeit und Voranschreiten im Leben. Die parallel nebeneinander stehenden Füße, die einander berühren, sind eine Stellung der inneren Sammlung und Konzentration.

- Hände und Arme sind in der Bewegungslehre das Symbol des Handelns und Leistungsvermögens. Der schwungvolle Bogen nach außen und das waagrechte Zusammenführen Ihrer Hände zur Mitte bedeuten, daß Sie Ihr Handeln auf Ihren inneren Zustand konzentrieren, um ihn zu verändern.

- Die wellenförmigen Bewegungen der Hände nach außen symbolisieren die nervöse und unruhige Spannung, die Sie von Ihrem Inneren wegtransportieren.

- Die ausgebreiteten Arme sind eine sich öffnende Geste, die Sie wieder frei durchatmen läßt, weil die Spannung sich nicht mehr in Ihrem Inneren befindet.

- Das zum Boden Abwärtsführen der Hände mit ausgebreiteten Armen bedeutet, daß Sie sich von Nervosität und Unruhe lösen und sie in den Boden ableiten. Sie führen das, von dem Sie sich lösen möchten, symbolisch in den Boden ab.

- Die aufrechte Körperhaltung der Schlußposition mit den dicht parallel nebeneinander stehenden Füßen bedeutet, daß Sie sich ruhig, gelassen und aufrecht den Angelegenheiten Ihres Lebens stellen. Sie beugen Fehlhaltungen vor oder gleichen Sie aus. Dies überträgt sich auch auf den geistigen Bereich.

Übung 6   Frei von Fremdsteuerungen

Gibt es in Ihrem Umfeld eine Person (es können auch mehrere sein), die sich dominant und unangenehm in Ihr Leben einmischt? Welche emotionalen Bindungen bestehen zwischen Ihnen? Sind Sie von ihr in irgendeiner Form abhängig? Werden Ihre Entscheidungen häufig von dieser Person beeinflußt oder geprägt? Fühlen Sie sich ihr gegenüber manchmal machtlos? Haben Sie sich schon öfter von Ihren eigenen Wünschen, Plänen und Zielen abbringen lassen, obwohl Sie das eigentlich gar nicht wollten? Erfüllen Sie mehr die Wünsche und Pläne anderer als Ihre eigenen? Opfern Sie sich geradezu auf, um Ärger zu vermeiden? Wie fühlen Sie sich dabei? In welcher Weise hängt Ihr Gemütszustand davon ab? Kann es sein, daß die Erinnerung an eine schon verstorbene Person noch heute einen negativen Einfluß auf Sie hat?

Was denken Sie über sich selbst? Stellen sich oft unerwünschte und unangenehme Gedanken ein? Können Sie sie stoppen oder zielorientiert austauschen? Wie schnell gelingt Ihnen das? Kommt es vor, daß sich Ihre Stimmung schlagartig wechselt? Sind Sie manchmal rastlos? Verlieren Sie hin und wieder die Kontrolle über sich? Neigen Sie dazu, sich Ihre Möglichkeiten zu verbauen, weil Sie an sich zweifeln oder Angst haben zu versagen? Machen Sie Ihre Leistungsfähigkeit davon abhängig, wie sehr Sie von anderen Menschen beachtet, gelobt, motiviert oder unterstützt werden?

Wovon auch immer Sie sich befreien wollen, diese Übung verändert in kurzer Zeit vorteilhaft Ihre Ausstrahlung, sowohl mental als auch körperlich. Sie werden entschlossen, konsequent und willensstark. Dadurch sind Sie in der Lage, das durchzusetzen, was Ihnen wichtig ist. Mehr und mehr gelingt es Ihnen, sich machtvoll von allem frei zu machen und all das von sich fernzuhalten, was Sie behindern könnte. Das betrifft Fremdsteuerungen von außen durch andere Menschen und auch die in Ihnen ablaufenden irritierenden Gedankenketten. Wesentlich dabei ist, daß Sie Lebensraum und freie Bahn schaffen für sich selbst und Ihre Anliegen.

Dies hat absolut nichts mit Egoismus zu tun. Denn wenn Sie Ihre Fähigkeiten und Potentiale wirklich leben wollen, dann können Sie es sich nicht leisten, von den Wünschen, Erwartungen und Meinungen anderer Menschen oder den eigenen kreisenden Gedanken überrollt zu werden. Das würde Sie auf Dauer mental und körperlich schwächen oder sogar krank machen.

Manchmal gibt es Menschen in unserem Umfeld, die es versäumt haben, ihre eigenen Aufgaben im Leben zufriedenstellend zu lösen. Sie verlagern dann ihre Aufmerksamkeit auf eine andere Person, von der sie erwarten, daß sie stellvertretend ihre eigenen Versäumnisse aufarbeitet. Haben Sie schon einmal die Folgen durchdacht, die eintreten, wenn Sie zulassen, daß andere sich auf Ihre Kosten ausleben? Die Konsequenz wäre dann, daß Sie sich selbst von einem glücklichen und erfüllten Leben abhalten, gleichzeitig andere bei ihren Schwächen unterstützen und Ihre eigenen behalten. Zusätzlich bindet Ihr Verhalten ständig einen erheblichen Teil Ihrer mentalen Energien. Wenn Sie sich in einem bestimmten Lebensbereich fremdgesteuert fühlen, dann nehmen Sie dies als Chance wahr, Ihre eigenen Schwächen abzulegen.

Es geht auch nicht darum, stärker zu sein als diese andere Person. Sie lassen sie lediglich nicht mehr gewähren, wie Sie es vielleicht bisher getan haben, weil Sie sich für unfähig oder wehrlos hielten. Leben Sie entschlossen und willensstark Ihr Leben, und lassen Sie keinerlei Fremdsteuerungen zu. Auch Ihnen gelingt das jeden Tag mehr, Sie werden es erleben! Sie sind der Kapitän, und Sie allein bestimmen, wohin Ihre Reise geht. Seien Sie sich dessen immer bewußt!

Die praktische Durchführung der Übung

Machen Sie sich bewußt, von welchen Fremdsteuerungen Sie sich vollkommen befreien wollen. Wenn erforderlich, machen Sie sich kurze Notizen und beginnen dann mit der Übung.

Schritt 1:   Denken und sprechen Sie den folgenden mentalen Leitsatz langsam, deutlich und engagiert mit Intensität, Klarheit und Überzeugung:

Nichts hält mich auf,
nichts hält mich auf,
»Ich bin Ich«,
mein Weg ist frei!

Wiederholen Sie diesen Satz 5–7mal. Identifizieren Sie sich mit seiner Aussage, und bejahen Sie das zu erreichende Ergebnis.

Schritt 2: Jetzt werden die Körperbewegungen ausgeführt.

- Ausgangsposition:
  Stellen Sie sich in die Grätsche, und
  nehmen Sie mit dem ganzen Körper
  eine aufrechte Haltung ein. Gehen Sie
  etwas in die Kniebeuge. Ihre Füße stehen parallel geradeaus. Die Arme sind
  seitlich am Körper nach unten gestreckt, und die Handflächen zeigen
  nach vorn. Sie schauen geradeaus.
  (Abb. A)

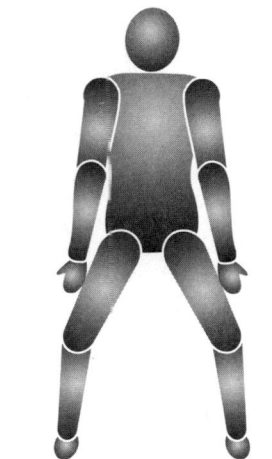

Abb. A

- Jetzt führen Sie den rechten Arm mit
  der Hand erst schwungvoll zurück,
  dann hinten hoch bis über die Schulter
  und beugen dazu den Arm etwas an.
  Sobald Sie über Schulterhöhe sind,
  führen Sie zügig Ihre rechte Hand seitlich am Kopf vorbei geradeaus nach
  vorn, bis sie vorn nach oben angewinkelt plaziert ist. Dabei führen Sie diese
  Bewegung so aus, als würden Sie etwas
  von sich fernhalten oder wegschieben.
  Die Finger zeigen vorn nach oben.
  Gleichzeitig mit dieser schwungvollen
  Armbewegung sind Sie zuerst in der
  Kniebeuge: Wenn die rechte Hand
  über Schulterhöhe ist, strecken Sie die
  Beine, und sobald der Arm geradeaus
  nach vorn gestreckt wird, gehen Sie
  wieder zurück in die Kniebeuge. Damit
  unterstützen Sie die schwungvolle Dynamik des Armes. Für den nächsten Bewegungsablauf bleibt der rechte Arm
  gestreckt und die angewinkelte Hand
  vorn plaziert. (Abb. B)

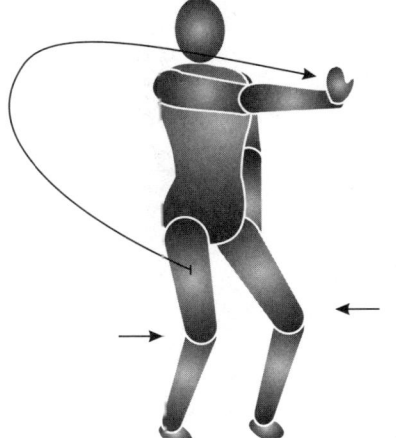

Abb. B

> **Schritt 3 A:** Der gesprochene mentale Leitsatz wird mit den Körperbewegungen koordiniert und synchronisiert.

Sprechen Sie, während Sie die schwungvolle Armbewegung rechts ausführen:

> Nichts hält mich auf,

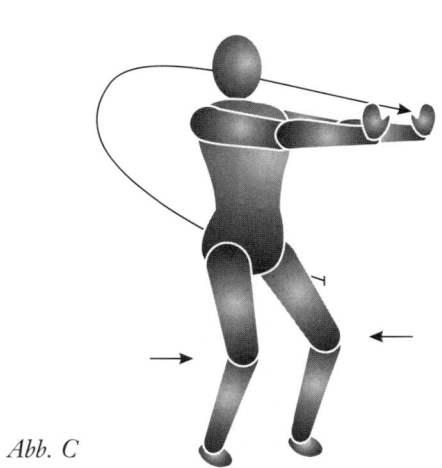

Abb. C

- Jetzt machen Sie den gleichen Bewegungsablauf mit dem linken Arm. Führen Sie den linken Arm mit der Hand schwungvoll zurück, dann hinten hoch bis über Schulterhöhe und beugen dazu etwas den Arm. Sobald Sie über der Schulterhöhe sind, führen Sie zügig Ihre linke Hand seitlich am Kopf vorbei geradeaus nach vorn, bis sie vorn nach oben angewinkelt plaziert ist. Dabei führen Sie auch diese Bewegung so aus, als würden Sie etwas von sich fernhalten oder wegschieben. Die Finger zeigen nach oben. Gleichzeitig mit dieser schwungvollen Armbewegung sind Sie zuerst in der Kniebeuge: Wenn die linke Hand über Schulterhöhe ist, strecken Sie die Beine, und sobald der Arm geradeaus nach vorn gestreckt wird, gehen Sie wieder zurück in die Kniebeuge. Damit unterstützen Sie die schwungvolle Dynamik des linken Armes. Nun sind beide Arme parallel nach vorn gestreckt, und beide Handflächen zeigen nach vorn. (Abb. C)

> **Schritt 3 B:** Der gesprochene mentale Leitsatz wird mit den Körperbewegungen koordiniert und synchronisiert.

Sprechen Sie, während Sie die schwungvolle Armbewegung links ausführen:

> nichts hält mich auf,

- Nun machen Sie den gleichen Bewegungsablauf gleichzeitig mit beiden Armen und Händen. Drehen Sie zuerst Ihre Hände mit den Handflächen nach oben. Dann führen Sie Ihre beiden Arme und Hände schwungvoll nach unten und zurück, dann hinten hoch über Schulterhöhe und seitlich am Kopf vorbei geradeaus nach vorn, bis die Arme gestreckt sind und Ihre Hände wieder parallel vorn angewinkelt plaziert sind. Sie machen mit Ihren Beinen die gleichen Bewegungen wie zuvor. (Abb. D)

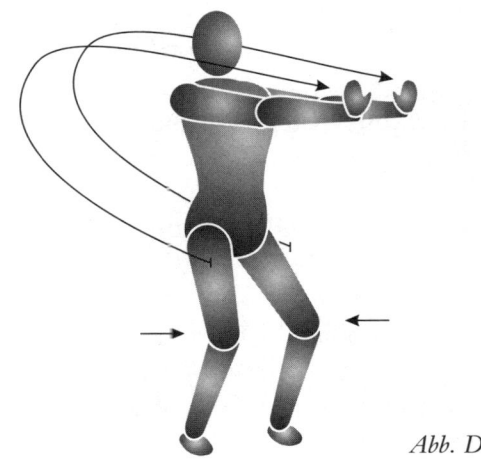

Abb. D

Schritt 3 C: Der gesprochene mentale Leitsatz wird mit den Körperbewegungen koordiniert und synchronisiert.

Sprechen Sie, während Sie die schwungvolle Armbewegung gleichzeitig mit beiden Armen und Händen ausführen:

ICH BIN ICH

- Dann folgen zwei Handrückenschläge nacheinander. Sie führen zuerst die rechte Hand dynamisch diagonal nach rechts oben zur Seite und dann Ihre linke Hand diagonal nach links oben zur Seite. Die zuvor gestreckten Arme sind dann etwas angewinkelt. Sie bleiben in der Kniebeuge. Bei diesem Bewegungsablauf konzentrieren Sie sich mehr auf die Handrücken. Es ist so, als wenn Sie mit Ihnen etwas aus dem Weg räumen und nach hinten wegschleudern. (Abb. E)

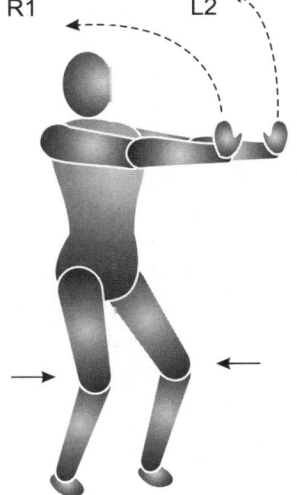

Abb. E

Schritt 3 D: Der gesprochene mentale Leitsatz wird mit den Körperbewegungen koordiniert und synchronisiert.

Sprechen Sie, während Sie dynamisch die Handrückenschläge erst rechts, dann links ausführen:

> R1 = mein Weg
> L2 = ist frei!

Sie führen den bisherigen Übungsablauf insgesamt 3mal hintereinander durch. Sie wechseln dazu jedesmal von der jetzigen Haltung wie in Abb. E zur Ausgangsposition wie in Abb. A. Nach dem 3. Mal kommt die

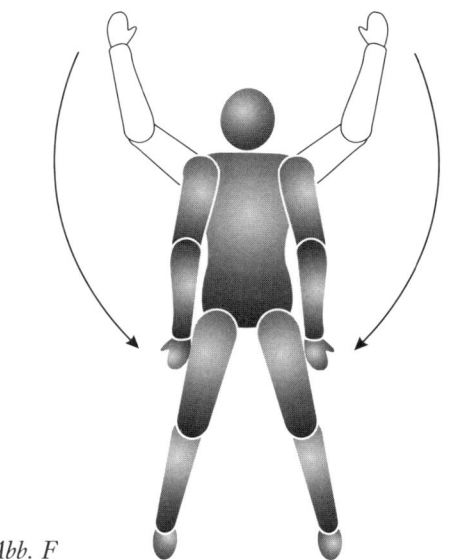

• Schlußposition:
Führen Sie die zur Seite ausgebreiteten Arme und Hände langsam seitlich von oben nach unten, bis die Handflächen rechts und links die Oberschenkel berühren. Gleichzeitig strecken Sie die Beine und stehen in der Grätsche. Die Füße stehen parallel geradeaus. Sie stehen aufrecht und locker und schauen geradeaus. (Abb. F)

Abb. F

Bleiben Sie in dieser Haltung noch einige Sekunden, und atmen Sie langsam durch die Nase ein und durch den Mund aus.

Wiederholen Sie Schritt 2 mit Schritt 3 A, 3 B, 3 C und 3 D dieser Übung noch einmal, damit sich Ihnen der Gesamtablauf noch besser einprägt und sich die Wirkung verstärkt.

Anmerkungen zu Übung 6

Jeder Mensch ist sich selbst gegenüber verpflichtet, das Beste aus seinem Leben zu machen. Aber wie oft geschieht es, daß wir unseren eigentlichen Weg verlassen, weil wir uns abdrängen lassen, weil wir glauben, es anderen Menschen recht machen zu müssen, weil wir Angst haben, gegen die von anderen aufgestellten sogenannten »Normen« zu verstoßen. Es allen Menschen recht machen wollen, ist eine Kunst, die niemand beherrscht. Wie können Sie Ihren eigenen Weg gehen, wenn Sie es zulassen, daß sich andere darauf tummeln, die Sie behindern? Was liegt da näher, als mutig dafür zu sorgen, Ihren eigenen Weg fortzusetzen.

• Die Worte des Leitsatzes »Nichts hält mich auf« lenken Ihre mentale Aufmerksamkeit darauf, daß nichts Sie aufhalten kann, Ihre Lebensaufgabe zu erfüllen, weder andere noch Ihre eigenen hemmenden Gedanken. Die Worte »ICH BIN ICH« fordern Sie auf, sich auf Ihren Wesenskern zu besinnen und sich mit ihm bewußt zu verbinden. Mit den Worten »mein Weg ist frei!« programmieren Sie sich darauf, dafür zu sorgen, Ihren Weg zu Ihrer Lebenserfüllung freizuhalten, um ihn begehen zu können.

• Beine und Füße sind in der Bewegungslehre das Symbol für Standfestigkeit und Voranschreiten im Leben. Der Grätschstand bedeutet, daß Sie für sich selbst angemessen Raum beanspruchen. Dieser Anspruch wird noch symbolisch verstärkt, indem Sie sich zwischendurch in der Kniebeuge befinden. Ihr Gleichgewicht ist optimal auf beide Beine verteilt. Sie sind bestens im Boden verankert und haben ein Gefühl der Sicherheit und Stärke, die sich auf Ihre geistige und seelische Befindlichkeit überträgt.

• Die aufrechte Körperhaltung mit den zwischendurch gestreckten Beinen bedeutet, daß Sie entschlossen sind.

• Hände und Arme sind in der Bewegungslehre das Symbol des Handelns und Leistungsvermögens. Das schwungvolle Ausholen Ihrer Arme und das Wegschieben mit den Handflächen bedeutet, daß Sie alle lebenshemmenden Widerstände beseitigen. Zuerst mit der rechten, dann mit der linken Hand.

• Das Wegschieben mit beiden Händen gleichzeitig bedeutet, daß Sie den Widerständen keine Chance lassen, Ihr Leben zu behindern. Und für den Fall, daß diese hartnäckig sind, schlagen Sie sie zuerst mit der rechten und dann mit der linken Hand aus Ihrem Weg, der dann frei ist für Sie.

- Die ausgebreiteten Arme mit gleichzeitigem Grätschstand der Beine in der Kniebeuge ist eine Haltung der Stärke und Macht.

- Die aufrechte Körperhaltung der Schlußposition bedeutet, daß Sie bereit sind, aufrecht und entschlossen Ihren eigenen Weg im Leben zu gehen. Sie beugen Fehlhaltungen vor oder gleichen sie aus. Dies überträgt sich auch auf den geistigen Bereich.

Übung 7   Angst und Schuldgefühle überwinden

Fühlen Sie sich manchmal morgens, tagsüber oder abends von Angst, Furcht oder Panik überwältigt? Konnten Sie herausfinden, was Sie in diesen Zustand brachte? Oder sind Ihnen die Gründe bisher unerklärlich? Gab es in Ihrem Leben traumatische Erlebnisse durch Krankheit, unglückliche Kindheit, Verlust, Kündigung, Familienkonflikte, Scheidung, Unfall, Gewalt, grausame Handlung, finanziellen Ruin, Armut oder einen Sterbefall?

Haben sich bei Ihnen aus irgendwelchen Gründen Schuldgefühle entwickelt? Fühlen Sie sich für etwas verantwortlich, das Sie gar nicht getan haben? Neigen Sie dazu, ständig etwas gut machen oder sich entschuldigen zu wollen? Machen Sie sich oft Selbstvorwürfe? Geben Sie sich die Schuld, wenn etwas Unangenehmes, für das Sie nicht verantwortlich sind, in Ihrem Umfeld geschieht? Geraten Ihre Gefühle und Gedanken manchmal außer Kontrolle? Befürchten Sie, schlimme Dinge zu tun, die Sie gar nicht tun wollen? Schlafen Sie nachts unruhig und fühlen sich dann am Morgen erschöpft? Gab es unangenehme Träume? Fürchten Sie sich vor Dunkelheit, Einsamkeit oder dem Alleinsein? Ängstigen Sie sich manchmal vor bestimmten Tieren? Bekommen Sie Angst im Fahrstuhl, auf Brücken und Türmen, am Wasser oder auf hohen Bergen? Haben Sie manchmal das Gefühl, daß etwas Unerfreuliches passiert, ohne zu wissen, warum? Neigen Sie dazu, sich oft Sorgen über alles Mögliche zu machen?

Ängste und Schuldgefühle sind die stärksten emotionalen Belastungen im Leben. In unserer Gesellschaft werden sie leider immer noch als Schwäche ausgelegt, obwohl dies absolut unangebracht ist. Das hat bisher dazu geführt, daß wir mit diesen Gemütszuständen fehlorientiert umgehen und dadurch den Streß noch verstärken. Statt sich mit ihnen auseinanderzusetzen und den positiven Aspekt zu untersuchen, wurde es zur Gewohnheit, diese Befindlichkeiten zu verdrängen und ihnen aus dem Weg zu gehen.

Wichtig für uns aber wäre, unterscheiden zu können, ob sie mit unserem bisherigen Leben in einem realistischen oder unrealistischen Zusammenhang stehen. Eigentlich sind Ängste und Schuldgefühle zum größten Teil die Folgen eines Verlustes an Sicherheit und Vertrauen. Wenn diese Zustände immer wieder auftreten und uns zu schaffen machen, sind sie ein seelischer Aufruf an uns, umdenken zu lernen und bestimmte Verhaltensweisen und Lebensbereiche zu ändern. Die Sicherheitsinstanz in uns, deren Funktion durch emotionale Verletzungen manchmal mehr oder weniger behindert wird, reicht nicht immer aus, um uns solche wichtigen Informationen auf direktem Wege zu geben. Also bedient sie sich anderer Mechanismen.

Daher sind die Ängste, die wir haben, nicht von vornherein negativ zu bewerten, wie das oft geschieht. Sie können eine Schutzfunktion haben oder ein Warnsignal sein, wenn es dazu triftige Gründe gibt. Als destruktiv sind sie zu bewerten, wenn wir uns immer wieder von mentalen Katastrophenphantasien so vereinnahmen lassen, daß sie uns mental und körperlich lähmen, beherrschen und krank machen. Das gilt auch für Schuldgefühle, die oft eine Folgeerscheinung von Angst sind.

Emotional geraten wir immer mehr in Panik, über die wir keine Kontrolle mehr haben, wenn wir nicht rechtzeitig einschreiten. Dieser Zustand verschwindet zwar von allein wieder, aber das Ganze wiederholt sich dann zu unterschiedlichen Zeiten so lange, bis wir uns dieser Situation stellen, vom Betroffenen zum Beobachter werden und derartige Reaktionen überwinden lernen.

Genau hier setzt die Wirkung dieser Übung an. In den Tiefenschichten unseres Unterbewußtseins werden die traumatischen Erinnerungen neutralisiert und die emotionalen Bindungen aufgehoben, d. h., den emotionalen Reaktionen wird alle destruktive Energie entzogen. Sie quälen Sie nicht mehr, und Sie fühlen sich wieder frei, sicher und stabil. In kurzer Zeit können Sie diese Zustände mental und körperlich beeinflussen und überwinden. Ihre Sicherheitsinstanz wird von störenden Einflüssen und Überlagerungen frei und voll funktionsfähig gemacht. Bei bestimmten Anzeichen wissen Sie, was zu tun ist, und wie Sie Abhilfe schaffen. Sie sind wieder hoffnungsfroh und unbeschwert und geben Ihrem Leben neue Impulse und eine neue Richtung.

Ich empfehle Ihnen daher, bei akuten und chronischen Zuständen, diese Übung regelmäßig jeden Tag durchzuführen. Nach mehreren Übungsabläufen erhalten Sie aufklärende Informationen, die es Ihnen erleichtern, die vergangenen Ereignisse besser zu verstehen. Oder Sie bekommen wichtige Hinweise für unbedingt erforderliche Veränderungen. Wenn Sie öfter träumen als vorher, dann haben diese Träume eine aufarbeitende und reinigende Funktion.

Die praktische Durchführung der Übung

Machen Sie sich bewußt, welche Ängste und Schuldgefühle Sie überwinden wollen. Dann beginnen Sie mit der Übung.

Schritt 1: Denken und sprechen Sie den folgenden mentalen Leitsatz langsam, deutlich und engagiert mit Intensität, Klarheit und Überzeugung:

Ich bin frei von Angst und Schuld!

Wiederholen Sie diesen Satz 5–7mal. Identifizieren Sie sich mit seiner Aussage, und bejahen Sie den zu erreichenden Zustand.

Schritt 2: Jetzt werden die Körperbewegungen ausgeführt.

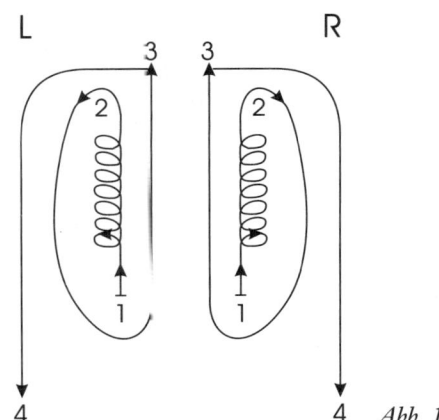

Abb. 1

• Betrachten Sie zuerst die nebenstehende grafische Darstellung, die Ihnen eine Gesamtübersicht des Bewegungsablaufes gibt, damit Sie ihn noch leichter nachvollziehen können. (Abb. 1)

• Ausgangsposition:
Nehmen Sie im Stehen mit dem ganzen Körper eine natürliche und aufrechte Haltung ein. Ihre Beine sind gestreckt, und Ihre Füße stehen parallel nebeneinander geradeaus und berühren einander. Ihre Arme und Hände sind parallel in Schulterbreite etwas nach vorn angehoben und gestreckt und zeigen schräg in Richtung Boden. Die Handflächen zeigen nach innen. Sie schauen nach unten auf Ihre Hände und folgen ihnen bei den anschließenden Bewegungen. (Abb. A)

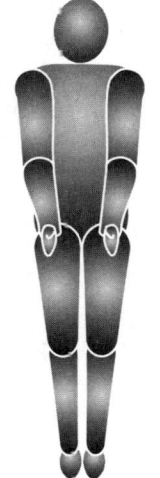

Abb. A

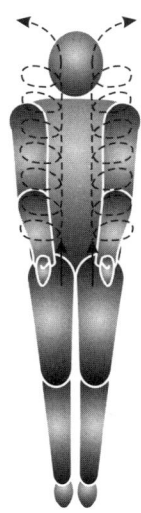

Abb. B

• Jetzt führen Sie die gestreckten Arme und Hände gleichzeitig ein kurzes Stück gerade nach oben. Aus der Bewegung heraus machen Sie zügig 7 weitere kleine spiralförmige Bewegungen nach oben bis über Kopfhöhe. (Abb. B)

Schritt 3: Der gesprochene mentale Leitsatz wird mit den Körperbewegungen koordiniert und synchronisiert.

Sprechen Sie zu den 7 spiralförmigen Bewegungen nach oben bei der

        1. spiralförmigen Bewegung: Ich
        2. spiralförmigen Bewegung: bin
        3. spiralförmigen Bewegung: frei
        4. spiralförmigen Bewegung: von
        5. spiralförmigen Bewegung: Angst
        6. spiralförmigen Bewegung: und
        7. spiralförmigen Bewegung: Schuld!

• Nach der 7. spiralförmigen Bewegung führen Sie die gestreckten Arme und Hände oben nach rechts und links auseinander und dann in einem großen Bogen nach unten vor die Körpermitte. Die Handflächen berühren einander. Von unten werden die Arme und Hände in gerader Linie wieder senkrecht nach oben geführt, bis die Hände höher über dem Kopf sind als vorher. (Abb. C)

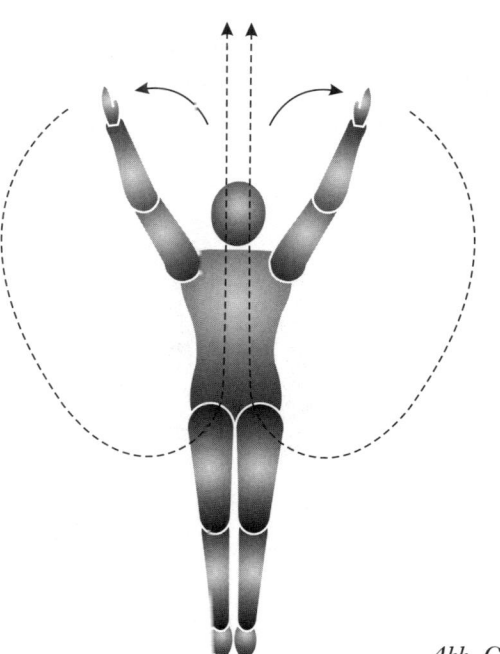

Abb. C

• Führen Sie die einander berührenden Hände oben nach rechts und links zur Seite weit auseinander und dann abwärts, bis die Fingerspitzen den Boden berühren. Dabei gehen Sie mit dem Körper runter in die Kniebeuge. Sie können den einen Fuß einen kleinen Schritt nach hinten oder vorn versetzen. (Abb. D)

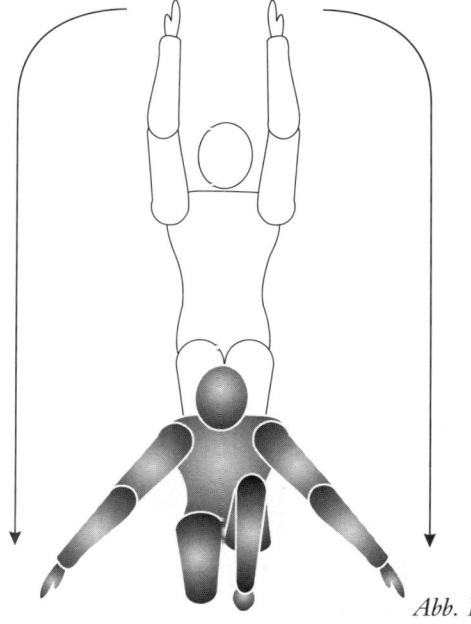

Abb. D

Führen Sie den bisherigen Übungsablauf insgesamt 3mal hintereinander durch. Sie wechseln deshalb von der jetzigen Haltung wie in Abb. D zur Ausgangsposition wie in Abb. A. Nach dem 3. Mal kommt die

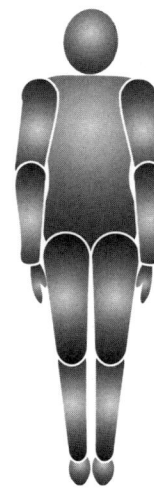

Abb. E

* Schlußposition:
  Erheben Sie sich aus der Kniebeuge, bis Sie mit dem ganzen Körper eine aufrechte und lockere Haltung haben. Die Füße stehen wieder parallel nebeneinander geradeaus und berühren einander. Die Arme sind seitlich am Körper nach unten gestreckt, und die Handflächen berühren rechts und links die Oberschenkel. Sie schauen geradeaus. (Abb. E)

Bleiben Sie in dieser Haltung noch einige Sekunden, und atmen Sie langsam durch die Nase ein und durch den Mund aus.

Wiederholen Sie Schritt 2 mit Schritt 3 dieser Übung noch einmal, damit sich Ihnen der Gesamtablauf noch besser einprägt und sich die Wirkung verstärkt.

Anmerkungen zu Übung 7

Ängste und Schuldgefühle können verschiedene Ursachen haben. Oft sind es unbewußt übernommene Gemütszustände oder Reaktionen von Ihnen nahestehenden Personen, wie z. B. Eltern, Verwandten oder Freunden.

* Die Worte des Leitsatzes »Ich bin frei von Angst und Schuld!« lenken Ihre mentale Aufmerksamkeit darauf, sich in Gedanken als davon befreit zu erleben. Er löst Steuerungsimpulse aus, die es Ihnen ermöglichen, sich anders als bisher mit diesen Zuständen und Reaktionen auseinanderzusetzen. Dadurch entmachten Sie sie und werden davon befreit.

- Beine und Füße sind in der Bewegungslehre das Symbol für Standfestigkeit und Voranschreiten im Leben. Die gestreckten Beine und Füße, die dicht parallel nebeneinander stehen und einander berühren, sind eine Haltung der inneren Sammlung und Konzentration.

- Hände und Arme sind in der Bewegungslehre das Symbol des Handelns und Leistungsvermögens. Die schräg nach unten gerichteten Arme und Hände symbolisieren die Tiefenschicht Ihres Unterbewußtseins, wo die Ursachen zu finden sind. Die 7 spiralförmigen Bewegungen von unten nach oben bedeuten, daß Sie sich von Angst und Schuldgefühlen nicht beherrschen lassen, sondern sich darüber erheben und sie überwinden.

- Das oben Auseinander- und Abwärtsführen der Arme und Hände Richtung Boden bedeutet, daß Sie die belastenden Energien der bisherigen Zustände und Reaktionen aus Ihrem Inneren herausleiten. Sie führen das, von dem Sie sich lösen möchten, in den Boden ab.

- Die aufrechte Körperhaltung der Schlußposition mit den dicht parallel nebeneinander stehenden Beinen und Füßen bedeutet, daß Sie sich konzentriert, bewußt und aufrecht dem Leben und seinen Aufgaben stellen. Sie beugen Fehlhaltungen vor oder gleichen sie aus. Dies überträgt sich auch auf den geistigen Bereich.

Übung 8   Vergangen ist vergangen

Neigen Sie dazu, vergangenen schönen Zeiten nachzutrauern? Sprechen Sie viel
darüber, oder behalten Sie es still für sich? Macht Sie das oft wehmütig? Fällt es
Ihnen dadurch schwer, sich in der Gegenwart zurechtzufinden?

Denken Sie viel über zurückliegende Sorgen, Ärgernisse und unangenehme
Erlebnisse nach? Haben Sie das Gefühl, daß es Sie immer noch emotional belastet,
weil Sie sich nach wie vor darüber aufregen oder es Sie entmutigt und betrübt?
Werden dadurch Ihre Teilnahme am aktiven Leben und Ihre Leistungsfähigkeit
behindert? Wie hoch schätzen Sie Ihre derzeitige Vitalität ein? Neigen Sie zu
Über- oder Untergewicht?

Diese Übung ist genau richtig für Sie, um sich vom Ballast der Vergangenheit zu
lösen. Das betrifft vor allem zurückliegende unangenehme Abschnitte Ihres Lebens. In kurzer Zeit verändert sich Ihre bisherige Einstellung und Situation. Sie
sind wieder aufgeschlossen und bereit, vertrauensvoll am Leben im Hier und Jetzt
teilzunehmen.

Manchmal schleppen wir zu lange unangenehme und belastende Erinnerungen
mit uns herum. Wenn sie immer wieder mental aktiviert werden, berauben wir uns
der guten Möglichkeiten, die das Leben stets für uns bereithält. Es kommt zu
starken mentalen und körperlichen Spannungen. Denn in Gedanken halten wir
uns in der Vergangenheit auf, während unser Körper in der Gegenwart seine
Funktionen zu erfüllen hat. Dies schwächt unsere Vitalität und macht uns anfällig
für extreme Stimmungsschwankungen, gesundheitliche Störungen, Über- oder
Untergewicht und anderes. Lassen Sie es nicht so weit kommen! Lösen Sie sich,
und lassen Sie die Vergangenheit endgültig Vergangenheit sein! Wenn Sie es
wirklich wollen, werden Sie erleben, daß auch Sie sich wieder im Hier und Jetzt
begeistern können und glücklich sind!

Die praktische Durchführung der Übung

Machen Sie sich bewußt, von welchen vergangenen Erinnerungen und Belastungen Sie sich lösen wollen. Notieren Sie Stichworte, falls erforderlich. Wenn Ihnen
nicht gleich etwas dazu einfällt, dann führen Sie die Übung sofort aus, denn Sie
können auch zu einem späteren Zeitpunkt durch mehrmaliges Üben wichtige
Hinweise erhalten.

Schritt 1: Denken und sprechen Sie den folgenden mentalen Leitsatz langsam, deutlich und engagiert mit Intensität, Klarheit und Überzeugung:

Vergangen ist vergangen,
ich lebe hier und jetzt!

Wiederholen Sie diesen Satz 5–7mal. Identifizieren Sie sich mit seiner Aussage, und bejahen Sie den zu erreichenden Zustand.

Schritt 2: Jetzt werden die Körperbewegungen ausgeführt.

- Ausgangsposition:
  Stellen Sie sich in die Grätsche, und nehmen Sie mit dem ganzen Körper eine aufrechte Haltung ein. Ihre Beine sind gestreckt, und Ihre Füße stehen parallel geradeaus. Ihre Arme und Hände sind nach oben über den Kopf ausgestreckt. Die Fingerspitzen beider Hände berühren einander. Die Handrücken zeigen nach rechts und links. Sie schauen geradeaus. (Abb. A)

- Jetzt machen Sie gleichzeitig mit beiden Armen und Händen etwa diagonal verlaufend seitlich vom Körper 3 schwungvolle große Kreise rückwärts. Sie führen dazu die Arme und Hände erst oben zurück, hinten abwärts nach unten, an den Oberschenkeln vorbei und vorn aufwärts, bis Ihre Hände wieder oben sind und sich die Fingerspitzen in der Mitte über dem Kopf berühren. Die Arme bleiben gestreckt. (Abb. B)

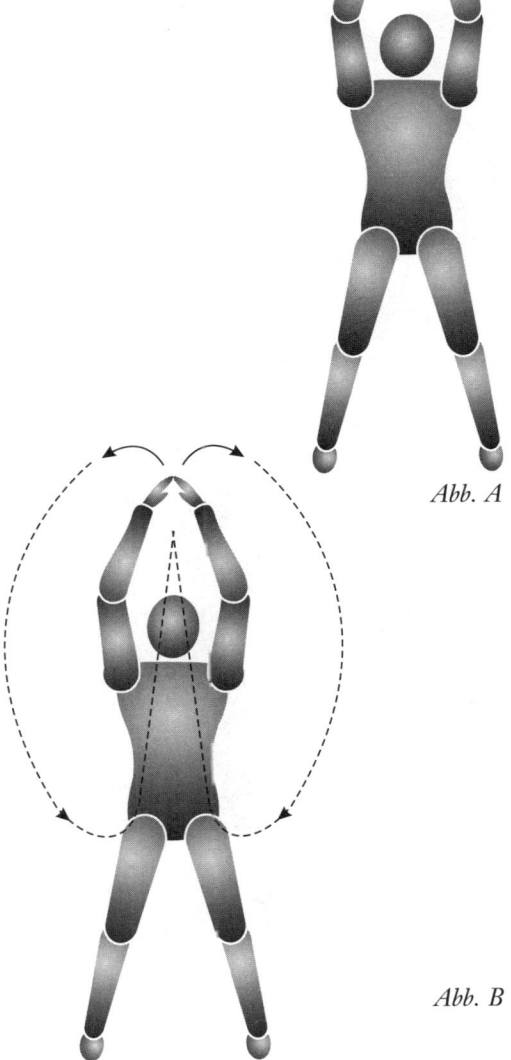

Abb. A

Abb. B

Schritt 3 A: Der gesprochene mentale Leitsatz wird mit den Körperbewegungen koordiniert und synchronisiert.

Sprechen Sie zu den 3 schwungvollen großen Kreisen rückwärts beim

      1. großen Kreis rückwärts = Vergangen
      2. großen Kreis rückwärts = ist
      3. großen Kreis rückwärts = vergangen,

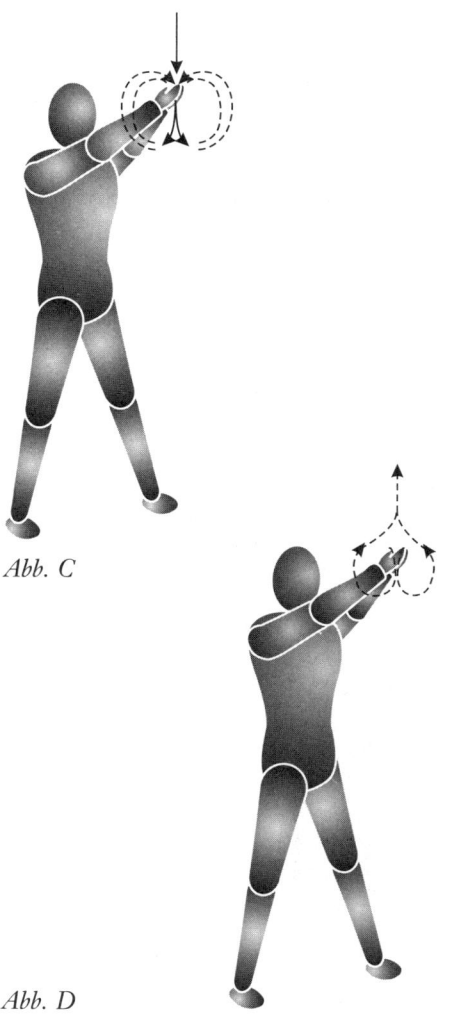

Abb. C

Abb. D

• Nach dem 3. großen Kreis führen Sie Ihre Arme und Hände zusammen vorn in der Mitte etwas abwärts auf Augenhöhe und machen dort mit beiden Armen und Händen gleichzeitig rechts und links 3 kleine Kreise einwärts. Führen Sie dazu die rechte und die linke Hand unten nach rechts und links auseinander, seitlich außen aufwärts, oben wieder zusammen und in der Mitte abwärts. Dazu sind die Arme etwas angebeugt. Beim 3. kleinen Kreis führen Sie die Hände aus den kreisförmigen Bewegungen heraus in der Mitte zusammen und von dort geradlinig senkrecht nach oben weiter, bis die Arme über Kopfhöhe gestreckt sind. (Abb. C und D)

Schritt 3 B: Der gesprochene mentale Leitsatz wird mit den Körperbewegungen koordiniert und synchronisiert.

Sprechen Sie zu den 3 kleinen Kreisen einwärts vorn in Augenhöhe beim

      1. kleinen Kreis einwärts = ich lebe
      2. kleinen Kreis einwärts = hier
      3. kleinen Kreis einwärts = und jetzt!

Bei dem Wort »jetzt« sind Ihre Arme nach oben über dem Kopf ausgestreckt.

Führen Sie den bisherigen Übungsablauf insgesamt 3mal hintereinander durch. Sie wechseln deshalb von der gerade eben ausgeführten Bewegung wie in Abb. C dargestellt zur Ausgangsposition wie in Abb. A. Nach dem 3. Mal kommt die

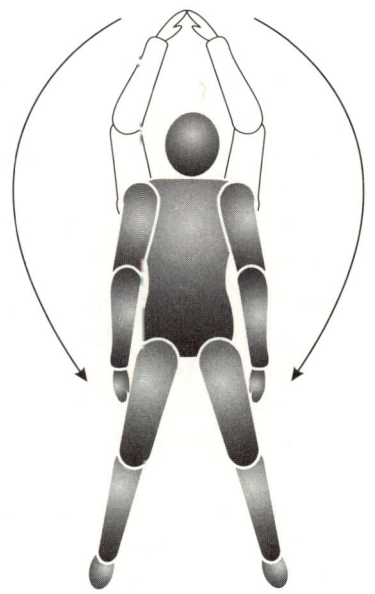

* Schlußposition:
  Führen Sie dazu die Hände oben nach rechts und links auseinander und langsam seitlich nach unten, bis die Handflächen rechts und links die Oberschenkel berühren. Die Arme sind nach unten gestreckt. Sie stehen in der Grätsche, und die Beine sind gestreckt. Die Füße stehen parallel geradeaus. Sie stehen aufrecht und locker und schauen geradeaus. (Abb. E)

Abb. E

Bleiben Sie in dieser Haltung noch einige Sekunden, und atmen Sie langsam durch die Nase ein und durch den Mund aus.

Wiederholen Sie Schritt 2 mit Schritt 3 A und 3 B dieser Übung noch einmal, damit sich Ihnen der Gesamtablauf noch besser einprägt und sich die Wirkung verstärkt.

Anmerkungen zu Übung 8

Es gibt viele Dinge der Vergangenheit, von denen wir gegenwärtig profitieren können. Aber es gibt auch Erinnerungen, die wir nicht behalten dürfen, weil sie unsere Entwicklung behindern.

- Die Worte des Leitsatzes »Vergangen ist vergangen« lenken Ihre mentale Aufmerksamkeit darauf, die Vergangenheit dort zu belassen, wo sie hingehört. Mit den Worten »ich lebe hier und jetzt!« programmieren Sie sich, für das »Hier und Jetzt« aufmerksam und offen zu sein.

- Die aufrechte Körperhaltung am Anfang und kurz vor Übungsende mit den nach oben gestreckten Armen läßt die Energie besser fließen und zirkulieren. Symbolisch bedeutet diese Haltung, daß Sie über sich selbst hinauswachsen.

- Beine und Füße sind in der Bewegungslehre das Symbol für Standfestigkeit und Voranschreiten im Leben. Der Grätschstand bedeutet, daß Sie für sich selbst angemessenen Raum beanspruchen. Damit demonstrieren Sie, daß Sie Ihre Bedürfnisse nicht hintanstellen. Ihr Gleichgewicht ist optimal auf beide Beine verteilt. Sie sind bestens im Boden verankert und haben ein Gefühl der Sicherheit, die sich auf Ihre geistige und seelische Befindlichkeit überträgt.

- Hände und Arme sind in der Bewegungslehre das Symbol des Handelns und Leistungsvermögens. Die 3 schwungvollen großen Kreise rückwärts bedeuten, daß Sie die vergangenen Ereignisse in die Vergangenheit transportieren. Die Vergangenheit wird von den meisten Menschen in ihrer inneren Wahrnehmung hinten, also hinter ihrem Körper empfunden.

- Die 3 kleinen Kreise vor Ihnen auf Augenhöhe bedeuten, daß Sie sich bewußt mit dem Hier und Jetzt verbinden.

- Die aufrechte Körperhaltung der Schlußposition bedeutet, daß Sie sich aufmerksam und aufrecht den gegenwärtigen Aufgaben Ihres Lebens stellen. Sie beugen Fehlhaltungen vor oder gleichen sie aus. Dies überträgt sich auch auf den geistigen Bereich.

Übung 9   Sich lösen von Destruktivität und allen ihren Folgen

Sind Ihnen an sich selbst bestimmte Gemütszustände oder Charakterschwächen unangenehm aufgefallen, von denen Sie sich lösen möchten, z. B. depressive Zustände, Zweifel, Resignation, Unzufriedenheit, Minderwertigkeitsgefühle, Unsicherheit, Leichtgläubigkeit, Rechthaberei, Besserwisserei, Kritiksucht, Jähzorn, Gereiztheit, Wut, aggressives und falsches Verhalten, Rachegefühle, Kurzschlußhandlungen, Eitelkeit, Intoleranz, Überheblichkeit, Neid, Ungeduld, Hysterie? Haben sich diese im Laufe der Zeit noch verstärkt?

Mit dieser Übung gelingt es Ihnen, mental und in Ihrem Verhalten eine Richtungsänderung einzuleiten und zielorientierte Korrekturen durchzuführen. Unangenehme Zustände und Situationen, die sich gelegentlich einstellen, sind normal und gehören zum Leben dazu. Wenn sie aber ständig zunehmen und uns hemmen, bis wir sogar unfähig werden, glückliche Momente zu erleben, dann sind das eindeutige Signale unserer Seele, daß wir uns in die verkehrte Richtung bewegen.

Solange wir nichts ändern, verstärken sich unsere Schwächen. Wir verletzen z. B. mit einer ständig kritisierenden Art andere Menschen, weil wir unzufrieden mit uns selbst sind. Oder wir werden gemieden, weil wir oft zu pessimistisch sind. Es kann sogar so weit kommen, daß wir immer wieder wie ein Magnet destruktive Situationen und Menschen anziehen, bis wir uns entschließen, unseren bisherigen Kurs grundlegend zu ändern.

Damit Sie sich von Destruktivität und allen ihren Folgen endgültig lösen können, ist es erforderlich, Ihr Unterbewußtsein eindeutig dahingehend zu informieren und zu programmieren, daß Sie unerwünschte Gemütszustände und charakterliche Schwächen mit ihren Folgen nicht länger in Ihrem Denken und Leben akzeptieren und sie konsequent ablehnen. Dadurch verändern sich in kurzer Zeit Ihre Ausstrahlung und Ihre Energiefelder, denn die Energiebindungen werden aufgelöst. Es kommt immer seltener zu den Zuständen, Verhaltensweisen und Situationen der bisherigen Art, bis sie schließlich und endlich ganz ausbleiben.

Durch diese Übung machen Sie sozusagen mental Platz für mehr Optimismus und für Ihre konstruktiven Eigenschaften und Fähigkeiten. Es gibt ein Sprichwort, das besagt: »Wo das eine ist, kann das andere nicht sein!« Ich empfehle Ihnen, diese Übung zunächst regelmäßig jeden Tag durchzuführen. Glückliche und erfüllte Zeiten können Sie erst dann so richtig erleben, wenn Sie der Destruktivität und allen ihren Folgen eine klare Absage erteilen und alles tun, um sich von ihnen zu lösen. Sie werden bald feststellen, daß es sich für Sie lohnt. Also, packen Sie's an!

Die praktische Durchführung der Übung

Machen Sie sich bewußt, von welchen destruktiven Gemütszuständen, Charakterschwächen und Mangelsituationen Sie sich lösen möchten. Notieren Sie Stichworte, falls erforderlich. Wenn Ihnen nicht gleich etwas dazu einfällt, dann führen Sie die Übung sofort aus, denn Sie können auch zu einem späteren Zeitpunkt durch mehrmaliges Üben wichtige Hinweise erhalten.

Schritt 1:   Denken und sprechen Sie den folgenden mentalen Leitsatz langsam, deutlich und engagiert mit Intensität, Klarheit und Überzeugung:

> Ich löse mich von Destruktivität
> und ihren Folgen,
> sie verschwinden völlig
> aus meinem Leben!

Wiederholen Sie diesen Satz 5–7mal. Identifizieren Sie sich mit seiner Aussage, und bejahen Sie den zu erreichenden Zustand.

Schritt 2:   Jetzt werden die Körperbewegungen ausgeführt.

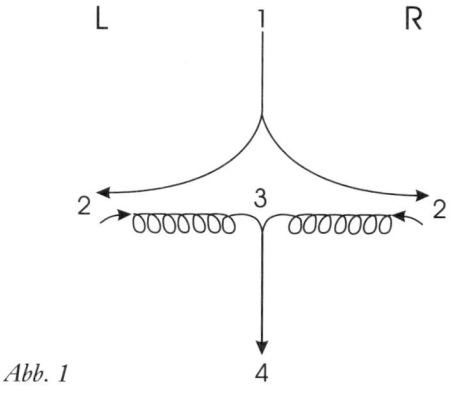

• Betrachten Sie zuerst die nebenstehende grafische Darstellung, die Ihnen eine Gesamtübersicht des Bewegungsablaufes gibt, damit Sie ihn noch leichter nachvollziehen können. (Abb. 1)

Abb. 1   4

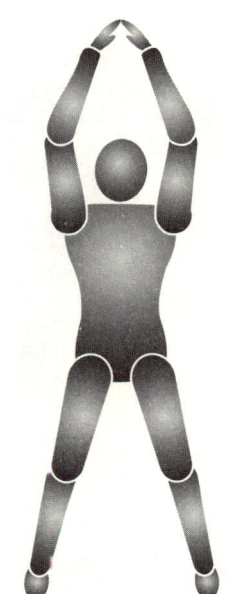

Abb. A

• Ausgangsposition:
Stellen Sie sich in die Grätsche, und
nehmen Sie mit dem ganzen Körper
eine aufrechte und lockere Haltung ein.
Ihre Beine sind gestreckt, und Ihre
Füße stehen parallel geradeaus. Ihre
Arme und Hände sind nach oben über
den Kopf ausgestreckt. Die Fingerspitzen beider Hände berühren einander.
Die Handrücken zeigen nach rechts
und links. Sie schauen nach oben auf
Ihre Hände, deren Bewegungen Sie
nachher folgen. (Abb. A)

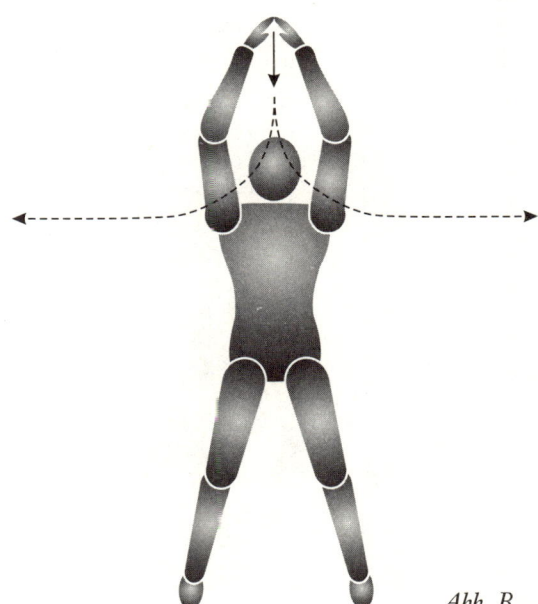

• Führen Sie jetzt Ihre Hände mit den
gestreckten Armen von oben bis in
Schulterhöhe schwungvoll und in
leichtem Bogen weit nach rechts und
links zur Seite auseinander, bis sie
waagrecht sind. Ihre Handflächen zeigen nach vorn. (Abb. B)

Abb. B

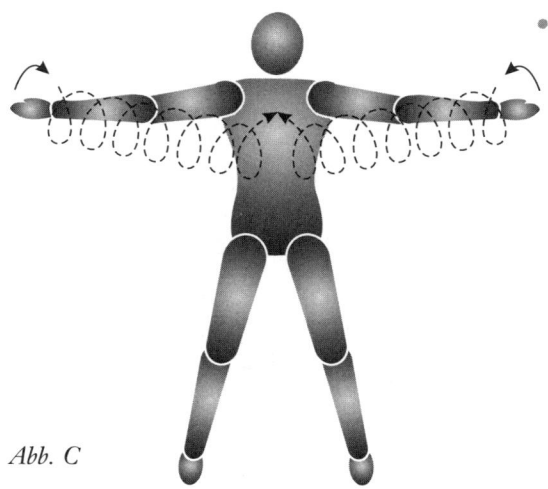

Abb. C

• Dann führen Sie Ihre gestreckten Arme langsam von rechts und links in Schulterhöhe nach vorn zur Mitte und machen gleichzeitig mit Ihren Händen kleine spiralförmige Bewegungen, als würden Sie zur Mitte hin etwas aufwikkeln. Dabei kreisen die Hände einwärts, bis sie vorn in der Mitte an den Daumen und Zeigefingern einander berühren und die Handflächen zum Boden zeigen. Die Arme können während dieses Bewegungsablaufes auch ein wenig gebeugt werden. (Abb. C)

Schritt 3 A: Der gesprochene mentale Leitsatz wird mit den Körperbewegungen koordiniert und synchronisiert.

Sprechen Sie, während Sie die Hände spiralförmig zur Mitte bewegen:

Ich löse mich von Destruktivität
und ihren Folgen,

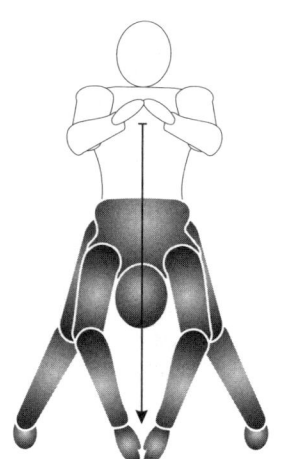

Abb. D

• Gehen Sie dann in die Kniebeuge, und beugen Sie den Oberkörper nach vorn abwärts. Führen Sie gleichzeitig die Arme und die einander berührenden Hände ausgestreckt nach unten, bis die Fingerspitzen den Boden berühren. (Abb. D)

Schritt 3 B: Der gesprochene mentale Leitsatz wird mit den Körperbewegungen koordiniert und synchronisiert.

Sprechen Sie, während Sie die Arme und die einander berührenden Hände ausgestreckt nach unten zum Boden führen:

> sie verschwinden völlig
> aus meinem Leben!

Führen Sie den bisherigen Übungsablauf insgesamt 3mal hintereinander durch. Wechseln Sie dazu von der jetzigen Haltung wie in Abb. D zur Ausgangsposition wie in Abb. A. Die Hände werden während des Positionswechsels auseinandergeführt. Nach dem 3. Mal kommt die

- Schlußposition:
  Erheben Sie sich dazu aus der Kniebeuge, bis Sie mit dem ganzen Körper eine aufrechte und lockere Haltung haben. Sie stehen in der Grätsche, und die Füße stehen parallel geradeaus wie in der Ausgangsposition. Die Arme sind seitlich am Körper nach unten gestreckt, und die Handflächen berühren rechts und links die Oberschenkel. Sie schauen geradeaus. (Abb. E)

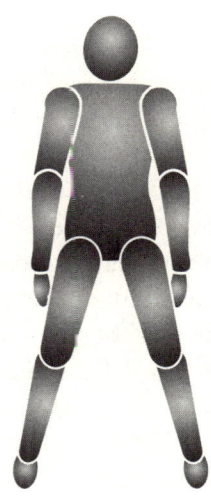

Abb. E

Bleiben Sie in dieser Haltung noch einige Sekunden, und atmen Sie langsam durch die Nase ein und durch den Mund aus.

Wiederholen Sie Schritt 2 mit Schritt 3 A und 3 B dieser Übung noch einmal, damit sich Ihnen der Gesamtablauf noch besser einprägt und sich die Wirkung verstärkt.

Anmerkungen zu Übung 9

Destruktive Gemütszustände und Verhaltensweisen lassen sich leicht beheben, wenn Sie Ihre Denkgewohnheiten verändern und eine optimistische Lebenseinstellung pflegen. Eine Regel besagt: »Entledige dich der Mängel, und beschenke dich mit Optimismus, denn er hat noch keinem geschadet!«

- Die Worte des Leitsatzes »Ich löse mich von Destruktivität und allen ihren Folgen« lenken Ihre mentale Aufmerksamkeit darauf, sich von lebenshemmenden und niederdrückenden Gedanken, Zuständen und Verhaltensweisen zu trennen und die bisherigen Folgen unwirksam zu machen. Mit den Worten »sie verschwinden völlig aus meinem Leben!« programmieren Sie sich, sie nicht länger in Ihrem Denken und Handeln zu akzeptieren. Sie signalisieren Bereitschaft und Entschlossenheit, den bisherigen Kurs zu korrigieren.

- Die aufrechte Körperhaltung am Anfang mit den gestreckten Armen nach oben läßt die Energie besser fließen und zirkulieren. Symbolisch bedeutet diese Haltung, daß Sie über sich selbst hinauswachsen.

- Beine und Füße sind in der Bewegungslehre das Symbol für Standfestigkeit und Voranschreiten im Leben. Der Grätschstand bedeutet, daß Sie für sich selbst angemessenen Raum beanspruchen. Damit demonstrieren Sie, daß Sie Ihre Bedürfnisse nicht hintanstellen. Ihr Gleichgewicht ist optimal auf beide Beine verteilt. Sie sind bestens im Boden verankert und haben ein Gefühl der Sicherheit, die sich auf Ihre geistige und seelische Befindlichkeit überträgt.

- Hände und Arme sind in der Bewegungslehre das Symbol des Handelns und Leistungsvermögens. Das Ausbreiten der Arme mit den anschließend spiralförmigen Bewegungen zur Mitte bedeutet, daß Sie alles zusammenfassen, was Sie in Ihrem Leben als belastend und unangenehm empfinden oder zuordnen.

- Das in der Mitte Abwärtsführen der Arme und Hände in Richtung Boden symbolisiert, daß Sie alle belastenden Gemütszustände, Verhaltensweisen und Mängel und alle daraus resultierenden hemmenden Energien und deren Folgen ableiten. Sie führen das, von dem Sie sich trennen wollen, in den Boden ab.

- Die aufrechte Körperhaltung der Schlußposition bedeutet, daß Sie entschlossen sind, Ihren bisherigen Kurs zu korrigieren. Sie beugen damit Fehlhaltungen vor oder gleichen sie aus. Dies überträgt sich auch auf den geistigen Bereich.

Übung 10   Bereit sein für Neues

Sind Sie zur Zeit gerade damit beschäftigt, neue Pläne zu machen? Wollen Sie den Wohnort, den Beruf, das Studienfach oder den Arbeitsplatz wechseln? Beabsichtigen Sie, sich selbständig zu machen? Stehen Sie unmittelbar vor einem neuen Lebensabschnitt? Möchten Sie eine feste Partnerschaft eingehen oder heiraten? Bekommen Sie Familienzuwachs? Stehen Ihnen durch Trennung oder Scheidung Veränderungen bevor? Gibt es sonst wichtige persönliche, gesundheitliche, familiäre oder berufliche Entscheidungen zu treffen, bei denen Sie noch nicht abschätzen können, was sich daraus alles entwickelt? Haben Sie sich enorm umzustellen, weil ein geliebter Mensch verstorben ist, den Sie sehr vermissen? Geht es darum, eine neue Lebensweise zu integrieren, z. B., um sich geistig und körperlich besser zu regenerieren, die Ernährung umzustellen oder Beschwerden richtig auszukurieren? Brauchen Sie für eine bestimmte Schaffensperiode mehr Fantasie, Kreativität und gute Ideen?

Dann ist es Zeit für diese Übung. Sie unterstützt alle mentalen und körperlichen Vorgänge, die mit Erneuerung, Neuorientierung und Neugestaltung in Ihrem Leben zu tun haben. Erst wenn Sie bereit und aufgeschlossen sind für Neues, wenn Sie willig das Alte hinter sich zurücklassen, können sich Dinge ereignen und Möglichkeiten ergeben, die Ihnen den neuen Weg erleichtern. Die Zukunft bietet wunderbare Gelegenheiten und Chancen. Sie steht noch nicht geschrieben. Denn Sie selbst sind die Person, die sie gestalten wird! Machen Sie sich bereit für das Neue, das nur darauf wartet, von Ihnen entdeckt und gelebt zu werden!

Die praktische Durchführung der Übung

Machen Sie sich bewußt, in welchen Bereichen Ihres Lebens Sie bereit sein möchten für neue Entwicklungen. Wenn erforderlich, machen Sie sich Notizen und beginnen dann mit der Übung.

Schritt 1: Denken und sprechen Sie den folgenden mentalen Leitsatz langsam, deutlich und engagiert mit Intensität, Klarheit und Überzeugung:

Ich bin bereit für
das Neue in meinem Leben
und sage »Ja«!

Wiederholen Sie diesen Satz 5–7mal. Identifizieren Sie sich mit seiner Aussage, und bejahen Sie den zu erreichenden Zustand.

Schritt 2: Jetzt werden die Körperbewegungen ausgeführt.

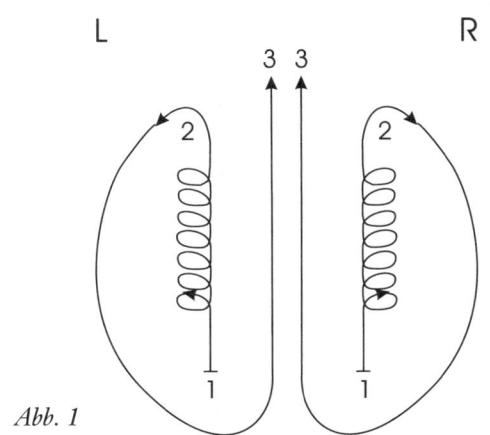

Abb. 1

• Betrachten Sie zuerst die nebenstehende grafische Darstellung, die Ihnen eine Gesamtübersicht des Bewegungsablaufes gibt, damit Sie ihn noch leichter nachvollziehen können. (Abb. 1)

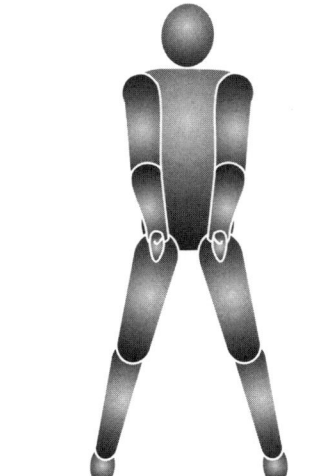

Abb. A

• Ausgangsposition:
Stellen Sie sich in die Grätsche, und nehmen Sie mit dem ganzen Körper eine aufrechte und lockere Haltung ein. Ihre Beine sind gestreckt, und Ihre Füße stehen parallel geradeaus. Ihre Arme und Hände sind parallel nach vorn etwas angehoben und gestreckt und zeigen schräg nach unten in Richtung Boden. Ihre Handflächen zeigen nach innen. Sie schauen auf Ihre Hände und folgen ihren anschließenden Bewegungen. (Abb. A)

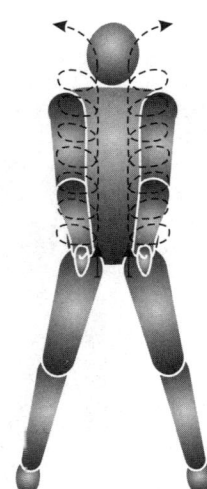

Abb. B

- Jetzt machen Sie mit beiden gestreckten Armen und Händen zügig von unten nach oben, bis etwas über dem Kopf, 7 kleine spiralförmige Bewegungen. (Abb. B)

Schritt 3 A: Der gesprochene mentale Leitsatz wird mit den Körperbewegungen koordiniert und synchronisiert.

Sprechen Sie zu den 7 spiralförmigen Bewegungen von unten nach oben bei der

1. spiralförmigen Bewegung = Ich
2. spiralförmigen Bewegung = bin
3. spiralförmigen Bewegung = bereit
4. spiralförmigen Bewegung = für
5. spiralförmigen Bewegung = das Neue
6. spiralförmigen Bewegung = in meinem
7. spiralförmigen Bewegung = Leben

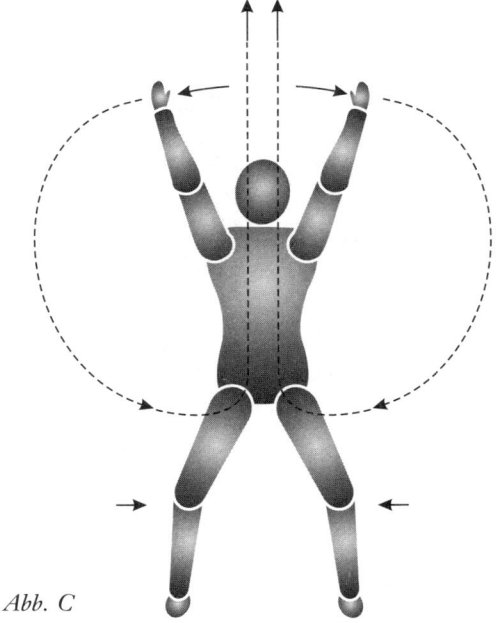

Abb. C

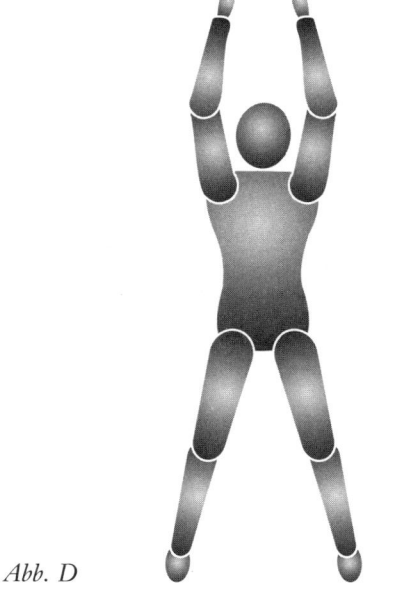

Abb. D

● Nach der 7. spiralförmigen Bewegung führen Sie die Hände mit den gestreckten Armen oben nach rechts und links auseinander, machen seitlich einen großen Bogen schwungvoll nach unten vor die Körpermitte, bis beide Hände parallel mit den Handflächen nach innen mit etwas Abstand zueinander plaziert sind, ähnlich wie in der Ausgangsposition. Gleichzeitig dazu gehen Sie etwas in die Kniebeuge, als würden Sie die Bewegung der Arme unterstützen. Dann führen Sie die Hände mit den gestreckten Armen schwungvoll in gerader Linie senkrecht von unten nach oben weiter, bis die Hände noch höher über den Kopf sind als vorher. Beide Arme und Hände sind gestreckt, Ihr Körper ist ganz aufrecht, und Ihre Beine ebenfalls wieder gestreckt. Sie schauen nun nach oben auf Ihre Hände. Bleiben Sie in dieser Haltung noch ein paar Sekunden. (Abb. C und D)

Schritt 3 B: Der gesprochene mentale Leitsatz wird mit den Körperbewegungen koordiniert und synchronisiert.

Sprechen Sie, während Sie den großen schwungvollen Bogen und die gerade Linie senkrecht nach oben ausführen, ein freudiges und entschlossenes

und sage »Ja«!

Führen Sie den bisherigen Übungsablauf insgesamt 3mal hintereinander durch. Sie wechseln deshalb nach ein paar Sekunden von der jetzigen Haltung wie in Abb. D zur Ausgangsposition wie in Abb. A. Dazu führen Sie die Hände oben nach rechts und links auseinander und langsam seitlich nach unten. Nach dem 3. Mal kommt die

- Schlußposition:
  Führen Sie dazu die Hände oben nach rechts und links auseinander und langsam seitlich nach unten, bis die Handflächen rechts und links die Oberschenkel berühren. Sie stehen in der Grätsche. Die Beine sind gestreckt, und die Füße stehen parallel geradeaus. Sie stehen aufrecht und locker und schauen geradeaus. (Abb. E)

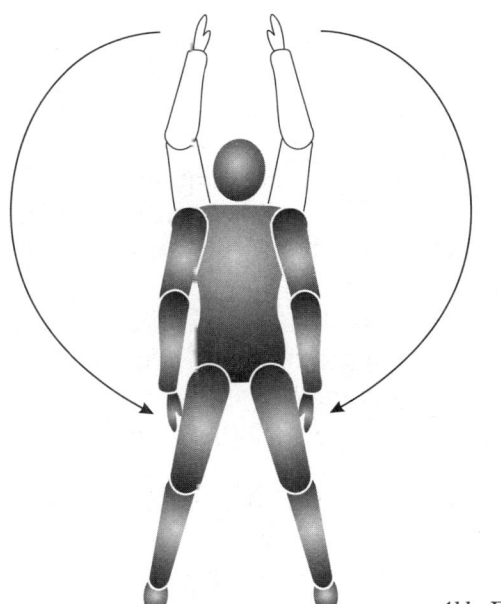

Abb. E

Bleiben Sie in dieser Haltung noch einige Sekunden, und atmen Sie langsam durch die Nase ein und durch den Mund aus.

Wiederholen Sie Schritt 2 mit Schritt 3 A und 3 B dieser Übung noch einmal, damit sich Ihnen der Gesamtablauf noch besser einprägt und sich die Wirkung verstärkt.

Anmerkungen zu Übung 10

Es ist ganz normal, wenn Sie bei neuen Situationen zunächst unsicher sind, aber es ist auch immer wieder etwas Wunderbares, eigene Schwächen zu überwinden, um sich dem Neuen und seinen Möglichkeiten zu öffnen. Ihr Leben wird bunter und Sie sind erwartungsfreudig eingestellt.

• Die Worte des Leitsatzes »Ich bin bereit für das Neue in meinem Leben« lenken Ihre mentale Aufmerksamkeit darauf, sich gedanklich mit dem Neuen und Unbekannten auseinanderzusetzen. Dadurch überwinden Sie das Gefühl von Unsicherheit. Mit den Worten »und sage ›Ja‹!« programmieren Sie sich, bereit zu sein, neue Wege zu gehen. Mit diesem Einverständnis setzt Ihr Unterbewußtsein Steuerungsimpulse in Gang, die Ihnen alle Informationen zukommen lassen, die für Ihre weitere Entwicklung förderlich sind.

• Beine und Füße sind in der Bewegungslehre das Symbol für Standfestigkeit und Voranschreiten im Leben. Der Grätschstand bedeutet, daß Sie für sich selbst angemessenen Raum beanspruchen. Damit demonstrieren Sie, daß Sie Ihre Bedürfnisse nicht hintanstellen. Ihr Gleichgewicht ist optimal auf beide Beine verteilt. Sie sind bestens im Boden verankert und haben ein Gefühl der Sicherheit, die sich auf Ihre geistige und seelische Befindlichkeit überträgt.

• Hände und Arme sind in der Bewegungslehre das Symbol des Handelns und Leistungsvermögens. Die schräg nach unten gerichteten Arme und Hände und die anschließend von unten nach oben 7 spiralförmigen Bewegungen symbolisieren Ihre derzeitige Lage, aus der heraus Sie sich entwickeln.

• Der schwungvolle große ausholende Bogen von oben nach unten und die vor Ihnen in der Mitte gerade weiterführende Linie senkrecht von unten nach oben symbolisieren, daß Sie sich dem Neuen öffnen und dynamisch und optimistisch Ihren neuen Weg bejahen und gehen.

• Das Ausbreiten der Arme oben ist eine sich öffnende Geste. Sie macht um die Brust herum frei. Anspannung und Unsicherheit weichen.

• Die aufrechte Körperhaltung der Schlußposition bedeutet, daß Sie sich aufrecht und erwartungsfreudig den neuen Aufgaben Ihres Lebens stellen. Sie beugen Fehlhaltungen vor oder gleichen sie aus. Dies überträgt sich auch auf den geistigen Bereich.

Übung 11   Inneres und äußeres Gleichgewicht

Wenn Sie sich mit unangenehmen Begegnungen und Gesprächen auseinanderzusetzen haben, welchen Einfluß hat das auf Ihr Denken und Fühlen? Nehmen Sie es gelassen und objektiv, oder regen Sie sich schnell auf? Wie rasch können Sie hinterher umschalten? Wirkt es noch lang danach weiter, oder können Sie sofort zum nächsten Tagesgeschehen übergehen? Sind Sie leicht gekränkt? Neigen Sie zu starken Stimmungsschwankungen? Sind Sie ungeduldig und wankelmütig?

Wie geht es Ihnen nach einem arbeitsreichen Tag? Können Sie sich in kurzer Zeit sammeln und regenerieren? Oder haben Sie sich so verausgabt, daß es länger dauert, bis Sie wieder voll da sind? Reagieren Sie sehr sensibel auf Ihre Umgebung, z. B. am Arbeitsplatz, beim Einkaufen, bei Geselligkeiten? Neigen Sie zu Gleichgewichtsstörungen? Wie vertragen Sie das Reisen mit dem Auto, Bus, Zug, Flugzeug oder Schiff? Wenn Sie Entscheidungen zu treffen haben, tun Sie das im allgemeinen zügig, oder überlegen Sie lange hin und her? Sind Sie oft zerstreut?

Wann immer Sie das Gefühl haben, unruhig und nicht ausgeglichen zu sein, bringt diese Übung Sie bald wieder ins Gleichgewicht. Machen Sie sie am besten nach einem anstrengenden Tag, nach unangenehmen Begegnungen und Gesprächen oder wenn Sie sich für bestimmte Situationen vorbereiten wollen, um Ihr inneres und äußeres Gleichgewicht stabil zu halten. Es dauert nicht lange, und Sie sind mental und körperlich wieder voll hergestellt. In problematischen Situationen schaffen Sie es, objektiv und gelassen zu bleiben, und Sie reagieren angemessen. Überzeugen Sie sich selbst. Mit dieser Übung machen Sie ganz bestimmt interessante Erfahrungen!

Die praktische Durchführung der Übung

Schritt 1:   Denken und sprechen Sie den folgenden mentalen Leitsatz langsam, deutlich und engagiert mit Intensität, Klarheit und Überzeugung:

Ich bin im Gleichgewicht,
Ich bin im Gleichgewicht,
innen und außen,
jeden Tag!

Wiederholen Sie diesen Satz 5–7mal. Identifizieren Sie sich mit seiner Aussage, und bejahen Sie den zu erreichenden Zustand.

Schritt 2:   Jetzt werden die Körperbewegungen ausgeführt.

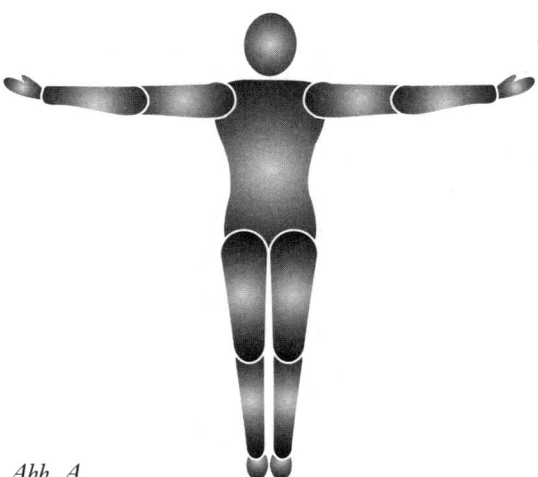

Abb. A

• Ausgangsposition:
Nehmen Sie im Stehen mit dem ganzen Körper eine aufrechte und lockere Haltung ein. Ihre Beine sind gestreckt, und Ihre Füße stehen parallel nebeneinander geradeaus und berühren einander nicht. Arme und Hände sind seitlich in Schulterhöhe waagrecht ausgestreckt und bleiben so während des weiteren Übungsablaufs. Beide Handflächen zeigen dabei nach oben. Sie schauen geradeaus. (Abb. A)

Abb. B

• Heben Sie jetzt das rechte Bein ausgestreckt nach vorn an, in einem Winkel von etwa 45 Grad zum Boden. Der rechte Fuß zeigt geradeaus. Das linke Bein ist das Standbein und bleibt gestreckt. Halten Sie den Oberkörper dabei aufrecht. In dieser Position bleiben Sie etwa 10 Sekunden stehen. (Abb. B)

Schritt 3 A: Der gesprochene mentale Leitsatz wird mit den Körperbewegungen koordiniert und synchronisiert.

Sprechen Sie, während Sie für ca. 10 Sekunden das rechte Bein gestreckt nach vorn anheben:

> Ich bin im Gleichgewicht,
> ich bin im Gleichgewicht,
> innen und außen,
> jeden Tag!

- Dann führen Sie das rechte Bein ausgestreckt und angehoben zur rechten Seite, der Winkel von etwa 45 Grad zum Boden bleibt erhalten. Halten Sie den Oberkörper dabei aufrecht. In dieser Position bleiben Sie auch ca. 10 Sekunden stehen. (Abb. C)

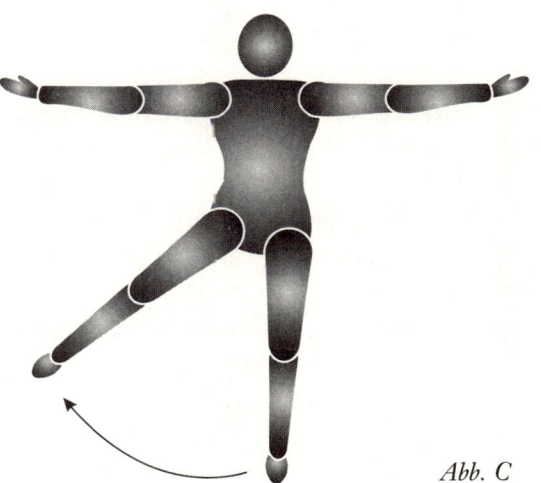

Abb. C

Schritt 3 B: Der gesprochene mentale Leitsatz wird mit den Körperbewegungen koordiniert und synchronisiert.

Sprechen Sie, während Sie für ca. 10 Sekunden das rechte Bein gestreckt zur rechten Seite anheben:

> Ich bin im Gleichgewicht,
> ich bin im Gleichgewicht,
> innen und außen,
> jeden Tag!

• Anschließend führen Sie das rechte Bein ausgestreckt und angehoben nach hinten, der Winkel von etwa 45 Grad zum Boden bleibt erhalten. Halten Sie den Oberkörper dabei weiterhin aufrecht. In dieser Position bleiben Sie wieder ca. 10 Sekunden stehen. (Abb. D)

Abb. D

Schritt 3 C: Der gesprochene mentale Leitsatz wird mit den Körperbewegungen koordiniert und synchronisiert.

Sprechen Sie, während Sie für ca. 10 Sekunden das rechte Bein gestreckt nach hinten halten:

> Ich bin im Gleichgewicht,
> ich bin im Gleichgewicht,
> innen und außen,
> jeden Tag!

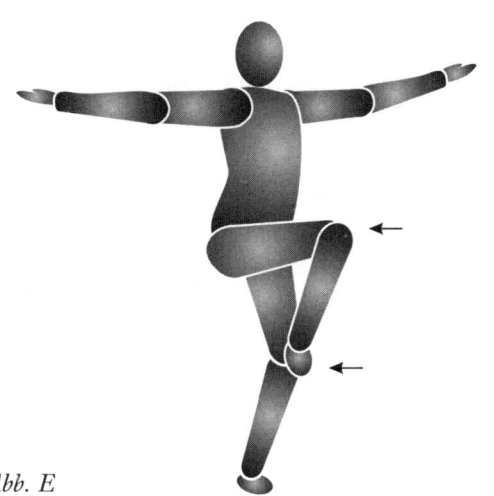

• Dann gehen Sie mit dem linken Standbein etwas in die Kniebeuge und führen gleichzeitig das rechte Bein von hinten wieder vor, beugen es und berühren mit der rechten Fußsohle das linke Knie. Halten Sie den Oberkörper auch hier aufrecht. In dieser Position bleiben Sie ebenfalls ca. 10 Sekunden stehen. (Abb. E)

Abb. E

Schritt 3 D: Der gesprochene mentale Leitsatz wird mit den Körperbewegungen koordiniert und synchronisiert.

Sprechen Sie, während Sie für ca. 10 Sekunden mit dem linken Standbein in der Kniebeuge sind und das rechte Bein jetzt nach vorn gebeugt halten:

>   Ich bin im Gleichgewicht,
>   ich bin im Gleichgewicht,
>   innen und außen,
>   jeden Tag!

- Schlußposition:
  Strecken Sie das linke Standbein, und stellen Sie das rechte Bein neben das linke. Beide Beine sind nun wieder gestreckt. Die Füße stehen parallel nebeneinander geradeaus und berühren einander nicht. Die Arme werden so gedreht, daß die Handflächen zum Boden zeigen. Dann führen Sie Arme und Hände seitlich am Körper gestreckt nach unten, bis die Handflächen rechts und links die Oberschenkel berühren. Sie stehen aufrecht und locker und schauen geradeaus. (Abb. F)

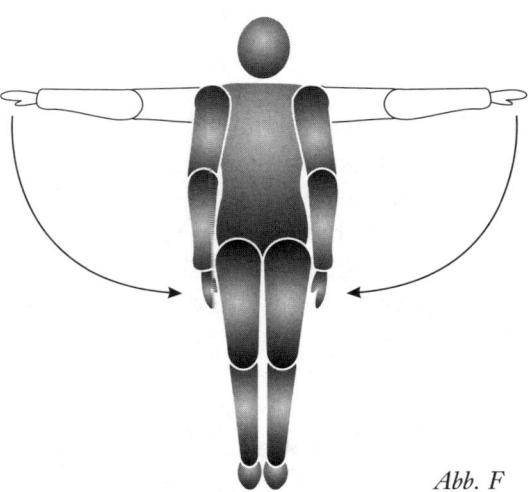

Abb. F

Bleiben Sie in dieser Haltung noch einige Sekunden, und atmen Sie langsam durch die Nase ein und durch den Mund aus.

Machen Sie jetzt den gleichen Übungsablauf mit Seitenwechsel. Nehmen Sie dazu die Ausgangsposition wie in Abb. A ein. Für den weiteren Übungsablauf ist dann Ihr Standbein rechts und das linke Bein angehoben.

Nach der Schlußposition bleiben Sie in dieser Haltung noch einige Sekunden, und atmen Sie langsam durch die Nase ein und durch den Mund aus.

Wiederholen Sie Schritt 2 mit Schritt 3 A, 3 B, 3 C und 3 D dieser Übung noch einmal, damit sich Ihnen der Gesamtablauf noch besser einprägt und sich die Wirkung verstärkt.

Anmerkungen zu Übung 11

Jeder Tag hat andere Anforderungen, die sich auf Ihr inneres und äußeres Gleichgewicht unterschiedlich auswirken. Durch diese Übung können Sie feststellen, wie Sie alles innerlich verarbeitet haben, und gleichzeitig regulierend Ihr Gleichgewicht beeinflussen.

- Mit den Worten des Leitsatzes »Ich bin im Gleichgewicht« lenken Sie Ihre mentale Aufmerksamkeit darauf, Ihr Geichgewicht wiederherzustellen. Mit den Worten »innen und außen, jeden Tag!« programmieren Sie sich so, daß es Ihnen jeden Tag gelingt, Ihre Gefühle, Ihren Verstand und damit auch Ihr körperliches Wohlbefinden ausgewogen und stabil zu halten.

- Hände und Arme sind in der Bewegungslehre das Symbol des Handelns und Leistungsvermögens. Die ausgebreiteten Arme sind eine sich öffnende Geste, die Sie wieder durchatmen läßt. Die innere Spannung baut sich ab, und Sie halten sich wie eine Waage im Gleichgewicht. Die Handflächen, die nach oben zeigen, bedeuten, daß Sie bereit sind, alle erforderlichen Informationen aufzunehmen, die es Ihnen ermöglichen, für Ausgewogenheit in Ihrem Leben zu sorgen.

- Beine und Füße sind in der Bewegungslehre das Symbol für Standfestigkeit und Voranschreiten im Leben. Die gestreckten Beine und die Füße, die dicht beieinander stehen, sind eine Stellung der intensiven Konzentration, die auf einen Punkt gerichtet ist.

- Die Beinhaltungen nach vorn, zur Seite, nach hinten und vorn gebeugt angehoben symbolisieren die verschiedenen Lebensbereiche und Situationen, mit denen Sie es zu tun haben. Ganz gleich, was geschieht, Sie bleiben in allen Lebenslagen im Gleichgewicht.

- Die aufrechte Körperhaltung der Schlußposition bedeutet, daß Sie sich aufrecht mit innerer und äußerer Stabilität den Aufgaben Ihres Lebens stellen. Sie beugen Fehlhaltungen vor oder gleichen sie aus. Dies überträgt sich auch auf den geistigen Bereich.

Übung 12   Energie – Kraft – Mut

Fühlen Sie sich manchmal erschöpft, müde, schlapp und kraftlos? Beachten Sie diese Signale, oder überspielen Sie sie? Kommt es vor, daß Sie sich plötzlich nicht mehr konzentrieren können und Ihre Merkfähigkeit nachläßt? Muten Sie sich oft zuviel zu? Verausgaben Sie sich zu schnell? Überfordern Sie die täglichen Angelegenheiten mental und körperlich? Schieben Sie manche Erledigungen lange vor sich her, weil es Ihnen an Kraft und Mut fehlt?

Dann bringt diese Übung Ihren Motor wieder in Schwung. Sie regenerieren in kürzester Zeit und sind mental und körperlich voll mit Energien aufgeladen. Sie fühlen sich wieder kraftvoll, können sich besser konzentrieren und sind motiviert und belastbar. Die Arbeit geht Ihnen locker von der Hand. Auch die Aufgaben, die Sie vorher auf die sogenannte »lange Bank« geschoben haben, erledigen Sie mit neuem Mut.

Die praktische Durchführung der Übung

Schritt 1:   Denken und sprechen Sie den folgenden mentalen Leitsatz langsam, deutlich und engagiert mit Intensität, Klarheit und Überzeugung:

> In mich strömt Energie,
> in mich strömt Energie,
> in mich strömt Energie,
> ich habe Kraft und Mut!

Wiederholen Sie diesen Satz 5–7mal. Identifizieren Sie sich mit seiner Aussage, und bejahen Sie den zu erreichenden Zustand.

Schritt 2:   Jetzt werden die Körperbewegungen ausgeführt.

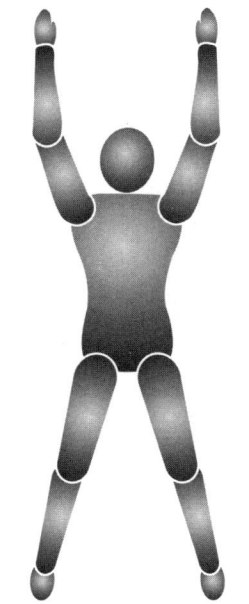

Abb. A

- Ausgangsposition:
  Stellen Sie sich in die Grätsche, und nehmen Sie mit dem ganzen Körper eine aufrechte und lockere Haltung ein. Ihre Beine sind gestreckt, und Ihre Füße stehen parallel geradeaus. Strecken Sie beide Arme und Hände senkrecht nach oben. Die Finger sind gestreckt, und die Handflächen zeigen nach vorn. Sie schauen etwas nach oben. In dieser Haltung bleiben Sie ca. 5 Sekunden stehen. (Abb. A)

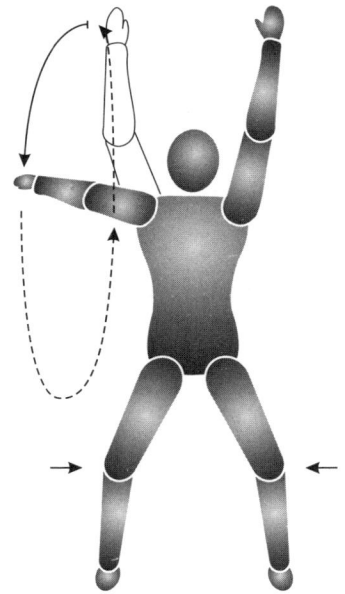

Abb. B

- Nun kreisen Sie mit dem rechten Arm rückwärts. Führen Sie den Arm schwungvoll zurück, aber nicht zu schnell, und vorn wieder aufwärts nach oben in die Ausgangsposition. Lassen Sie so den rechten Arm 8mal kreisen. Bei jeder Rückwärtsbewegung des Armes gehen Sie mit beiden Beinen etwas in die Kniebeuge, um den Schwung der Arme zu unterstützen. Immer, wenn der rechte Arm wieder nach oben gestreckt ist, sind auch Ihre Beine wieder gestreckt. (Abb. B)

Schritt 3 A: Der gesprochene mentale Leitsatz wird mit den Körperbewegungen koordiniert und synchronisiert.

Sprechen Sie zu jedem Armkreisen rechts in folgender Weise:

1. Armkreis rechts = In mich strömt Energie,
2. Armkreis rechts = in mich strömt Energie,
3. Armkreis rechts = in mich strömt Energie,
4. Armkreis rechts = ich habe Kraft und Mut!
5. Armkreis rechts = In mich strömt Energie,
6. Armkreis rechts = in mich strömt Energie,
7. Armkreis rechts = in mich strömt Energie,
8. Armkreis rechts = ich habe Kraft und Mut!

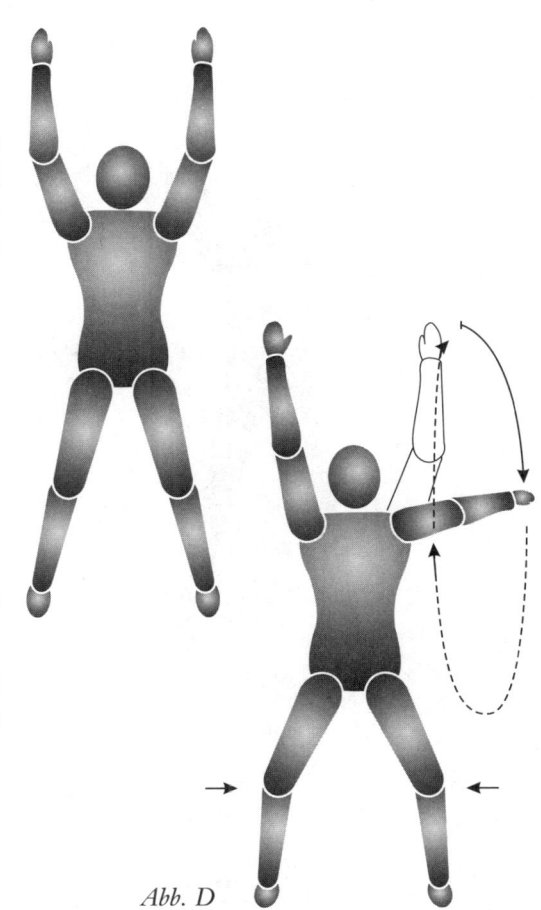

- Nach 8maligem Kreisen halten Sie beide Arme nach oben gestreckt und sind dadurch wieder in der Ausgangsposition. Bleiben Sie ca. 5 Sekunden in dieser Haltung. (Abb. C)

Nun kommt der Seitenwechsel:

Abb. C

- Sie machen jetzt das gleiche mit dem linken Arm: Armkreisen rückwärts 8mal. (Abb. D)

Abb. D

Schritt 3 B: Der gesprochene mentale Leitsatz wird mit den Körperbewegungen koordiniert und synchronisiert.

Sprechen Sie zu jedem Armkreisen links in folgender Weise:

1. Armkreis links = In mich strömt Energie,
2. Armkreis links = in mich strömt Energie,
3. Armkreis links = in mich strömt Energie,
4. Armkreis links = ich habe Kraft und Mut!
5. Armkreis links = In mich strömt Energie,
6. Armkreis links = in mich strömt Energie,
7. Armkreis links = in mich strömt Energie,
8. Armkreis links = ich habe Kraft und Mut!

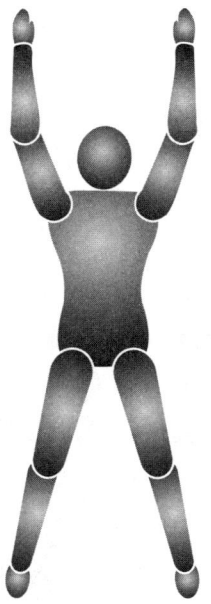

• Dann sind beide Arme wieder oben in der Ausgangsposition. (Abb. E)

Abb. E

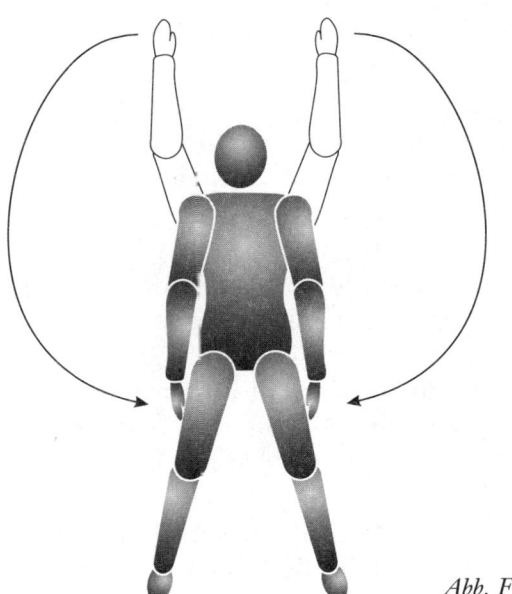

Abb. F

- Schlußposition:
Nach einigen Sekunden drehen Sie die Handflächen nach außen und führen die Arme langsam seitwärts nach unten, bis beide Handflächen links und rechts die Oberschenkel berühren. Die Arme sind gestreckt. Sie stehen in der Grätsche. Die Beine sind gestreckt, und die Füße stehen parallel geradeaus. Sie stehen aufrecht und locker und schauen geradeaus. (Abb. F)

Bleiben Sie in dieser Haltung noch einige Sekunden, und atmen Sie langsam durch die Nase ein und durch den Mund aus.

Wiederholen Sie Schritt 2 mit Schritt 3 A und 3 B dieser Übung noch einmal, damit sich Ihnen der Gesamtablauf noch besser einprägt.

Während oder nach der Übung kann es sein, daß es in Ihren Armen und Händen oder in Ihrem Körper angenehm kribbelt und warm wird und Sie sich im Brustbereich freier und leichter fühlen als vorher und besser durchatmen können.

Anmerkungen zu Übung 12

Wenn Sie spüren, daß energetisch etwas nicht in Ordnung ist, dann sorgen Sie rechtzeitig dafür, Ihre Batterien wieder aufzuladen. Beachten Sie die eindeutigen Signale Ihrer Seele, die sich durch Ihren Gemütszustand bemerkbar machen und die Sie auch dementsprechend über Ihre Sprache vermitteln. Verbale Aussagen wie z. B.: »Ich kann nicht mehr!«, »Ich fühle mich leer und ausgelaugt!«, »Ich habe keine Energie mehr!« sind deutliche Anzeichen dafür, daß es Zeit für Sie ist, sich zu regenerieren und Kraft zu sammeln. Ein Auto fährt auch nicht ohne Benzin und Öl.

- Die Worte des Leitsatzes »In mich strömt Energie« lenken Ihre mentale Aufmerksamkeit darauf, sich bewußt an eine Versorgungsquelle anzuschließen, die Sie mit Energie beliefert. Wenn in Ihnen wieder reichlich Energie vorhanden ist, entsteht das Gefühl der Kraft. Aus Kraft entwickelt sich Mut, und mit Mut meistern Sie Ihre Aufgaben – deshalb heißt es im Leitsatz weiter »ich habe Kraft und Mut!«.

- Beine und Füße sind in der Bewegungslehre das Symbol für Standfestigkeit und Voranschreiten im Leben. Der Grätschstand bedeutet, daß Sie für sich selbst angemessenen Raum beanspruchen. Damit demonstrieren Sie, daß Sie Ihre Bedürfnisse nicht hintanstehen lassen. Ihr Gleichgewicht ist optimal auf beide Beine verteilt. Sie sind bestens im Boden verankert und haben ein Gefühl der Sicherheit, die sich auf Ihre geistige und seelische Befindlichkeit überträgt.

- Die aufrechte Körperhaltung mit den zwischendurch nach oben gestreckten Armen läßt die Energie besser fließen und zirkulieren.

- Hände und Arme sind in der Bewegungslehre das Symbol des Handelns und Leistungsvermögens. Das seitliche Armkreisen – hinten abwärts und vorn aufwärts – verstärkt die Energiezufuhr unter Berücksichtigung der Energiefließrichtungen der Meridiane, die vor dem Körper aufwärts und hinter dem Körper abwärts verlaufen.

- Die aufrechte Körperhaltung der Schlußposition bedeutet, daß Sie sich wieder aufrecht und voller Energie den gegenwärtigen Aufgaben widmen können. Sie beugen Fehlhaltungen vor oder gleichen sie aus. Dies überträgt sich auch auf den geistigen Bereich.

Übung 13 In Schwung kommen und aktiv sein

Macht Ihnen Ihre Tätigkeit Freude? Wie kommen Sie morgens aus dem Bett? Sind Sie schnell munter und guter Dinge, weil Sie erfüllt sind von dem, was Sie erwartet und was Sie tun? Oder sind Sie müde und unmotiviert, weil Sie Ihren Tagesablauf eintönig oder als Plage empfinden? Haben Sie vielseitige Interessen, denen Sie nachgehen und nachgehen möchten? Oder lassen Sie sich hängen? Wenn Sie Wünsche, Ideale oder gute Ideen haben, setzen Sie sie in die Tat um? Oder trauen Sie sich das nicht zu? Geben Sie vorzeitig auf oder fangen erst gar nicht damit an, weil Sie denken »Die anderen können es besser als ich«? Wie motivieren Sie sich in Ihrer Freizeit, um das zu tun, was Ihnen wirklich Freude und Spaß macht?

Diese Übung bringt mehr Schwung und Motivation in Ihr Leben, ganz gleich, was Sie sich vornehmen. Vielleicht möchten Sie sich motivieren und Sprachen lernen, künstlerisch tätig sein, sportliche Aktivitäten entwickeln, eine Idee verwirklichen, Ihr Hobby zum Beruf machen oder das Rauchen, Trinken oder üppiges Essen aufgeben u. a. m. Lassen Sie sich nicht durch Trägheit oder hemmende Argumente davon abbringen, das zu tun und zu leben, was Ihr Leben freudvoller, interessanter und glücklicher macht. Erhalten Sie sich immer Ihre Dynamik und Ihren Mut. Sie trauern sonst irgendwann einmal den vielen verpaßten schönen Stunden und wertvollen Gelegenheiten nach.

Wenn uns der Schwung fehlt, aktiv zu sein, haben wir uns in irgendeinem Bereich energetisch verausgabt. Oder wir spüren, daß wir an uns vorbeileben, weil wir kaum noch Freude empfinden an dem, was wir tun, und was es um uns herum noch alles gibt. Das muß nicht so sein! Sie haben es in der Hand! Überwinden Sie die Hürde Ihrer Unentschlossenheit, und Sie werden bald feststellen, womit Sie Ihre Lebensqualität verbessern können! Sie schaffen es genauso leicht, wie viele andere es schon vor Ihnen geschafft haben.

Die praktische Durchführung der Übung

Machen Sie sich bewußt, wofür und in welchen Bereichen Ihres Lebens Sie mehr Schwung und Initiative brauchen. Notieren Sie Stichworte, falls erforderlich. Wenn Ihnen nicht gleich etwas dazu einfällt, dann führen Sie die Übung sofort aus, denn Sie können auch zu einem späteren Zeitpunkt durch mehrmaliges Üben wichtige Hinweise erhalten.

Schritt 1: Denken und sprechen Sie den folgenden mentalen Leitsatz langsam, deutlich und engagiert mit Intensität, Klarheit und Überzeugung:

Ich komme in Schwung
und bin aktiv!

Wiederholen Sie diesen Satz 5–7mal. Identifizieren Sie sich mit seiner Aussage, und bejahen Sie den zu erreichenden Zustand.

Schritt 2: Jetzt werden die Körperbewegungen ausgeführt.

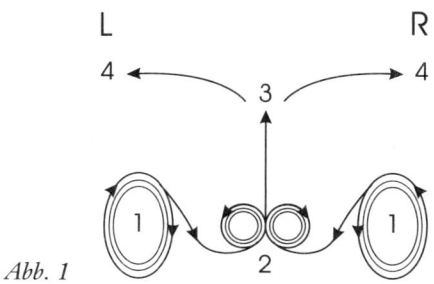

Abb. 1

• Betrachten Sie zuerst die nebenstehende grafische Darstellung, die Ihnen eine Gesamtübersicht des Bewegungsablaufes gibt, damit Sie ihn noch leichter nachvollziehen können. (Abb. 1)

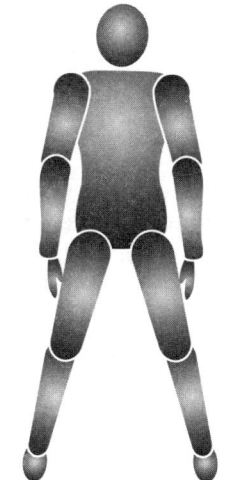

Abb. A

• Ausgangsposition:
Stellen Sie sich in die Grätsche, und nehmen Sie mit dem ganzen Körper eine aufrechte und lockere Haltung ein. Ihre Beine sind gestreckt, und Ihre Füße stehen parallel geradeaus. Ihre Arme und Hände sind seitlich am Körper nach unten gestreckt, die Handflächen berühren rechts und links die Oberschenkel. Sie schauen geradeaus. (Abb. A)

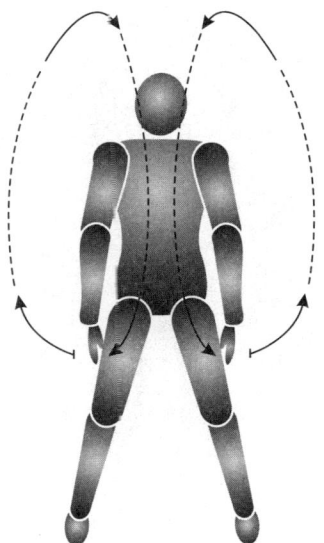

Abb. B

• Jetzt machen Sie gleichzeitig mit beiden Armen seitlich 3 schwungvolle
große Kreise vorwärts. Sie führen dazu
die Arme und Hände erst unten nach
hinten und hoch bis über den Kopf,
dann oben nach vorn und abwärts bis
seitlich nach unten zu den Oberschenkeln. Die Arme und Hände bleiben gestreckt. (Abb. B)

Schritt 3 A: Der gesprochene mentale Leitsatz wird mit den Körperbewegungen koordiniert und synchronisiert.

Sprechen Sie zu den 3 schwungvollen großen Kreisen vorwärts beim

       1. großen Kreis vorwärts = Ich komme
       2. großen Kreis vorwärts = in
       3. großen Kreis vorwärts = Schwung

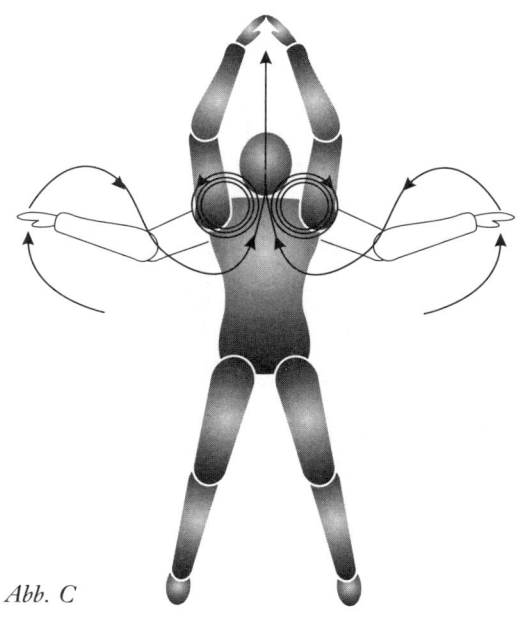

Abb. C

• Dann folgen 3 kleinere Kreise. Dazu führen Sie nach dem 3. großen Kreis beide Arme und Hände gleichzeitig bogenförmig von unten zur Seite nach vorn in die Mitte bis etwa auf Augenhöhe und machen dort mit beiden Armen und Händen gleichzeitig rechts und links 3 kleinere Kreise auswärtsdrehend. Die Hände gehen gleichzeitig in der Mitte erst nach oben, dann nach rechts und links auseinander, seitlich außen abwärts und unten wieder zusammen. Dazu sind die Arme etwas gebeugt. Nach dem 3. kleinen Kreis werden die Arme und Hände wieder unten in der Mitte zusammen und anschließend senkrecht nach oben geführt. Die Hände berühren einander. (Abb. C)

Schritt 3 B: Der gesprochene mentale Leitsatz wird mit den Körperbewegungen koordiniert und synchronisiert.

Sprechen Sie zu den 3 kleinen Kreisen vorn auf Augenhöhe beim

       1. kleinen Kreis = und
       2. kleinen Kreis = bin
       3. kleinen Kreis = aktiv!

Abb. D

- Oben breiten Sie Ihre Arme zu einem weiten »V« nach rechts und links auseinander und schauen nach oben in die Mitte. (Abb. D)

Führen Sie den bisherigen Übungsablauf insgesamt 3mal hintereinander durch. Sie wechseln deshalb von der gerade eben ausgeführten Bewegung wie in Abb. D dargestellt zur Ausgangsposition wie in Abb. A. Nach dem 3. Mal kommt die

Abb. E

- Schlußposition:
  Drehen Sie dazu die Handflächen oben nach außen, und führen Sie Arme und Hände langsam seitlich nach unten, bis beide Handflächen rechts und links die Oberschenkel berühren. Die Arme sind nach unten gestreckt. Sie stehen in der Grätsche. Die Beine sind gestreckt, und die Füße stehen parallel geradeaus. Sie stehen aufrecht und locker und schauen geradeaus. (Abb. E)

Bleiben Sie in dieser Haltung noch einige Sekunden, und atmen Sie langsam durch die Nase ein und durch den Mund aus.

Wiederholen Sie Schritt 2 mit Schritt 3 A und 3 B dieser Übung noch einmal, damit sich Ihnen der Gesamtablauf noch besser einprägt und sich die Wirkung verstärkt.

Anmerkungen zu Übung 13

Viele Menschen haben den Wunsch, etwas zu tun, was ihnen Freude bereitet, aber oft fehlt der erforderliche Schwung, aktiv zu werden. Aussagen wie »Ich würde gern dieses oder jenes tun, aber . . .!« oder »Das wäre schön, aber . . .!« sind deutliche Hinweise auf Einschränkungen. Entwickeln Sie mehr Schwung für Ihre Bedürfnisse, und befreien Sie sich von diesen Einschränkungen, damit Ihr Leben bunt und fröhlich wird.

• Mit den Worten des Leitsatzes »Ich komme in Schwung« lenken Sie Ihre mentale Aufmerksamkeit darauf, sich in Gedanken schwungvoll zu erleben. Mit den Worten »und bin aktiv!« fordern Sie sich auf, die Initiative zu ergreifen und tätig zu werden.

• Beine und Füße sind in der Bewegungslehre das Symbol für Standfestigkeit und Voranschreiten im Leben. Der Grätschstand bedeutet, daß Sie für sich selbst angemessenen Raum beanspruchen. Damit demonstrieren Sie, daß Sie Ihre Bedürfnisse nicht hintanstellen. Ihr Gleichgewicht ist optimal auf beide Beine verteilt. Sie sind bestens im Boden verankert und haben ein Gefühl der Sicherheit, die sich auf Ihre geistige und seelische Befindlichkeit überträgt.

• Hände und Arme sind in der Bewegungslehre das Symbol des Handelns und Leistungsvermögens. Die 3 schwungvollen Kreise vorwärts seitlich vom Körper bedeuten, daß Sie die motivierenden und dynamischen Energien in Ihre Gegenwart und Zukunft bringen. Die 3 kleineren auswärtsdrehenden Kreise vor Ihnen auf Augenhöhe bedeuten, daß Sie diese Energien auf Ihre Aktivitäten konzentrieren.

• Das Ausbreiten der Arme oben macht Sie um die Brust herum frei, und die Trägheit verschwindet. Symbolisch ist diese Haltung mit den nach oben zeigenden Handflächen ein Ausdruck von Glück, Freude und Erfolg. Sie öffnen sich den vielseitigen Möglichkeiten, mit denen Sie Ihr Leben bereichern.

• Die aufrechte Körperhaltung der Schlußposition bedeutet, daß Sie sich nun schwungvoll und aktiv für Ihre Bedürfnisse einsetzen. Sie beugen Fehlhaltungen vor oder gleichen sie aus. Dies überträgt sich auch auf den geistigen Bereich.

Übung 14   Sich mit den Lebenskräften der Natur verbinden

Können Sie sich daran erfreuen, was die Natur Ihnen alles gibt? Gehen Sie gern im Wald, in den Bergen oder am Meer spazieren? Wandern Sie oder fahren Sie Rad? Lieben Sie es, im Freien zu sein? Haben Sie den Schönheiten und Wundern der Natur schon einmal Ihre volle Aufmerksamkeit geschenkt, z. B. einen Baum oder eine Blüte betrachtet und alle Einzelheiten in sich aufgenommen?

Wenn Sie problematische Situationen zu überwinden haben, tun Sie das hoffnungsfroh und optimistisch? Gehen Sie in die Natur hinaus, um zu entspannen oder sich Anregungen zu holen? Oder war es bisher Ihre Art, schnell zu resignieren und unsicher oder ungehalten zu sein? Fehlt es Ihnen an Vertrauen? Zweifeln Sie an sich selbst und an Ihren Fähigkeiten? Wie gehen Sie mit sich selbst, Ihren Mitmenschen und Ihrer Umwelt um?

Zu oft vergessen wir, daß wir ein Teil der Natur sind, und ihre Gesetze und Zyklen auch für uns gelten. In uns wirken die gleichen Lebenskräfte wie in Pflanzen und Tieren, wir atmen die gleiche Luft und können alle diese Kräfte des Werdens und Wachsens nutzen und mit ihnen arbeiten.

Diese Übung verbindet Sie mit den Lebenskräften der Natur und entwickelt in Ihnen ein tiefes Verständnis der Zusammenhänge. Sie stärkt Ihr Vertrauen in den Lauf der Dinge und Ihre Fähigkeit, sich mental und körperlich entspannen und regenerieren zu können, um dann wieder aktiv zu sein, wann immer es für Sie erforderlich ist. Ihr Einfühlungsvermögen und Ihre Intuition nehmen zu, und Sie vertrauen mehr als je zuvor auf Ihr inneres Wissen, das Ihnen zur Verfügung steht.

Der Schlüssel, der Ihnen die Tür zu dieser wunderbaren Schatzkammer Ihres eigenen Reifens öffnet, heißt: Ich bin verbunden mit allen Lebenskräften der Natur!

Die praktische Durchführung der Übung

Machen Sie sich bewußt, was es für Sie und Ihr Leben bedeutet, sich mit den Lebenskräften der Natur zu verbinden und vertrauensvoll, intuitiv und einfühlsam zu sein. Welche Bereiche werden davon profitieren? Notieren Sie Stichworte, falls erforderlich. Wenn Ihnen nicht gleich etwas dazu einfällt, dann führen Sie die Übung sofort aus, denn Sie können auch zu einem späteren Zeitpunkt durch mehrmaliges Üben wichtige Hinweise erhalten.

Schritt 1: Denken und sprechen Sie den folgenden mentalen Leitsatz langsam, deutlich und engagiert mit Intensität, Klarheit und Überzeugung:

Ich bin verbunden
mit allen Lebenskräften der Natur!

Wiederholen Sie diesen Satz 5–7mal. Identifizieren Sie sich mit seiner Aussage, und bejahen Sie den zu erreichenden Zustand.

Schritt 2: Jetzt werden die Körperbewegungen ausgeführt.

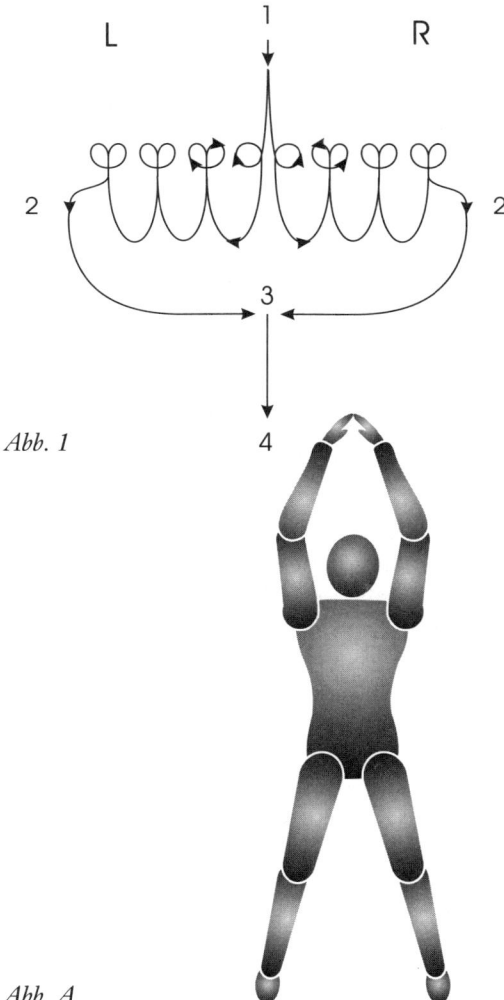

Abb. 1

Abb. A

• Betrachten Sie zuerst die nebenstehende grafische Darstellung, die Ihnen eine Gesamtübersicht des Bewegungsablaufes gibt, damit Sie ihn noch leichter nachvollziehen können. (Abb. 1)

• Ausgangsposition:
Stellen Sie sich in die Grätsche, und nehmen Sie mit dem ganzen Körper eine aufrechte und lockere Haltung ein. Ihre Beine sind gestreckt, und Ihre Füße stehen parallel geradeaus. Ihre Arme und Hände sind nach oben über den Kopf ausgestreckt. Die Fingerspitzen beider Hände berühren einander. Die Handrücken zeigen nach rechts und links. Sie schauen nach oben auf Ihre Hände. (Abb. A)

Schritt 3: Der gesprochene mentale Leitsatz wird mit den Körperbewegungen koordiniert und synchronisiert.

Sprechen Sie, während Sie in der Ausgangsposition stehen:

> Ich bin verbunden,
> mit allen Lebenskräften der Natur!

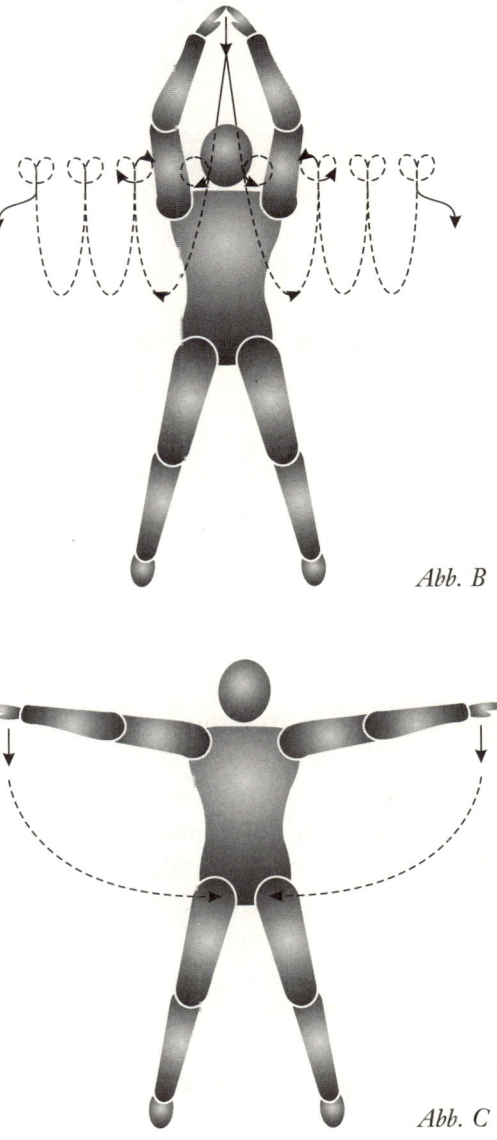

- Nun führen Sie beide Arme und Hände von oben aus in der Mitte gerade nach unten bis etwa auf Augenhöhe und machen dort waagrecht nach beiden Seiten von innen nach weit außen kreis- und bogenförmige Bewegungen. Die rechte Hand wird nach rechts und die linke Hand nach links geführt. Die Handrücken zeigen dabei nach außen. Sie schauen geradeaus. (Abb. B)

Abb. B

- Dann drehen Sie die Hände mit den Handflächen zum Boden, führen die Arme von seitlich außen in einem großen Bogen vor den Unterkörper, bis die Daumen und Zeigefinger beider Hände einander berühren. Nun gehen Sie in die Kniebeuge, beugen den Oberkörper nach vorn abwärts und führen beide Arme und Hände gleichzeitig nach unten, bis die Fingerspitzen in der Mitte vor Ihnen den Boden berühren. (Abb. C und D)

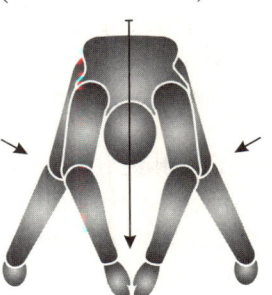

Abb. D

Abb. C

Führen Sie den bisherigen Übungsablauf insgesamt 3mal hintereinander durch. Sie wechseln deshalb von der jetzigen Haltung wie in Abb. D zur Ausgangsposition wie in Abb. A. Dazu erheben Sie sich aus der Kniebeuge und führen Ihre Arme und Hände wieder nach oben über den Kopf. Nach dem 3. Mal kommt die

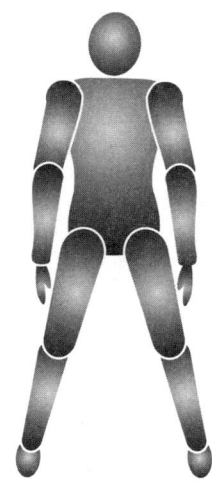

Abb. E

• Schlußposition:
Erheben Sie sich aus der Kniebeuge, bis Sie mit dem ganzen Körper eine aufrechte und lockere Haltung haben. Sie stehen in der Grätsche. Die Beine sind gestreckt, und die Füße stehen parallel geradeaus. Die Arme sind seitlich am Körper nach unten gestreckt, und die Handflächen berühren rechts und links die Oberschenkel. Sie schauen geradeaus. (Abb. E)

Bleiben Sie in dieser Haltung noch einige Sekunden, und atmen Sie langsam durch die Nase ein und durch den Mund aus.

Wiederholen Sie Schritt 2 mit Schritt 3 dieser Übung noch einmal, damit sich Ihnen der Gesamtablauf noch besser einprägt und sich die Wirkung verstärkt.

Anmerkungen zu Übung 14

Jeder Mensch kann dazu beitragen, seine persönliche mentale Einstellung zu den Lebenskräften der Natur zu verbessern. In allem, was lebt, sind sie vorhanden. Geist und Körper rebellieren, wenn sie mißachtet werden. Sie geben eindeutige Signale, daß etwas zu verändern ist. Beachten Sie sie, dann werden Sie verstehen, wie Sie die Lebenskräfte der Natur für Ihr Wohlergehen einsetzen können.

• Die Worte des Leitsatzes »Ich bin verbunden mit allen Lebenskräften der Natur!« lenken Ihre Aufmerksamkeit darauf, daß auch in Ihnen diese Lebenskräfte am Wirken sind. Sie fordern Sie auf, ihrer bewußt zu werden, sich mit ihnen zu verbinden und sich als Ganzes zu erleben.

- Die aufrechte Körperhaltung zu Anfang mit den nach oben gestreckten Armen läßt die Energie besser fließen und zirkulieren. Symbolisch bedeutet diese Haltung, daß Sie über sich selbst hinauswachsen.

- Beine und Füße sind in der Bewegungslehre das Symbol für Standfestigkeit und Voranschreiten im Leben. Der Grätschstand bedeutet, daß Sie für sich selbst angemessenen Raum beanspruchen. Damit demonstrieren Sie, daß Sie Ihre Bedürfnisse nicht hintanstellen. Ihr Gleichgewicht ist optimal auf beide Beine verteilt. Sie sind bestens im Boden verankert und haben ein Gefühl der Sicherheit, die sich auf Ihre geistige und seelische Befindlichkeit überträgt.

- Hände und Arme sind in der Bewegungslehre das Symbol des Handelns und Leistungsvermögens. Die waagrecht von innen nach außen kreis- und bogenförmigen Bewegungen bedeuten, daß Sie sich den natürlichen Lebenskräften öffnen. Zusammen mit dem daran anschließenden großen Bogen symbolisieren sie eine Blume, die in voller Blüte steht.

- Wenn Sie die Arme und Hände in der Mitte in Richtung Boden abwärts führen, so bedeutet dies, daß Sie sich mit allen Lebenkräften der Natur bewußt verbinden, die sich dann in Ihnen wirksam entfalten können.

- Die aufrechte Körperhaltung der Schlußposition bedeutet, daß Sie sich aufrecht und im Einklang mit allen Lebenskräften der Natur den Aufgaben Ihres Lebens stellen. Sie beugen Fehlhaltungen vor oder gleichen sie aus. Dies überträgt sich auch auf den geistigen Bereich.

Übung 15   Das eigene Leben bejahen

Was wissen Sie über Ihre Geburt? War sie für Ihre Mutter leicht und normal? Oder war sie schwierig und hat lang gedauert? Gab es Komplikationen durch Frühgeburt, Zangengeburt oder Kaiserschnitt? War die Schwangerschaft erwünscht? Wie reagierten Ihre Mutter, Ihr Vater und Ihre Verwandschaft darauf? Haben sich Ihre Eltern auf Sie gefreut? Sind Sie mit der Fürsorge von Vater und Mutter groß geworden? Oder wurden Sie von Ihrer Mutter allein erzogen, z. B., weil der Vater sich seiner Verantwortung entzog oder weil er gestorben ist, als Sie noch klein waren? Sind Sie liebevoll behütet aufgewachsen, oder waren Sie für Ihre Eltern eine Belastung?

Welche Verbindung und Einstellung hatten Sie als Kind zu Vater und Mutter? Und in späteren Jahren? Waren Ihre Kindheit und Jugendzeit harmonisch? Oder gab es oft Krach, Auseinandersetzungen, bis hin zu traumatischen Erlebnissen? Wenn Ihre Eltern noch leben, welche Beziehung haben Sie heute zu ihnen?

Wie denken Sie über sich selbst? Welche Wesenszüge und Fähigkeiten schätzen Sie an sich? Haben Sie schon einmal in den Spiegel geschaut und zu sich selbst gesagt: »Ich mag mich!« oder »Ich liebe mich!« oder »Super, was ich so alles geleistet habe!« oder »Ich bin wertvoll und liebenswert!« Wenn Sie das schon einmal gemacht haben, wie reagierten Sie innerlich darauf? Wie zufrieden und glücklich sind Sie mit dem, was Sie derzeit tun und leben? Was für ein Selbstwertgefühl haben Sie? Gab es oft Situationen, in denen Sie zu kurz kamen? Haben Sie auf vieles verzichtet? Wollten Sie manchmal nicht mehr weiterleben, weil der Schmerz vergangener traumatischer Erlebnisse zu groß war?

Bereiten Sie den bisherigen lebenshemmenden Einflüssen ein Ende! Diese Übung habe ich allen gewidmet, die in ihrer Kindheit und Jugendzeit lieblos behandelt wurden und Schmerzen und Verluste erdulden mußten. Sie lernen, Ihren eigenen Wert anzuerkennen und Ihr Leben zu bejahen. Sie lernen, sich selbst zu schätzen, zu achten und zu lieben. Nur Sie selbst besitzen die Macht, den Ihnen gebührenden Platz im Leben einzunehmen.

Wenn Erwachsene weiterhin mit Mangel, Verlust, Verzicht, seelischen und körperlichen Verletzungen, Ausnutzungen, Mißhandlungen, Mißerfolgen und ähnlichem zu tun haben, dann deshalb, weil sich in ihnen die Überzeugung gefestigt hat, Gutes nicht zu verdienen. Das mag schon sehr früh stattgefunden haben, ohne daß es bewußt wurde. In der Kindheit übernehmen wir sehr schnell die

Meinungen und Verhaltensweisen der Erwachsenen. Sie sind für uns in den ersten Jahren das Maß aller Dinge. Wir glauben ihnen alles und wissen noch nicht, daß auch sie Fehler machen, die ebenfalls eine Vorgeschichte haben.

Wenn wir dann selbst erwachsen sind, können wir nicht verstehen, warum wir weiterhin zu kurz kommen und Mißerfolge erleben. Es ist so, als würde sich immer das gleiche Muster wiederholen.

Dabei liegt es an dem in uns existierenden kleinen, verletzten und verwirrten Kind von damals, das sich nicht weiterentwickelt hat. Es kommt zu mentalen und emotionalen Fehlsteuerungen, weil wir die kindlichen Überzeugungen noch immer mit uns herumtragen. Das ist einer der Gründe, warum wir als Erwachsene plötzlich traurig, verbittert oder aggressiv werden. Wenn uns dann bedrückende Erinnerungen an die Vergangenheit einholen oder neue unangenehme Situationen entstehen, sehen wir uns in der übernommenen Meinung sogar noch bestätigt, daß das Leben nichts Gutes für uns bereit hat. Wir geben entweder resigniert auf oder kämpfen einen Kampf, den wir mit unserem bisherigen Verhalten nicht gewinnen können.

Unterbrechen Sie unbedingt diesen Kreislauf. Wenn solche kritischen Situationen eintreten, dann fragen Sie sich: »Wessen zerstörerische Überzeugung lebe ich denn da? Wann ist sie entstanden?« Ich bin sicher, Sie lösen den gordischen Knoten schnell auf. Entschließen Sie sich, es zu tun. Machen Sie diese Übung! Sie werden bald feststellen, daß das Leben niemals zerstörerisch ist, sondern Ihnen immer wieder Freude und Erfüllung bringt, wenn Sie sich dafür öffnen.

Die praktische Durchführung der Übung

Beantworten Sie die Frage, in welchen Stationen Ihres Lebens Sie mehr Lebendigkeit, Liebe, Zuwendung und Verständnis gebraucht hätten. Machen Sie sich bewußt, daß Sie all das Leiden der Vergangenheit nicht erlebt haben, um heute immer noch daran zu leiden. All diese Mühen sollen doch nicht umsonst gewesen sein. Nehmen Sie das Leben voll an! Jetzt kommt Ihre Zeit!

Beginnen Sie nun mit der Übung.

Schritt 1:   Denken und sprechen Sie den folgenden mentalen Leitsatz langsam, deutlich und engagiert mit Intensität, Klarheit und Überzeugung:

> In mir ist Leben,
> ich stehe im Leben,
> ich liebe das Leben
> und nehme es an!

Wiederholen Sie diesen Satz 5–7mal. Identifizieren Sie sich mit seiner Aussage, und bejahen Sie den zu erreichenden Zustand.

Schritt 2:   Jetzt werden die Körperbewegungen ausgeführt.

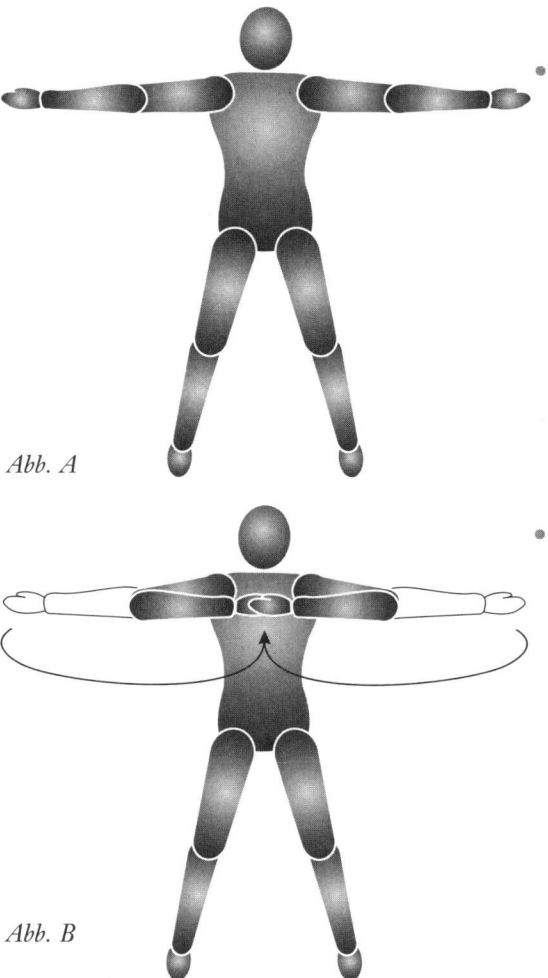

Abb. A

Abb. B

- Ausgangsposition:
Stellen Sie sich in die Grätsche, und nehmen Sie mit dem ganzen Körper eine aufrechte und lockere Haltung ein. Ihre Beine sind gestreckt, und Ihre Füße stehen parallel geradeaus. Die Arme und Hände sind waagrecht in Schulterhöhe ausgestreckt. Beide Handflächen zeigen nach vorn. Sie schauen geradeaus und beobachten nachher die Bewegungen Ihrer Arme. (Abb. A)

- Machen Sie jetzt waagrecht in Schulterhöhe mit beiden Armen gleichzeitig einen großen ausholenden Bogen. Dabei kommt der rechte Arm von der rechten Seite und der linke Arm von der linken Seite nach vorn. Beugen Sie dazu die Arme und legen dann beide Hände übereinander auf die Brustmitte. Die rechte Hand berührt den Körper und die linke Hand liegt auf der rechten Hand. Sie stehen aufrecht. (Abb. B)

Schritt 3 A: Der gesprochene mentale Leitsatz wird mit den Körperbewegungen koordiniert und synchronisiert.

Sprechen Sie, während Sie mit beiden Armen den großen Bogen machen:

> In mir ist Leben,

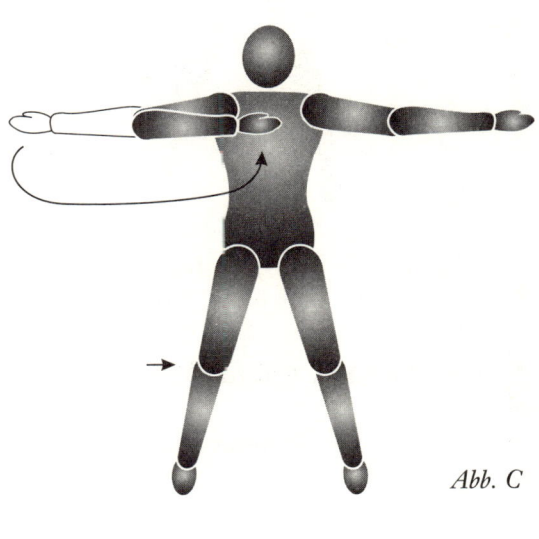

Abb. C

- Dann führen Sie beide Hände und Arme von der Brustmitte in Schulterhöhe wieder waagrecht zur Seite, strecken sie und machen nun mit dem rechten Arm einen großen ausholenden Bogen von der rechten Seite nach vorn. Dazu beugen Sie den rechten Arm und legen dann die rechte Hand mit der Handfläche auf die Brustmitte. Sie können sich mit dem Oberkörper etwas zur rechten Seite mitbewegen und gleichzeitig mit dem rechten Bein etwas in die Kniebeuge gehen. Sobald die rechte Hand auf der Brustmitte liegt, stehen Sie wieder gerade. Der linke Arm mit der linken Hand bleibt die ganze Zeit zur linken Seite ausgestreckt. (Abb. C)

Schritt 3 B: Der gesprochene mentale Leitsatz wird mit den Körperbewegungen koordiniert und synchronisiert.

Sprechen Sie, während Sie mit dem rechten Arm den großen Bogen machen:

> ich stehe im Leben,

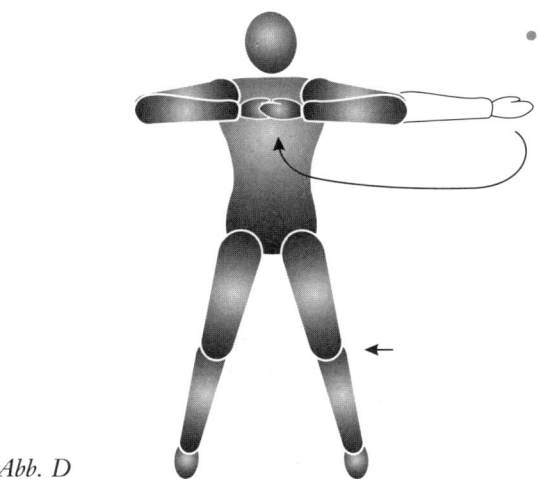

Abb. D

• Machen Sie dann mit dem linken Arm in Schulterhöhe einen großen ausholenden Bogen von der linken Seite nach vorn. Sie beugen dazu den linken Arm und legen dann die linke Hand mit der Handfläche auf die rechte Hand. Sie können sich mit dem Oberkörper etwas zur linken Seite mitbewegen und gleichzeitig mit dem linken Bein etwas in die Kniebeuge gehen. Sobald die linke Hand auf der rechten Hand liegt, stehen Sie wieder gerade. (Abb. D)

Schritt 3 C: Der gesprochene mentale Leitsatz wird mit den Körperbewegungen koordiniert und synchronisiert.

Sprechen Sie, während Sie mit dem linken Arm den großen Bogen machen:

ich liebe das Leben

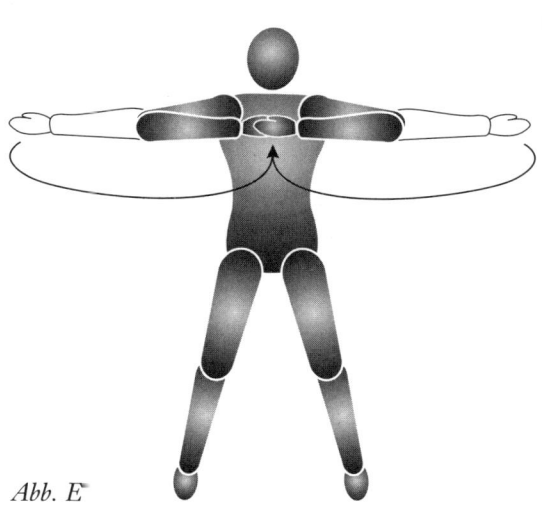

Abb. E

• Führen Sie nun die Hände und Arme von der Brustmitte in Schulterhöhe wieder waagrecht zur Seite auseinander, strecken sie, und dann machen Sie mit beiden Armen gleichzeitig nochmals einen großen ausholenden Bogen. Dabei kommt der rechte Arm von der rechten Seite und der linke Arm von der linken Seite nach vorn. Beugen Sie dazu die Arme und legen anschließend beide Hände wieder übereinander auf die Brustmitte. Die rechte Hand berührt den Körper, und die linke Hand liegt auf der rechten Hand. Sie stehen aufrecht. (Abb. E)

Schritt 3 D: Der gesprochene mentale Leitsatz wird mit den Körperbewegungen koordiniert und synchronisiert.

Sprechen Sie, während Sie mit beiden Armen nochmals den großen Bogen machen:

> und nehme es an!

Führen Sie den bisherigen Übungsablauf insgesamt 3mal hintereinander durch. Sie wechseln deshalb nach ein paar Sekunden von der jetzigen Haltung wie in Abb. E zur Ausgangsposition wie in Abb. A. Dazu führen Sie die Hände und Arme oben in Schulterhöhe nach rechts und links auseinander. Nach dem 3. Mal kommt die

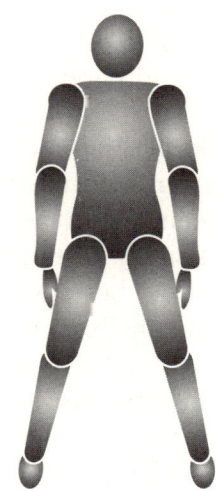

• Schlußposition:
Führen Sie die Hände und Arme von der Brustmitte auseinander und nach unten, bis die Handflächen rechts und links die Oberschenkel berühren. Die Arme sind gestreckt. Sie stehen in der Grätsche. Die Beine sind gestreckt, und die Füße stehen parallel geradeaus. Sie stehen aufrecht und locker und schauen geradeaus. (Abb. F)

Abb. F

Bleiben Sie in dieser Haltung noch einige Sekunden, und atmen Sie langsam durch die Nase ein und durch den Mund aus.

Wiederholen Sie Schritt 2 mit Schritt 3 A, 3 B, 3 C und 3 D dieser Übung noch einmal, damit sich Ihnen der Gesamtablauf noch besser einprägt und sich die Wirkung verstärkt.

Anmerkungen zu Übung 15

Das Leben hat viel zu bieten. Lassen Sie nicht zu, daß die Sorgen der Vergangenheit über das Leben triumphieren. Sie wurden geboren, um daran teilzunehmen.

- Mit den Worten des Leitsatzes »In mir ist Leben, ich stehe im Leben« machen Sie sich bewußt, daß in Ihnen und um Sie herum eine Lebenskraft wirkt, die von Ihnen gelebt werden will. Mit den Worten »ich liebe das Leben und nehme es an!« programmieren Sie sich, das Leben zu lieben und zu achten und als etwas Kostbares anzunehmen. Sie fordern Ihr Recht zu leben.

- Die aufrechte Körperhaltung mit den waagrecht ausgestreckten Armen macht um die Brust herum frei. Sie atmen gut durch, und die innere Spannung baut sich ab. Symbolisch bedeutet diese Haltung, daß Sie sich vertrauensvoll der Lebensfülle öffnen und bereit sind, alles Lebensförderliche in sich aufzunehmen.

- Beine und Füße sind in der Bewegungslehre das Symbol für Standfestigkeit und Voranschreiten im Leben. Der Grätschstand bedeutet, daß Sie für sich selbst angemessenen Raum beanspruchen. Damit demonstrieren Sie, daß Sie Ihre Bedürfnisse nicht hintanstellen. Ihr Gleichgewicht ist optimal auf beide Beine verteilt. Sie sind bestens im Boden verankert und haben ein Gefühl der Sicherheit, die sich auf Ihre geistige und seelische Befindlichkeit überträgt.

- Hände und Arme sind in der Bewegungslehre das Symbol des Handelns und Leistungsvermögens. Der große Bogen beider Arme mit dem Auflegen der Hände auf die Brustmitte bedeutet, daß Sie alle Lebensenergien für sich einsammeln und in sich aufnehmen.

- Der Bogen von rechts bedeutet, daß Sie sich nun gezielt die Energien zuführen, mit denen Sie Ihr Leben zielstrebig zu gestalten verstehen.

- Der Bogen von links und das nun Aufliegen beider Hände auf der Brustmitte symbolisieren, daß Sie mit Ihrem Herzen dabei sind und sich alle Energien zuführen, die Ihre Liebesfähigkeit zum Leben unterstützen.

- Die noch einmal ausholende Bewegung beider Arme mit dem Auflegen der Hände auf die Brustmitte symbolisiert, daß Sie bereit sind, das Leben zu achten und es als wertvolles Geschenk für sich anzunehmen.

- Das Mitbewegen des Oberkörpers zur Seite mit den Beinen, die etwas in die Kniebeuge gehen, bedeutet, daß Sie Ihren Aktionsradius im Leben erweitern.

- Die aufrechte Körperhaltung der Schlußposition bedeutet, daß Sie bereit sind, sich aufrecht und bewußt den Aufgaben Ihres Lebens zu stellen. Sie beugen Fehlhaltungen vor oder gleichen sie aus. Dies überträgt sich auch auf den geistigen Bereich.

Übung 16   Mit Freude und Liebe leben

Welche Eigenschaften, Fähigkeiten und Talente haben Sie, die unverwechselbare Merkmale Ihrer Persönlichkeit sind? Haben Sie Möglichkeiten, sie voll auszuleben? Oder möchten Sie das gern und wissen nur noch nicht wie? Was können Sie dazu beitragen, damit Sie so oft wie möglich Freude empfinden und zufrieden sind? Lieben Sie sich selbst? Machen Sie sich ab und zu Geschenke? Möchten Sie Ihre Eigenschaften, Fähigkeiten und Talente weiterentwickeln? Wollen Sie etwas Neues erlernen, sich einem neuen Wissensgebiet zuwenden oder eine schöne Reise unternehmen? Wie denken Sie über Ihre Arbeit: »Arbeit macht mürbe und ist immer mit Streß verbunden!«, »Arbeit und Freude vertragen sich nicht!« Oder denken Sie: »Ich habe Freude an meiner Arbeit!«

Wie aufmerksam erleben Sie sich, wenn Sie arbeiten, in der Pause etwas essen und trinken, Auto fahren, fernsehen, Musik hören, einem Vogel lauschen, Kunst betrachten, bei Kerzenschein in einem gemütlichen Zimmer sitzen, ein Gespräch führen? Oder wenn Sie Ihren Körper spüren, z. B. durch Gymnastik, Atmung, Entspannung und andere Aktivitäten, wenn Sie malen, musizieren, singen, basteln, kochen oder handwerken?

Vieles ist uns so zur Gewohnheit geworden, daß wir gar nicht mehr registrieren, wieviele Momente und Möglichkeiten es jeden Tag gibt, die uns gut gelaunt, heiter und fröhlich stimmen können. Wir lassen sie oft achtlos vorbeigehen und fragen uns am Abend müde und unzufrieden, wo wieder die Zeit geblieben ist.

Lassen Sie es nicht soweit kommen! Was im Leben wirklich zählt, sind nicht der Streß, nicht die gelegentlichen privaten Meinungsverschiedenheiten, nicht das kritisierende, zänkische oder beleidigende Verhalten der Mitmenschen, nicht die überflüssigen Pfunde oder die Zipperleins, über die wir oft jammern. Nein! Wirklich wichtig sind die Gespräche mit guten Freunden, zuhören, verstehen, den Morgen begrüßen, frische Luft atmen und spüren, wie schön es ist, einen geliebten Menschen in den Arm zu nehmen und Freude und Glück zu empfinden.

Erleben Sie jeden Tag als etwas Besonderes und Einzigartiges! Warten Sie nicht, bis das Leben Sie zwingt, Ihre Versäumnisse nachzuholen. Nehmen Sie sich die Zeit, lernen Sie, sie sich zu nehmen! Geben Sie jedem Tag Ihres Lebens Ihre persönliche Note! Lenken Sie Ihre mentale Aufmerksamkeit auf das, was Sie noch intensiver am Leben teilnehmen läßt, selbst dann, wenn die äußeren Umstände nicht so optimal zu sein scheinen.

Diese Übung führt Sie dazu, sich an Ihren Eigenschaften, Fähigkeiten und Talenten, an dem, was Sie tun und unternehmen, von Herzen zu erfreuen. Sie werden aufmerksamer, empfänglicher und sensibler für die Gunst der Stunde und erleben bewußt, was sie Ihnen gibt. Lassen Sie sich diese wertvollen Momente nicht entgehen!

Die praktische Durchführung der Übung

Machen Sie sich bewußt, welchen Ihrer Lebensbereiche und welche Fähigkeiten Sie mit mehr Freude und Liebe gestalten und erleben wollen. Notieren Sie Stichworte, falls erforderlich. Wenn Ihnen nicht gleich etwas dazu einfällt, dann führen Sie die Übung sofort aus, denn Sie können auch zu einem späteren Zeitpunkt durch mehrmaliges Üben wichtige Hinweise erhalten.

Schritt 1:   Denken und sprechen Sie den folgenden mentalen Leitsatz langsam, deutlich und engagiert mit Intensität, Klarheit und Überzeugung:

Ich lebe mit Freude,
mit Freude am Leben,
ich lebe in Liebe,
jeden Tag!

Wiederholen Sie diesen Satz 5-7mal. Identifizieren Sie sich mit seiner Aussage, und bejahen Sie den zu erreichenden Zustand.

Schritt 2:   Jetzt werden die Körperbewegungen ausgeführt.

• Ausgangsposition:
Stellen Sie sich in die Grätsche, und nehmen Sie mit dem ganzen Körper eine aufrechte und lockere Haltung ein. Ihre Beine sind gestreckt, und Ihre Füße stehen parallel geradeaus. Die Arme und Hände sind seitlich über Kopfhöhe ausgestreckt. Beide Handflächen zeigen nach unten. Sie schauen etwas nach oben. (Abb. A)

Abb. A

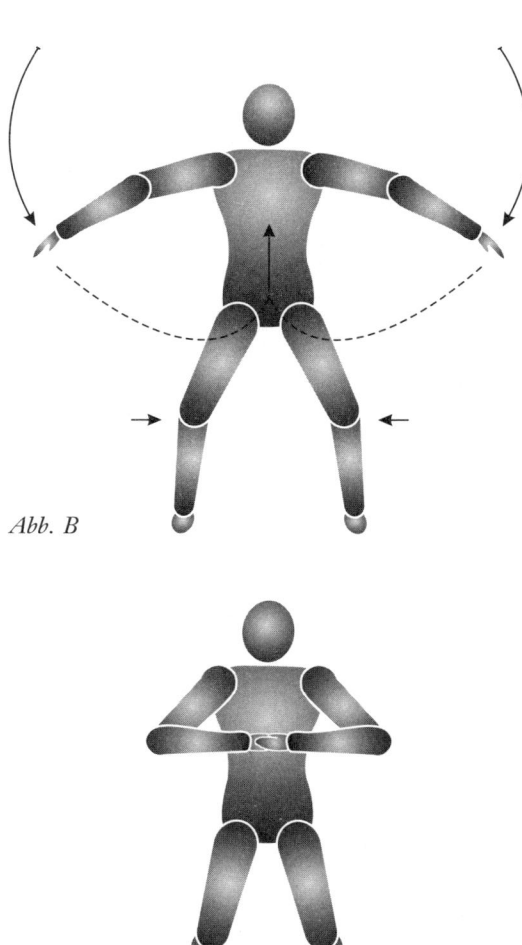

Abb. B

Abb. C

• Führen Sie jetzt gleichzeitig beide Arme seitlich vom Körper mit einem großen, schwungvoll ausholenden Bogen von oben nach unten zur Mitte dicht vor den Unterkörper, wo die Hände einander berühren und von dort zusammen in der Mitte hoch bis auf Brusthöhe. Wenn die Hände unten einander berühren, liegt der Handrücken der oberen Hand auf der Handfläche der unteren Hand.

Während Sie den großen Bogen nach unten ausführen, gehen Sie gleichzeitig mit beiden Beinen etwas in die Kniebeuge und strecken sie wieder, sobald Sie mit den Händen auf Brusthöhe sind. (Abb. B und C)

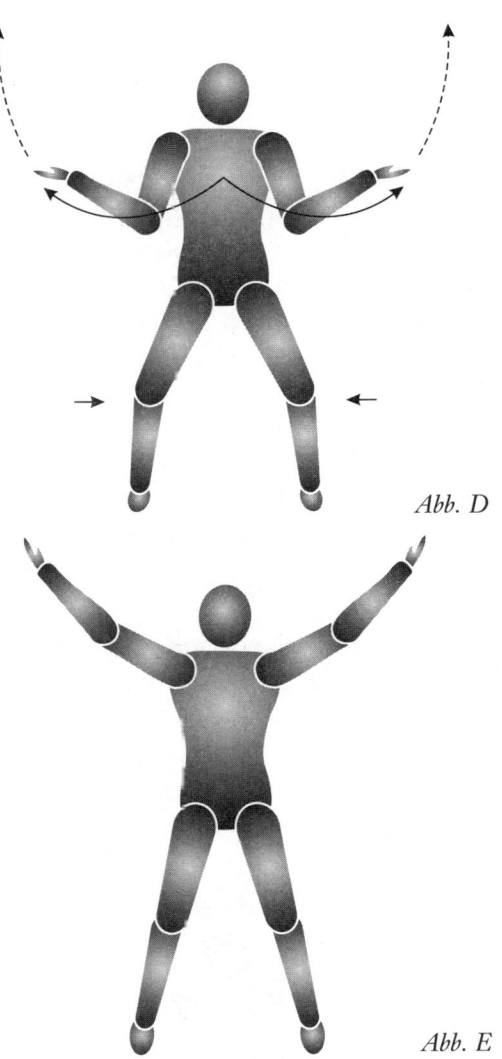

- Dann führen Sie beide Arme in Brusthöhe wieder schwungvoll in einem großen Bogen seitlich auseinander und nach oben weiter, als würden Sie Ihre Arme und Hände weit ausbreiten. Die Arme sind etwas gebogen, und die Handflächen zeigen nach oben.
  Während Sie den großen Bogen nach oben ausführen, gehen Sie noch einmal mit beiden Beinen in die Kniebeuge und strecken sie, sobald die Hände ausgebreitet oben sind. (Abb. D und E)

- Machen Sie die Bewegungsabläufe wie in Abb. B, C, D und E dargestellt insgesamt 8mal hintereinander.

Abb. D

Abb. E

Schritt 3: Der gesprochene mentale Leitsatz wird mit den Körperbewegungen koordiniert und synchronisiert.

Sprechen Sie, während Sie mit den Armen die großen schwungvollen Bogen erst nach unten und dann weiter nach oben ausführen, beim

1. Bogen nach unten = Ich lebe
1. Bogen nach oben = mit Freude,
2. Bogen nach unten = mit Freude
2. Bogen nach oben = am Leben,
3. Bogen nach unten = ich lebe
3. Bogen nach oben = in Liebe,
4. Bogen nach unten = jeden
4. Bogen nach oben = Tag!

5. Bogen nach unten = Ich lebe
5. Bogen nach oben = mit Freude,
6. Bogen nach unten = mit Freude
6. Bogen nach oben = am Leben,
7. Bogen nach unten = ich lebe
7. Bogen nach oben = in Liebe,
8. Bogen nach unten = jeden
8. Bogen nach oben = Tag!

Dann kommt die

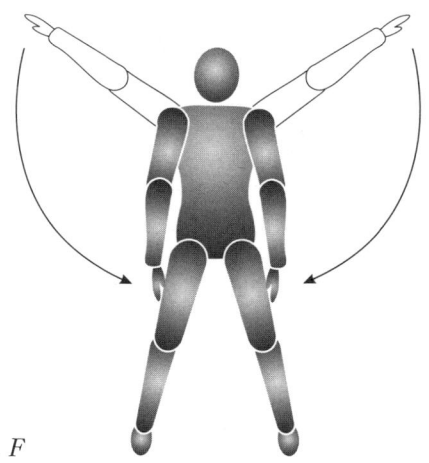

Abb. F

• Schlußposition:
Drehen Sie die Handflächen oben nach außen, und führen Sie die Arme langsam seitlich nach unten, bis beide Handflächen rechts und links die Oberschenkel berühren. Die Arme sind nach unten gestreckt. Sie stehen in der Grätsche. Die Beine sind gestreckt, und die Füße stehen parallel geradeaus. Sie stehen aufrecht und locker und schauen geradeaus. (Abb. F)

Bleiben Sie in dieser Haltung noch einige Sekunden, und atmen Sie langsam durch die Nase ein und durch den Mund aus.

Wiederholen Sie Schritt 2 mit Schritt 3 dieser Übung noch einmal, damit sich Ihnen der Gesamtablauf noch besser einprägt und sich die Wirkung verstärkt.

Anmerkungen zu Übung 16

Es gibt viele Möglichkeiten, die Ihre Entwicklung fördern und Sie mit Freude und Liebe am Leben teilnehmen lassen.

- Mit den Worten des Leitsatzes »Ich lebe mit Freude, mit Freude am Leben« lenken Sie Ihre mentale Aufmerksamkeit darauf, sich nach dem zu orientieren, was zur Freude und Fülle Ihres Lebens beiträgt. Mit den Worten »ich lebe in Liebe jeden Tag!« machen Sie sich bewußt, daß jeder Tag es wert ist, in Liebe zu ihm gelebt zu werden.

- Die aufrechte Körperhaltung am Anfang mit den seitlich etwas über Kopfhöhe ausgestreckten Armen macht um die Brust herum frei. Sie atmen gut durch, und die innere Spannung baut sich ab. Symbolisch bedeutet diese Haltung, daß Sie sich den Möglichkeiten öffnen, die Sie am Leben teilhaben lassen.

- Beine und Füße sind in der Bewegungslehre das Symbol für Standfestigkeit und Voranschreiten im Leben. Der Grätschstand bedeutet, daß Sie für sich selbst angemessenen Raum beanspruchen. Damit demonstrieren Sie, daß Sie Ihre Bedürfnisse und Fähigkeiten nicht hintanstellen. Ihr Gleichgewicht ist optimal auf beide Beine verteilt. Sie sind bestens im Boden verankert und haben ein Gefühl der Sicherheit, die sich auf Ihre geistige und seelische Befindlichkeit überträgt.

- Hände und Arme sind in der Bewegungslehre das Symbol des Handelns und Leistungsvermögens. Der große ausholende schwungvolle Bogen nach unten und das Hochführen zur Brustmitte bedeutet, daß Sie bereit sind, alle Ihre Möglichkeiten auszuschöpfen. Der sich öffnende Bogen mit den Armen nach oben symbolisiert glücklich sein und sich gegenwärtig erleben. Die nach oben zeigenden Handflächen signalisieren Bereitschaft, alle erforderlichen Informationen aufzunehmen, die zu Ihrer Lebensfülle beitragen.

- Die aufrechte Körperhaltung der Schlußposition bedeutet, daß Sie bereit sind, Ihr Leben mit Freude und Liebe zu gestalten. Sie beugen Fehlhaltungen vor oder gleichen sie aus. Dies überträgt sich auch auf den geistigen Bereich.

Übung 17   Geben mit Freude – geben mit Liebe

Womit und wie oft machen Sie anderen Menschen eine Freude? Sind Sie Ihrem Partner, Ihrer Familie, Ihren Freunden und Bekannten gegenüber auch ohne Anlaß aufmerksam? Machen Sie ihnen kleine Geschenke, laden Sie sie ein, oder stehen Sie ihnen hilfreich zur Seite? Geben Sie gern? Oder denken Sie eher daran, wieviel Sie das wieder gekostet hat? Bringen Sie Ihre Fähigkeiten und Talente ein, an denen auch andere freudig teilhaben: charmant und witzig sein, gut zuhören können, jemanden verständnisvoll in den Arm nehmen, ein bezauberndes Lächeln schenken, aufmunternde Worte aussprechen, jemanden handwerklich oder technisch gut beraten, ihm durch fachmännische Kenntnisse und klaren Sachverstand nützen, hilfsbereit sein, ein Gerät oder eine Maschine reparieren?

Was unternehmen Sie, damit andere Ihre Arbeiten und Produkte kennenlernen? Wie erfährt die Öffentlichkeit von Ihren Plänen, für die Sie tatkräftige Unterstützung möchten? Würden Sie sich ehrenamtlich für etwas engagieren, selbst eine Initiative gründen oder Geld sammeln? Unterstützen Sie notleidende Menschen, auch Land- und Stadtstreicher?

Diese Übung fördert Ihre Kreativität, Ihre Kommunikation mit anderen Menschen, Ihre Hilfsbereitschaft und Anteilnahme. Dadurch unterstützen Sie den lebendigen Kreislauf von Geben und Nehmen. Sie stärkt Ihre Bereitschaft, durch Ihren Einsatz und Ihre Schaffenskraft die Welt an dem, was Sie zu geben haben, Anteil nehmen zu lassen. Anders als in Übung 15 und 16 steht hier das Geben im Vordergrund. Erst wenn Sie das Leben annehmen (siehe Übung 15) und sich selbst schätzen gelernt haben (siehe Übung 16), werden Sie erkennen, wie Sie sich in die Gesellschaft einbringen können. Sie wissen, was Sie zu geben haben.

Es ist wichtig, daß Geben und Nehmen ausgewogen sind. Wenn wir immer nur nehmen, statt auch etwas zu geben, oder nur geben, ohne etwas zu nehmen, stellen sich nach einiger Zeit in unserem Leben Mangelsituationen ein. Wir haben vielleicht keine Ideen mehr, es fehlt uns an Zeit, Geld, Wohlbefinden, Freude, Zufriedenheit, wo auch immer. Wir signalisieren damit unserem Unterbewußtsein, daß wir entweder nicht bereit sind, von uns etwas abzugeben, oder wenn wir geben, daß wir nicht bereit sind, etwas für uns anzunehmen. Dazu folgende Beispiele:

Nehmen wir einmal an, Sie haben eine wunderbare Arbeit beendet, die auch andere Menschen interessiert. Sie lassen niemand daran teilhaben, weil Sie vielleicht glauben, nicht gut genug zu sein, was aber nur Ihre subjektive Meinung von

Ihnen selbst ist. Ein anderer würde das sicher wieder ganz anders wahrnehmen. Wie soll jemand auf Sie aufmerksam werden, wenn Sie das, was Sie zu geben haben, zurückhalten und damit geizen?

Oder nehmen wir an, jemand bedankt sich ganz aufrichtig für Ihre Hilfe und Anteilnahme. Wie reagieren Sie? Sagen Sie: »Danke, ich freue mich, daß ich Ihnen helfen konnte!« oder »Ist doch nicht der Rede wert, Sie brauchen sich doch nicht zu bedanken!« Was glauben Sie, ist die Folge, wenn Sie sich äußern wie im zweiten Fall? Sie bekommen eine Ausstrahlung, die anderen signalisiert, daß Sie das, was sie Ihnen geben wollen, zurückweisen. Sie nehmen Ihren Lohn nicht an. Sie wundern sich dann aber, daß sich mit der Zeit immer weniger nette und dankbare Menschen in Ihrem persönlichen Umfeld aufhalten. Sogar in der Partnerschaft bleiben die Bewunderungen und Dankeschöns aus. Aber es gefällt Ihnen doch, wenn Ihnen Achtung entgegengebracht wird. Oder etwa nicht? Es gibt noch mehr ähnliche Beispiele.

Legen Sie deshalb Ihre unangebrachte Bescheidenheit für immer ab. Achten und schätzen Sie Ihre Leistung. Halten Sie sie nicht zurück. Geben Sie mit Zuversicht und Freude das, was Ihnen durch Ihre Eigenschaften und Fähigkeiten möglich ist. Nehmen Sie Ihren Lohn an, als Auszeichnung für das, was Sie eingebracht haben.

Halten Sie Geben und Nehmen durch Ihre richtige Einstellung ständig in Fluß, dann bereichern Sie sich und andere Menschen auf vielen Ebenen.

Die praktische Durchführung der Übung

Machen Sie sich bewußt, ob Sie Eigenschaften, Fähigkeiten oder Ideen haben, die Sie gern einbringen wollen. Notieren Sie Stichworte, falls erforderlich. Wenn Ihnen nicht gleich etwas dazu einfällt, dann führen Sie die Übung sofort aus. Sie können auch zu einem späteren Zeitpunkt durch mehrmaliges Üben wichtige Hinweise erhalten.

Schritt 1: Denken und sprechen Sie den folgenden mentalen Leitsatz langsam, deutlich und engagiert mit Intensität, Klarheit und Überzeugung:

Ich gebe mit Freude,
mit Freude am Geben,
ich gebe mit Liebe,
jeden Tag!

Wiederholen Sie diesen Satz 5–7mal. Identifizieren Sie sich mit seiner Aussage, und bejahen Sie den zu erreichenden Zustand.

Schritt 2: Jetzt werden die Körperbewegungen ausgeführt.

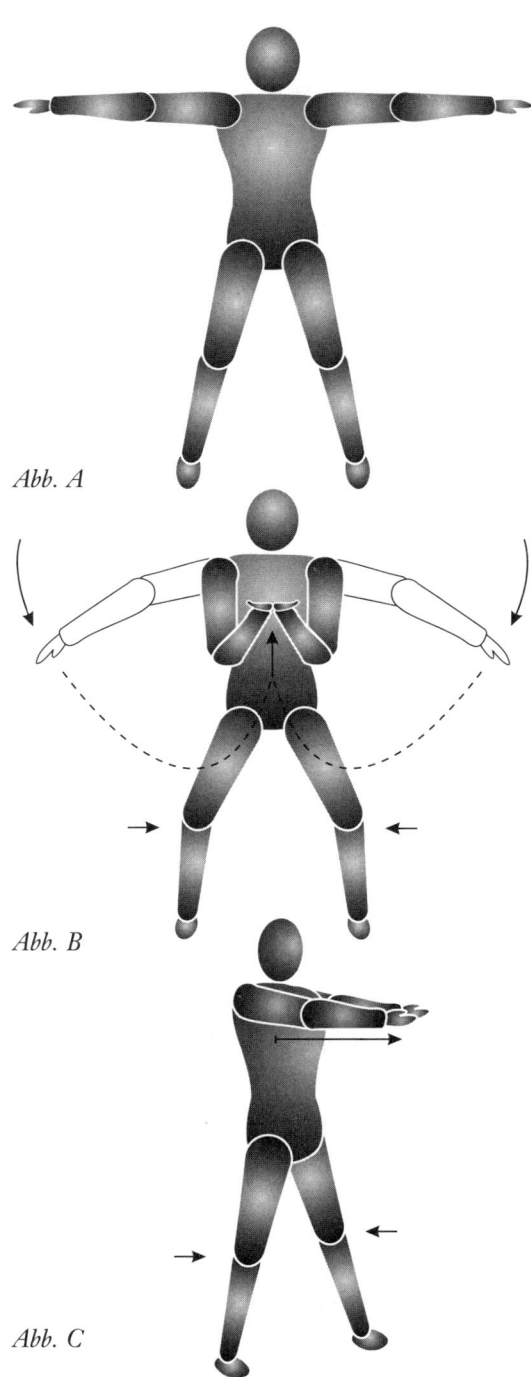

Abb. A

Abb. B

Abb. C

• Ausgangsposition:
Stellen Sie sich in die Grätsche, und nehmen Sie mit dem ganzen Körper eine aufrechte und lockere Haltung ein. Ihre Beine sind gestreckt, und Ihre Füße stehen parallel geradeaus. Arme und Hände sind waagrecht in Schulterhöhe ausgestreckt. Beide Handflächen zeigen links und rechts nach unten. Sie schauen geradeaus. (Abb. A)

• Führen Sie jetzt gleichzeitig beide Arme seitlich vom Körper mit einem großen, schwungvoll ausholenden Bogen von oben in Schulterhöhe nach unten zur Mitte dicht vor den Unterkörper, wo die Außenkanten der Hände einander berühren und führen sie von dort zusammen in der Mitte hoch bis auf Brusthöhe. Dann führen Sie beide Arme und Hände in Brusthöhe zügig geradeaus nach vorn, bis die Arme gestreckt sind. Die Handflächen zeigen nach oben.
Während Sie den großen Bogen nach unten ausführen, gehen Sie mit beiden Beinen etwas in die Kniebeuge und strecken sie wieder, sobald Sie mit den Händen auf Brusthöhe sind. Wenn Sie die Arme und Hände in Brusthöhe geradeaus weiterführen, gehen Sie noch einmal mit beiden Beinen in die Kniebeuge und strecken sie, sobald die Arme nach vorn ausgestreckt sind. (Abb. B und C)

Schritt 3 A: Der gesprochene mentale Leitsatz wird mit den Körperbewegungen koordiniert und synchronisiert.

Sprechen Sie, während Sie die Arme und Hände in einem schwungvollen Bogen nach unten führen und sie in Brusthöhe geradeaus nach vorn strecken:

Bogen nach unten = Ich gebe
Arme geradeaus nach vorn = mit Freude,

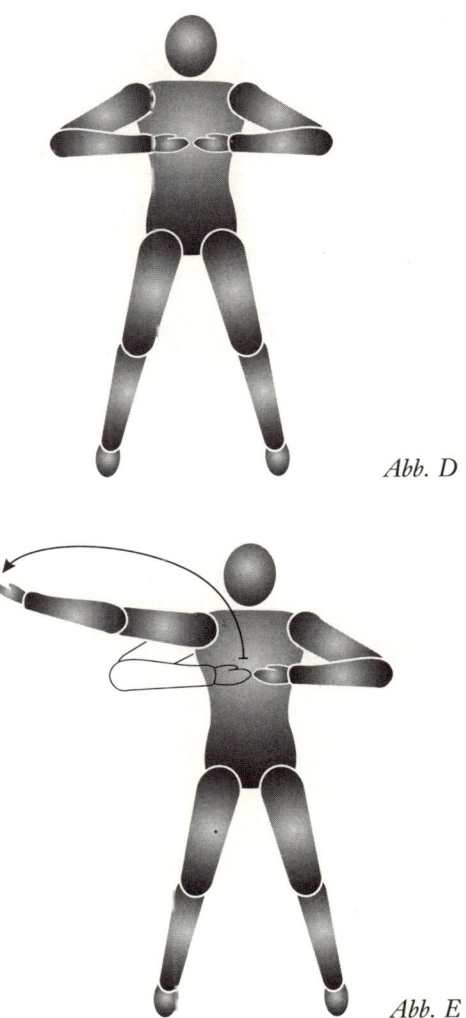

Abb. D

Abb. E

• Dann führen Sie die Hände von vorn zu sich hin, beugen dazu beide Arme und legen beide Handflächen dicht nebeneinander auf die Brust. Die Ellbogen zeigen nach rechts und links. Anschließend machen Sie mit der rechten Hand von der Brust aus in gleicher Höhe eine gebende Geste, indem Sie die rechte Hand mit einer bogenförmigen Bewegung schräg nach rechts vorn führen und den rechten Arm strecken. Ihr Blick folgt dieser Bewegung nach rechts. Die rechte Handfläche zeigt nach oben. Die linke Hand bleibt auf der Brust liegen. (Abb. D und E)

Schritt 3 B: Der gesprochene mentale Leitsatz wird mit den Körperbewegungen koordiniert und synchronisiert.

Sprechen Sie, während Sie mit dem rechten Arm die gebende Geste schräg nach rechts vorn machen:

mit Freude am Geben,

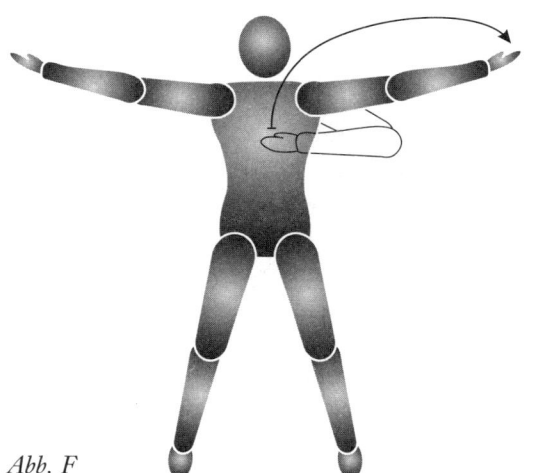

• Dann machen Sie mit der linken Hand von der Brust aus in gleicher Höhe ebenfalls eine gebende Geste, indem Sie die linke Hand mit einer bogenförmigen Bewegung schräg nach links vorn führen und den linken Arm strekken. Ihr Blick folgt dieser Bewegung nach links. Die linke Handfläche zeigt nach oben. Jetzt sind beide Arme und Hände schräg nach rechts und links vorn ausgestreckt. (Abb. F)

Abb. F

Schritt 3 C: Der gesprochene mentale Leitsatz wird mit den Körperbewegungen koordiniert und synchronisiert.

Sprechen Sie, während Sie mit dem linken Arm die gebende Geste schräg nach links vorn machen:

ich gebe mit Liebe,

• Nun breiten Sie Ihre Arme noch etwas
weiter aus und machen noch einmal wie
zu Anfang mit beiden Armen und Händen seitlich in Schulterhöhe einen großen, schwungvoll ausholenden Bogen
nach unten zur Mitte dicht vor den Unterkörper, wo die Außenkanten der
Hände einander berühren, führen sie
zusammen in der Mitte hoch auf Brusthöhe und von dort zügig geradeaus
nach vorn, bis die Arme gestreckt sind.
Die Handflächen zeigen nach oben.
Während Sie den großen schwungvoll
ausholenden Bogen nach unten ausführen, gehen Sie gleichzeitig auch mit
beiden Beinen wieder etwas in die
Kniebeuge, strecken sie, sobald sie mit
den Händen auf Brusthöhe sind, gehen
noch einmal mit beiden Beinen in die
Kniebeuge, wenn die Arme und Hände
von der Brust aus geradeaus nach vorn
geführt werden und strecken sie, sobald
die Arme nach vorn ausgestreckt sind.
Sie schauen dabei geradeaus. (Abb. G
und H)

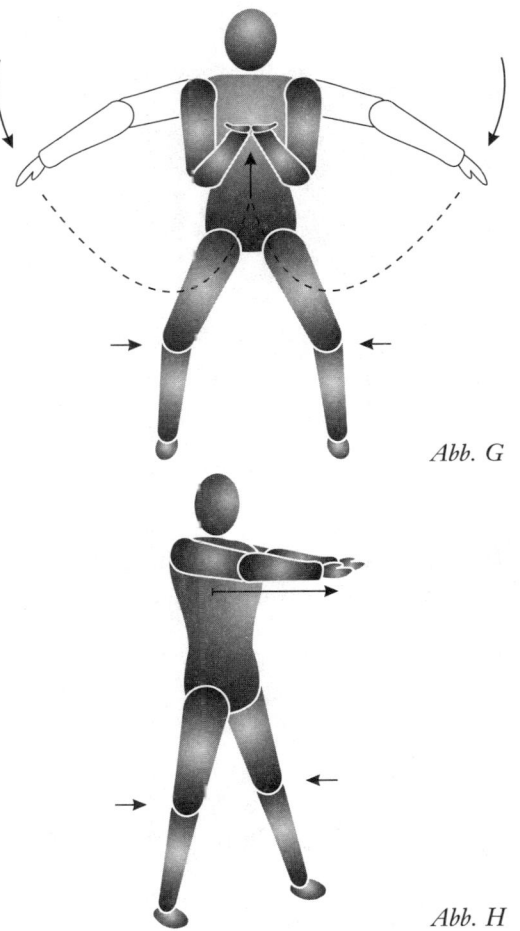

Abb. G

Abb. H

> **Schritt 3 D:** Der gesprochene mentale Leitsatz wird mit den Körperbewegun-
> gen koordiniert und synchronisiert.

Sprechen Sie, während Sie die Arme und Hände in einem schwungvollen Bogen
nach unten führen und in Brusthöhe geradeaus nach vorn strecken:

        Bogen nach unten   = jeden
        Arme geradeaus nach vorn = Tag!

Wiederholen Sie den bisherigen Übungsablauf noch einmal. Wechseln Sie dazu
von der jetzigen Haltung wie in Abb. H zur Ausgangsposition wie in Abb. A. Nach
dieser Wiederholung kommt dann die

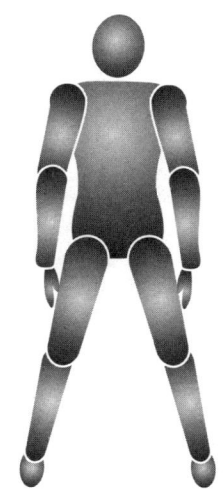

Abb. I

- Schlußposition:
Drehen Sie die Handflächen der in Brusthöhe geradeaus nach vorn gestreckten Arme nach unten, und führen Sie die Arme langsam nach unten, bis beide Handflächen rechts und links die Oberschenkel berühren. Die Arme sind nach unten gestreckt. Sie stehen in der Grätsche. Die Beine sind gestreckt, und die Füße stehen parallel geradeaus. Sie stehen aufrecht und locker und schauen geradeaus. (Abb. I)

Bleiben Sie in dieser Haltung noch einige Sekunden, und atmen Sie langsam durch die Nase ein und durch den Mund aus.

Wiederholen Sie Schritt 2 mit Schritt 3 A, 3 B, 3 C und 3 D dieser Übung noch einmal, damit sich Ihnen der Gesamtablauf noch besser einprägt und sich die Wirkung verstärkt.

Anmerkungen zu Übung 17

Jeder Mensch hat etwas zu geben. Dabei geht es nicht allein um materielle Güter. Aufbauende Worte, ein fröhliches Lachen, Verständnis und liebevolle Zuwendung, einander aufmerksam zuhören, gute Laune verbreiten, sich für etwas einsetzen und seine Fähigkeiten einbringen sind genauso wichtig wie finanzielle Hilfe für in Not geratene Menschen.

- Mit den Worten des Leitsatzes »Ich gebe mit Freude, mit Freude am Geben, ich gebe mit Liebe, jeden Tag!« lenken Sie Ihre mentale Aufmerksamkeit darauf, daß das, was Sie bereit sind zu geben, Ihnen und anderen Freude macht, wenn es von Herzen kommt.

- Die aufrechte Körperhaltung zu Anfang mit den waagrecht ausgestreckten Armen macht um die Brust herum frei, und Sie atmen gut durch. Symbolisch bedeutet diese Haltung, daß Sie sich Ihren Möglichkeiten des Gebens öffnen.

- Beine und Füße sind in der Bewegungslehre das Symbol für Standfestigkeit und Voranschreiten im Leben. Der Grätschstand bedeutet, daß Sie für sich selbst angemessenen Raum beanspruchen. Damit demonstrieren Sie, daß Sie Ihre Bedürfnisse nicht hintanstellen. Ihr Gleichgewicht ist optimal auf beide Beine verteilt. Sie sind bestens im Boden verankert und haben ein Gefühl der Sicherheit, die sich auf Ihre geistige und seelische Befindlichkeit überträgt.

- Hände und Arme sind in der Bewegungslehre das Symbol des Handelns und Leistungsvermögens. Der schwungvoll ausholende Bogen nach unten und das Hochführen zur Brustmitte bedeutet, daß Sie sich Ihre Möglichkeiten des Gebens bewußt machen.

- Das Weiterführen beider Arme von der Brustmitte geradeaus nach vorn symbolisiert den Vorgang des Gebens nach außen.

- Die gebende Geste mit der rechten und dann mit der linken Hand symbolisiert die Freude am Geben, das von Herzen kommt.

- Der ausholende Bogen nach unten, das Hochführen zur Brustmitte und das Weiterführen beider Arme nach vorn symbolisieren, daß jeder Tag es wert ist, etwas zu geben und andere teilhaben zu lassen an dem, wie Sie sind und was Sie können.

- Die aufrechte Körperhaltung der Schlußposition bedeutet, daß Sie bereit sind, aufrecht und bewußt Ihren Anteil in das Leben einzubringen. Sie beugen Fehlhaltungen vor oder gleichen sie aus. Dies überträgt sich auch auf den geistigen Bereich.

Übung 18 Gesund – glücklich – geborgen sein

Fühlen Sie sich rundum wohl? Haben Sie körperliche oder geistig-seelische Beschwerden? Gibt es bestimmte Situationen, in denen diese Beschwerden stärker werden? Sind Sie abhängig von den Stimmungen, Launen und Zuwendungen anderer Menschen? Oder können Sie sich selbst in den Zustand des Glücks und der Geborgenheit versetzen?

Wenn Sie mehr für Ihre Gesundheit und Ihr Wohlbefinden tun wollen, dann schenken Sie Ihren körperlichen und geistig-seelischen Bedürfnissen volle Beachtung. Oft verschließen wir die Augen vor der Wahrheit. Wir gestehen uns nicht ein, daß etwas nicht stimmt, manchmal auch aus Angst, nichts dagegen tun zu können. Also bleibt erst einmal alles beim alten, bis wir merken, daß es so doch nicht weitergeht.

Mit dieser Übung können Sie Ihre eigenen Selbstheilungskräfte aktivieren, und Sie lernen, die Signale Ihres Körpers zu verstehen als Aufruf, etwas in Ihrem Leben neu zu bewerten, zu verändern oder zu korrigieren. Sie werden aufmerksam auf Hinweise, die Sie dabei unterstützen, gesund, glücklich und geborgen zu sein. Gesundheit, Glück und Geborgenheit sind drei Grundbedürfnisse unseres Lebens, die eng miteinander verbunden und immer im Zusammenhang zu sehen sind.

Jede Zelle unseres Körpers reagiert auf das, was wir mit unseren Sinnen wahrnehmen und wie wir es mental verarbeiten. Wenn wir uns glücklich und geborgen fühlen, sind wir stark. Wir haben aufbauende und zukunftsorientierte Gedanken und sind widerstandsfähig gegen alle Schwächungen und Störungen.

Finden Sie heraus, in welchem Bereich genau Sie nicht zufrieden und glücklich sind, weshalb Sie sich nicht mehr geborgen fühlen, und was Sie ändern werden. Tun Sie es rechtzeitig, tun Sie es bald, Ihr Körper, Ihr Geist und Ihre Seele danken es Ihnen. Sie werden gesund, glücklich und geborgen sein!

Die praktische Durchführung der Übung

Machen Sie sich bewußt, in welchen Bereichen Sie sich mehr Gesundheit, Glück und Geborgenheit erwünschen und was Sie dafür tun wollen. Notieren Sie Stichworte, falls erforderlich. Wenn Ihnen nicht gleich etwas dazu einfällt, dann führen Sie die Übung gleich aus. Sie können auch zu einem späteren Zeitpunkt durch mehrmaliges Üben wichtige Hinweise erhalten.

Schritt 1: Denken und sprechen Sie den folgenden mentalen Leitsatz langsam, deutlich und engagiert mit Intensität, Klarheit und Überzeugung:

Ich bin gesund,
ich bin glücklich,
ich bin geborgen,
jeden Tag!

Wiederholen Sie diesen Satz 5–7mal. Identifizieren Sie sich mit seiner Aussage, und bejahen Sie den zu erreichenden Zustand.

Schritt 2: Jetzt werden die Körperbewegungen ausgeführt.

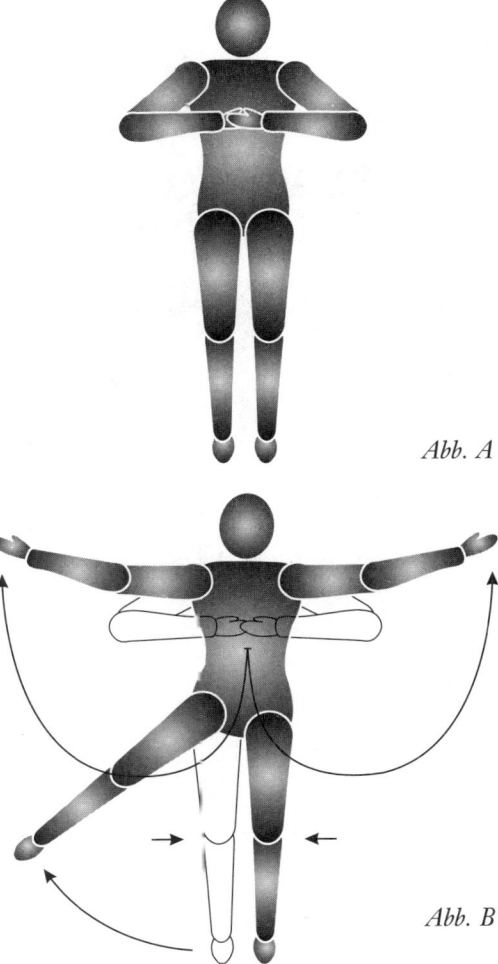

* Ausgangsposition:
Nehmen Sie im Stehen mit dem ganzen Körper eine aufrechte und lockere Haltung ein. Ihre Beine sind gestreckt, und Ihre Füße stehen parallel nebeneinander geradeaus und berühren einander nicht. Ihre Arme sind waagrecht in Schulterhöhe zum Körper hin gebeugt, die Hände befinden sich vor der Brustmitte, dabei liegt der Handrücken der oberen Hand auf der Handfläche der unteren Hand. Sie schauen geradeaus. (Abb. A)

Abb. A

* Schwingen Sie jetzt Ihre Arme bogenförmig zur Seite etwas über Schulterhöhe, beide Handflächen zeigen nach oben. Dann schwingen Sie die Arme bogenförmig nach unten zurück, bis die Hände wieder wie zu Anfang vor der Brustmitte aufeinander liegen. Machen Sie diese Bewegung der Arme insgesamt 4mal hintereinander.
Jedesmal, wenn Sie Ihre Arme zur Seite und zurückschwingen, schwingen Sie abwechselnd einmal das rechte Bein zur

Abb. B

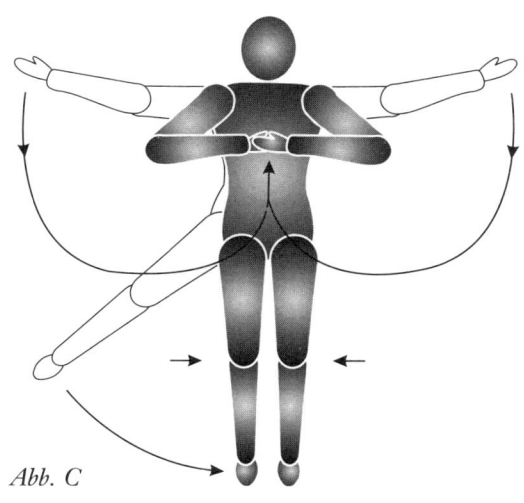

Abb. C

rechten Seite und zurück und dann das linke Bein zur linken Seite und zurück, bis Ihre Beine jeweils 2mal rechts und 2mal nach links in Bewegung waren. Während Sie ein Bein zur Seite schwingen, gehen Sie mit dem anderen etwas in die Kniebeuge und strecken es wieder. Sobald Sie das zur Seite ausgestreckte Bein zurückschwingen, gehen Sie wieder mit dem anderen Bein etwas in die Kniebeuge und strecken es, wenn beide Füße wieder in der Mitte nebeneinander sind und Sie dazu aufrecht stehen. (Abb. B, C, D und E)

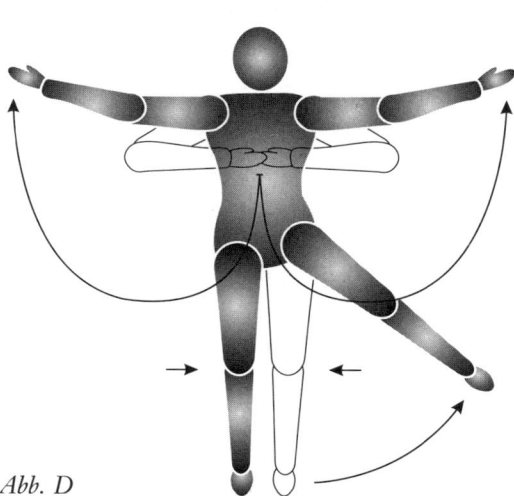

Abb. D

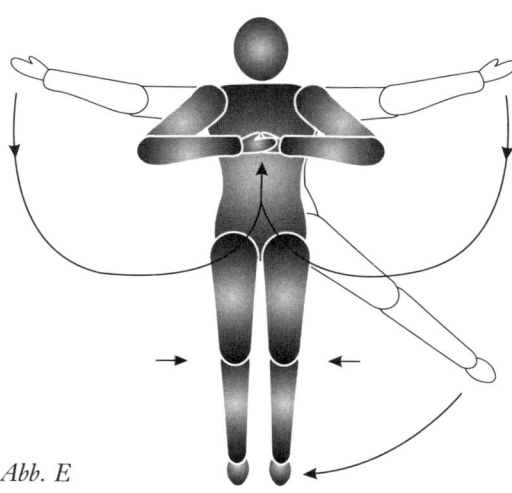

Abb. E

Schritt 3: Der gesprochene mentale Leitsatz wird mit den Körperbewegungen koordiniert und synchronisiert.

Sprechen Sie, während Sie 4mal die Arme und dazu 2mal abwechselnd das rechte und dann das linke Bein zur Seite und zurückschwingen, beim

1. Armschwingen + Bein rechts und zurück = Ich bin gesund,
2. Armschwingen + Bein links und zurück = ich bin glücklich,
3. Armschwingen + Bein rechts und zurück = ich bin geborgen,
4. Armschwingen + Bein links und zurück = jeden Tag!

Wiederholen Sie den bisherigen Übungsablauf insgesamt 3mal hintereinander. Dann kommt die

* Schlußposition:
Nach mehrmaligem Hin- und Her-
schwingen der Arme und Beine stehen
Sie wieder aufrecht. Die Beine sind gestreckt, und Ihre Füße stehen parallel
nebeneinander geradeaus. Sie breiten
nun noch einmal Ihre Arme aus, drehen
die Hände mit den Handflächen nach
unten und führen sie abwärts, bis sie
rechts und links die Oberschenkel berühren. Die Arme sind nach unten gestreckt. Sie schauen geradeaus. (Abb. F)

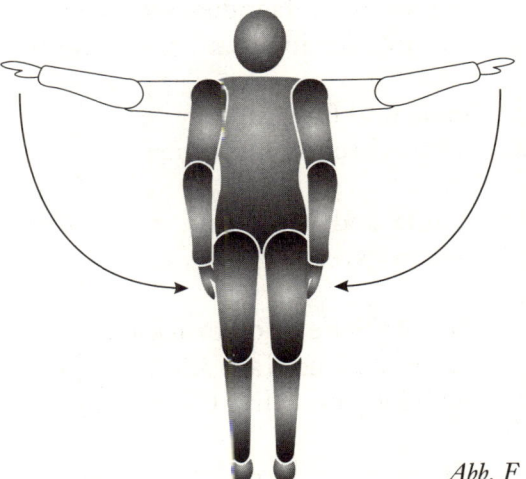

Abb. F

Bleiben Sie in dieser Haltung noch einige Sekunden, und atmen Sie langsam durch die Nase ein und durch den Mund aus.

Wiederholen Sie Schritt 2 mit Schritt 3 dieser Übung noch einmal, damit sich Ihnen der Gesamtablauf noch besser einprägt und sich die Wirkung verstärkt.

Anmerkungen zu Übung 18

Gesundheit, Glück und Geborgenheit sind Zustände, die Sie erreichen, wenn Sie bereit sind, Ihre mentale Aufmerksamkeit von gegenwärtigen Einschränkungen abzuziehen. Orientieren Sie sich statt dessen an dem, was Sie gesund, glücklich und geborgen macht, und Sie werden durch diese Steuerungsimpulse in diese Richtungen geführt.

- Mit den Worten des Leitsatzes »Ich bin gesund, ich bin glücklich, ich bin geborgen jeden Tag!« fordern Sie sich auf, sich täglich in Gedanken als gesund, glücklich und geborgen zu erleben.

- Die aufrechte Körperhaltung am Anfang mit den vor der Brustmitte einander berührenden Händen und den dicht beieinander stehenden Füßen ist eine Haltung der inneren Sammlung und Konzentration.

- Beine und Füße sind in der Bewegungslehre das Symbol für Standfestigkeit und Voranschreiten im Leben.

- Hände und Arme sind in der Bewegungslehre das Symbol des Handelns und Leistungsvermögens.

- Die zur Seite und zurückschwingenden Arme und Beine bedeuten, daß Sie im gleichmäßigen Takt alle Energien in Bewegung bringen, die Ihre Gesundheit, Ihr Glück und Ihre Geborgenheit fördern und stabilisieren.

- Die zwischendurch ausgebreiteten Arme machen um die Brust herum frei. Sie atmen gut durch, und die innere Spannung baut sich ab. Symbolisch bedeutet diese Haltung, daß Sie sich allem öffnen, was Sie gesund, glücklich und geborgen macht.

- Die aufrechte Körperhaltung der Schlußposition bedeutet, daß Sie bereit sind, bewußt auf Ihr Wohlergehen zu achten. Körper und Geist geben Ihnen deutliche Signale, wann es Zeit ist, etwas für sich zu tun. Gleichzeitig beugen Sie Fehlhaltungen vor oder gleichen sie aus. Dies überträgt sich auch auf den geistigen Bereich.

Übung 19   Evolution und Ganzheit

Beschäftigt Sie manchmal die Frage nach Ihrem Ursprung? Sind Sie auf der Suche nach dem Sinn Ihres Lebens? Wenn Sie Ihre Vergangenheit in Gedanken an sich vorbeiziehen lassen, wie würden Sie das, was Sie bisher gelebt haben, bewerten? Haben Sie Ihre Zeit und die Möglichkeiten, die sich ergaben, optimal genutzt? Was würden Sie heute anders machen? Neigen Sie dazu, sich vom Massendenken beeinflussen zu lassen? Wenn Sie zu einem Thema oder einer Situation eine Meinung haben und plötzlich feststellen, daß Sie sich irren, gestehen Sie sich das dann offen ein? Wie leicht und schnell können Sie sich von alten Ansichten und Meinungen lösen? Welche persönliche Einstellung haben Sie zu den schöpferischen göttlichen Lebenskräften, die in und um uns herum wirksam sind? Was denken Sie über das Sterben und das Weiterleben nach dem Tod?

Evolution bedeutet Entwicklung, Entfaltung und Wachstum unserer Kräfte. Sie begleitet uns das ganze Leben, durch sie werden wir fähig, alle Widerstände zu überwinden und uns in harmonische Übereinstimmung mit den Schwingungen des Unsiversums zu bringen. Dadurch lernen wir, das Leben in seiner Ganzheit zu verstehen.

Mit dieser Übung unterstützen Sie wirkungsvoll die verschiedenen Stufen Ihrer Evolution. Sie bekommen ein tieferes Verständnis für Ihre Art zu »sein«. Ihr Vertrauen in das universelle Prinzip des Lebens festigt sich immer mehr. Sie erkennen, daß es eine Verpflichtung ist, jede Stufe Ihrer Evolution zu leben. Entdecken Sie, wozu Sie fähig sind, wenn Sie sich mit der göttlichen Schöpferkraft verbinden, die allgegenwärtig und überall wirksam ist. Sie haben einen kostbaren Schatz, der sich »Individualität« nennt. Machen Sie von ihm Gebrauch!

Damit Sie mit dem Thema Evolution vertrauter werden, habe ich für Sie die folgenden ausführlichen Leitsätze zusammengestellt.

Es gibt 7 Stufen:

> 1. Stufe: Ich löse mich vom Massendenken!
> 2. Stufe: Ich sammle Erfahrung!
> 3. Stufe: Ich gewinne Erkenntnis!
> 4. Stufe: Ich eigne mir Wissen an!

5. Stufe: Ich lebe Weisheit!

6. Stufe: Ich gebe und empfange Liebe!

7. Stufe: Ich erkenne das Licht in mir!

und danach die Aussage:

> Ich steige empor ins Licht
> zur Ganzheit!

In der folgenden Übung verwende ich jeweils den zentralen Begriff jedes Leitsatzes: Massendenken – Erfahrung – Erkenntnis – Wissen – Weisheit – Liebe – Licht.

Die praktische Durchführung der Übung

Bevor Sie mit dieser Übung beginnen, meditieren Sie darüber, und machen Sie sich bewußt, was es für Sie bedeutet, sich vom Massendenken zu lösen, Erfahrungen zu sammeln, Erkenntnis zu gewinnen, sich Wissen anzueignen, Weisheit zu leben, Liebe zu geben und zu empfangen, das Licht in Ihnen zu erkennen und sich zur Ganzheit emporzuheben, um etwas über Ihre wahre Herkunft zu erfahren. Es kann sein, daß Sie sich zu der einen oder anderen Kontemplation hingezogen fühlen. Notieren Sie Stichworte, falls erforderlich. Stellt sich keine Resonanz ein, führen Sie die Übung gleich aus. Sie können auch zu einem späteren Zeitpunkt durch mehrmaliges Üben wichtige Hinweise erhalten.

Schritt 1: Denken und sprechen Sie den folgenden mentalen Leitsatz langsam, deutlich und engagiert mit Intensität, Klarheit und Überzeugung:

> Massendenken – Erfahrung – Erkenntnis –
> Wissen – Weisheit – Liebe – Licht –
> ich steige empor ins Licht
> zur Ganzheit!

Wiederholen Sie diesen Satz 5–7mal. Verinnerlichen Sie sich diesen Vorgang, und bejahen Sie die Entwicklung all Ihrer Kräfte.

Schritt 2:   Jetzt werden die Körperbewegungen ausgeführt.

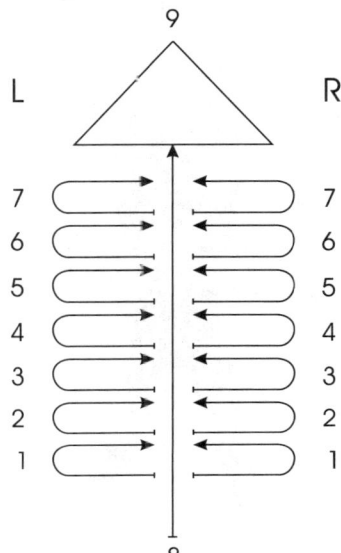

- Betrachten Sie zuerst die nebenstehende grafische Darstellung, die Ihnen eine Gesamtübersicht des Bewegungsablaufes gibt, damit Sie ihn noch leichter nachvollziehen können. (Abb. 1)

Abb. 1

- Ausgangsposition:
Stellen Sie sich in die Grätsche, und nehmen Sie mit dem ganzen Körper eine aufrechte und lockere Haltung ein. Ihre Beine sind gestreckt, und Ihre Füße stehen parallel geradeaus. Ihre Arme und Hände sind vor dem Unterkörper in der Mitte etwas nach vorn angehoben und gestreckt und zeigen schräg in Richtung Boden. Ihre Handflächen zeigen nach unten. Die Hände berühren einander an den Daumen und Zeigefingern und bilden eine Fläche. Sie schauen auf Ihre Hände und folgen den anschließenden Bewegungen. (Abb. A)

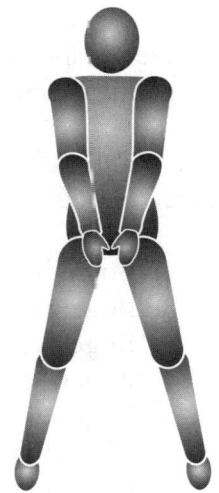

Abb. A

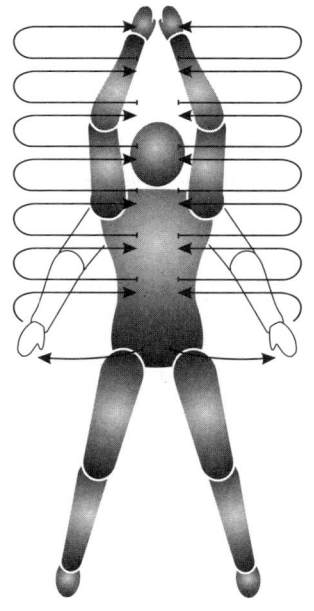

Abb. B

• Machen Sie jetzt mit Ihren Armen und Händen 7 gleichmäßige, bogenförmige Bewegungen von unten nach oben. Dazu führen Sie gleichzeitig beide Hände in der Mitte nach rechts und links auseinander, dann bogenförmig etwas nach oben und wieder waagrecht zur Mitte, dann wieder auseinander, bogenförmig etwas nach oben und waagrecht zur Mitte, bis Sie diesen Bewegungsablauf 7mal hintereinander durchgeführt haben und mit Ihren Armen und Händen über Kopfhöhe sind. Die Arme bleiben gestreckt. Jede bogenförmige Bewegung sieht aus, als ob zwei auf der Seite liegende »Us« zu einem Oval zusammengefügt sind. Die Handflächen zeigen die ganze Zeit nach unten. (Abb. B)

Schritt 3 A: Der gesprochene mentale Leitsatz wird mit den Körperbewegungen koordiniert und synchronisiert.

Sprechen Sie, während Sie von unten nach oben die 7 bogenförmigen Bewegungen ausführen, bei der

1. Bogenbewegung = Massendenken
2. Bogenbewegung = Erfahrung
3. Bogenbewegung = Erkenntnis
4. Bogenbewegung = Wissen
5. Bogenbewegung = Weisheit
6. Bogenbewegung = Liebe
7. Bogenbewegung = Licht

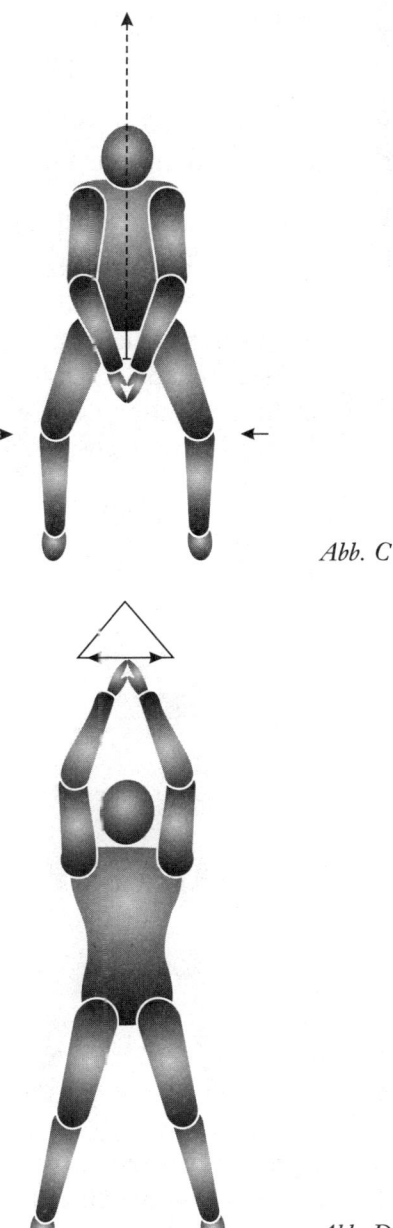

- Dann bringen Sie Ihre Hände nach unten vor sich auf Kniehöhe, und gehen dazu mit beiden Beinen etwas in die Kniebeuge. Anschließend führen Sie die Arme und die einander berührenden Hände vor sich in der Mitte wieder zügig senkrecht nach oben, bis über Kopfhöhe, und strecken die Beine wieder. Ihre Handflächen zeigen dabei nach innen. Wenn die Hände oben sind, fügen Sie ein Dreieck an. Dazu führen Sie die rechte Hand etwas waagrecht nach rechts und gleichzeitig die linke Hand waagrecht nach links und dann beide schräg nach oben weiter, bis sie einander wieder in der Mitte berühren. Sie schauen auf Ihre Hände und folgen den Bewegungen. (Abb. C und D)

Abb. C

Abb. D

Schritt 3 B: Der gesprochene mentale Leitsatz wird mit den Körperbewegungen koordiniert und synchronisiert.

Sprechen Sie, während Sie die Arme und Hände senkrecht von unten nach oben führen und dann ein Dreieck anfügen, bei der Bewegung von

unten nach oben = ich steige empor ins Licht
beim Dreieck   = zur Ganzheit!

Führen Sie den bisherigen Übungsablauf insgesamt 3mal hintereinander durch. Sie wechseln deshalb nach ein paar Sekunden von der jetzigen Haltung wie in Abb. D zur Ausgangsposition wie in Abb. A. Dazu führen Sie die Arme und Hände oben in der Mitte nach unten vor den Unterkörper. Nach dem 3. Mal kommt die

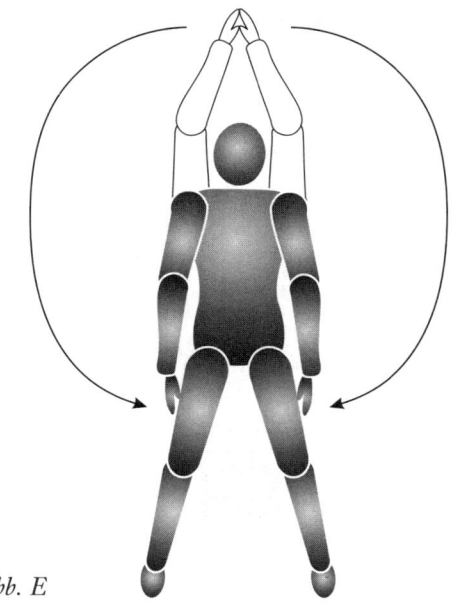

- Schlußposition:
  Führen Sie die Arme oben auseinander und seitlich nach unten, bis die Handflächen rechts und links die Oberschenkel berühren. Die Arme sind nach unten gestreckt. Sie stehen in der Grätsche. Die Beine sind gestreckt, und die Füße stehen parallel geradeaus. Sie stehen aufrecht und locker und schauen geradeaus. (Abb. E)

Abb. E

Bleiben Sie in dieser Haltung noch einige Sekunden, und atmen Sie langsam durch die Nase ein und durch den Mund aus.

Wiederholen Sie Schritt 2 mit Schritt 3 A und 3 B dieser Übung noch einmal, damit sich Ihnen der Gesamtablauf noch besser einprägt und sich die Wirkung verstärkt.

Anmerkungen zu Übung 19

Jeder Mensch geht den Weg der Evolution. Das ganze Leben ist danach ausgerichtet, ständig Neues zu lernen und sich zu entwickeln. Dabei erfahren wir, wer oder was wir wirklich sind, woher wir kommen und wohin wir gehen.

- Mit den Worten des Leitsatzes »Massendenken – Erfahrung – Erkenntnis – Wissen – Weisheit – Liebe – Licht « lenken Sie Ihre mentale Aufmerksamkeit darauf, sich der Bedeutung der einzelnen Entwicklungsstufen Ihres Lebens bewußt zu werden. Die Worte »ich steige empor ins Licht zur Ganzheit!« bedeuten, daß Ihr Weg sich mit einer Bergwanderung vergleichen läßt: Sie steigen höher und höher, und wenn Sie oben angekommen sind, erkennen Sie, woher Sie kamen und welche Zusammenhänge es dafür gibt. Denn von oben haben Sie eine wunderbare Aussicht und Übersicht.

- Die aufrechte Körperhaltung am Anfang mit den schräg nach unten gestreckten Armen und Händen symbolisiert den Beginn Ihrer Evolution, von dem aus Sie sich weiter vervollkommnen.

- Beine und Füße sind in der Bewegungslehre das Symbol für Standfestigkeit und Voranschreiten im Leben. Der Grätschstand bedeutet, daß Sie für sich selbst angemessenen Raum beanspruchen. Damit demonstrieren Sie, daß Sie Ihre Entwicklung nicht hintanstellen. Ihr Gleichgewicht ist optimal auf beide Beine verteilt. Sie sind bestens im Boden verankert und haben ein Gefühl der Sicherheit, die sich auf Ihre geistige und seelische Befindlichkeit überträgt.

- Hände und Arme sind in der Bewegungslehre das Symbol des Handelns und Leistungsvermögens. Die 7 Bogenbewegungen nach oben symbolisieren die einzelnen Stufen Ihrer Evolution.

- Die nach oben gestreckten Arme lassen die Energie besser fließen und zirkulieren. Symbolisch bedeutet diese Haltung, daß Sie über sich selbst hinauswachsen.

- Das senkrechte von unten nach oben Führen der Arme und Hände symbolisiert den zielstrebigen Aufstieg durch alle Entwicklungsstufen.

- Das Dreieck über dem Kopf symbolisiert die Ganzheit, mit der Sie sich wieder verbinden.

- Die aufrechte Körperhaltung der Schlußposition bedeutet, daß Sie Ihre Evolution fördern und sich bewußt den Aufgaben Ihres Lebens stellen. Sie beugen Fehlhaltungen vor oder gleichen sie aus. Dies überträgt sich auch auf den geistigen Bereich.

Übung 20 In der eigenen Mitte ruhen

Fühlen Sie sich manchmal wie hin- und hergerissen durch Streit und Konfrontationen? Geraten Sie innerlich durch Konflikte oder Schuldgefühle öfter in Aufruhr? Behalten Sie in schwierigen Situationen Ruhe und Übersicht? Oder werden Sie nervös und reagieren gereizt? Wenn Sie verunsichert sind, geschieht das mehr durch äußere Einflüsse oder durch Ihre eigenen ruhelosen Gedanken? Wieviel Geduld bringen Sie für sich selbst und für Ihre Mitmenschen auf? Lassen Sie sich von der täglichen Betriebsamkeit zu sehr vereinnahmen? Verzetteln Sie sich häufig mit unrealistischen Zeitplanungen und vergeuden dadurch Ihre Energie? Sind Sie manchmal bis auf das Äußerste angespannt? Reagieren Sie überempfindlich auf Geräusche?

Diese Übung zeigt Ihnen, wie Sie Ihre Kräfte konzentrieren und zielorientiert lenken. In kurzer Zeit sind Sie ruhig und gesammelt. Es existiert keine Vergangenheit und keine Zukunft. Die Probleme der Gegenwart bleiben sozusagen vor der Tür. Sie zapfen die Quelle Ihrer inneren Kraft an, die einen Ausgleich herbeiführt und Frieden schafft.

Um in Ihre Mitte zu kommen und vollständigen Kontakt zu sich selbst herzustellen, empfehle ich Ihnen, durch diese Übung 1–2mal pro Tag Ihre Aufmerksamkeit von der Außenwelt abzuziehen, damit sich Ihre Kräfte sammeln und regenerieren können. Nach mehrmaligem Üben gelingt es Ihnen immer besser, sich durch nichts mehr ablenken zu lassen. Sie wissen, wie Sie mit Ihren Kräften aus Ihrer Mitte heraus das Leben meistern. Nehmen Sie sich die Zeit, diese Übung immer wieder zu machen. Der Erfolg wird Sie belohnen!

Die praktische Durchführung der Übung

Machen Sie sich bewußt, was es für Sie bedeutet, in Ihrer eigenen Mitte zu ruhen, Frieden zu spüren und aus innerer Ruhe heraus den Alltag zu meistern. Notieren Sie Stichworte, falls erforderlich. Wenn Ihnen nicht gleich etwas dazu einfällt, dann führen Sie die Übung sofort aus, denn Sie können auch zu einem späteren Zeitpunkt durch mehrmaliges Üben wichtige Hinweise erhalten.

Schritt 1: Denken und sprechen Sie den folgenden mentalen Leitsatz langsam, deutlich und engagiert mit Intensität, Klarheit und Überzeugung:

Ich ruhe in meiner Mitte,
in mir ist Frieden, in mir ist Stille!

Wiederholen Sie diesen Satz 5–7mal. Identifizieren Sie sich mit seiner Aussage, und bejahen Sie den zu erreichenden Zustand.

Schritt 2: Jetzt werden die Körperbewegungen ausgeführt.

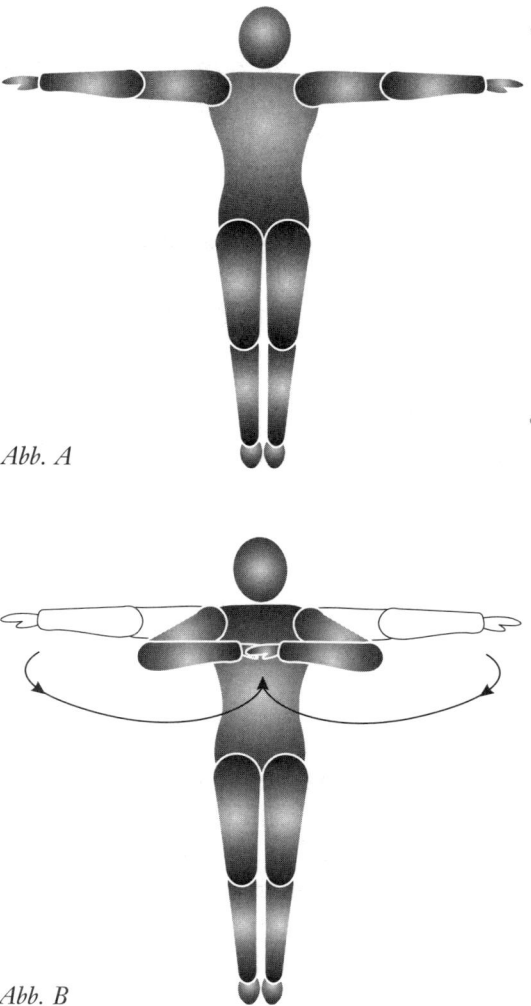

Abb. A

Abb. B

• Ausgangsposition:
Nehmen Sie im Stehen mit dem ganzen Körper eine aufrechte und lockere Haltung ein. Ihre Beine sind gestreckt, und Ihre Füße stehen parallel nebeneinander geradeaus und berühren einander. Ihre Arme sind waagrecht in Schulterhöhe ausgestreckt, und die Handflächen zeigen zum Boden. Sie schauen geradeaus. (Abb. A)

• Führen Sie nun ganz langsam wie in Zeitlupe Ihre Arme in Schulterhöhe, in einem großen ausholenden Bogen rechts und links, von der Seite nach vorn, bis die Hände vor der Brustmitte aufeinander liegen. Beugen Sie dazu die Arme allmählich zum Körper hin, und führen Sie dann die rechte Hand unter die linke. Die Handfläche der linken Hand liegt auf dem Handrücken der rechten Hand. Die Unterarme sind fast waagrecht. Der Abstand der Hände zum Körper beträgt etwa 20 cm. Sie schauen geradeaus und bleiben ungefähr eine halbe Minute völlig ruhig stehen, wenn möglich, ohne die Augenlider zu bewegen. (Abb. B)

Schritt 3:   Der gesprochene mentale Leitsatz wird mit den Körperbewegungen koordiniert und synchronisiert.

Sprechen Sie, während Sie die Arme in einem großen Bogen vor die Brustmitte
führen und dann die Hände aufeinanderlegen, bei der Bewegung

Arme zur Brustmitte = Ich ruhe in meiner Mitte,
Hände aufeinander   = in mir ist Frieden, in mir ist Stille!

Führen Sie den bisherigen Übungsablauf insgesamt 3mal hintereinander durch.
Sie wechseln deshalb nach ungefähr einer halben Minute von der jetzigen Haltung
wie in Abb. B zur Ausgangsposition wie in Abb. A. Dazu breiten Sie Ihre Arme und
Hände langsam waagrecht zur Seite wieder aus und strecken sie. Nach dem 3. Mal
kommt die

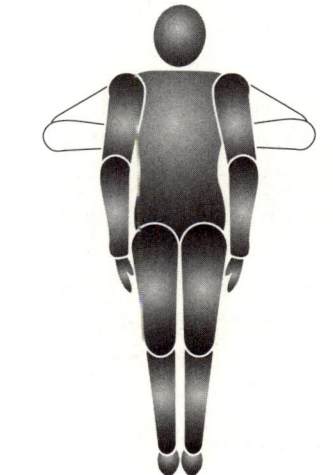

• Schlußposition:
Nach ungefähr einer halben Minute
führen Sie Ihre Arme langsam in Brusthöhe gleichzeitig wieder auseinander
und nach unten, bis die Handflächen
rechts und links die Oberschenkel berühren. Die Füße stehen parallel nebeneinander geradeaus und berühren
einander. Sie stehen aufrecht und lok-
ker und schauen geradeaus. (Abb. C)

Abb. C

Bleiben Sie in dieser Haltung noch einige Sekunden, und atmen Sie langsam durch
die Nase ein und durch den Mund aus.

Wiederholen Sie Schritt 2 mit Schritt 3 dieser Übung noch einmal, damit sich
Ihnen der Gesamtablauf noch besser einprägt und sich die Wirkung verstärkt.

Anmerkungen zu Übung 20

Redewendungen wie »Ich bin ganz durcheinander!«, »Ich bin völlig irritiert!«, »Ich weiß gar nicht, wo mir der Kopf steht!« oder »Alles geht drunter und drüber!« sind Signale, darauf zu achten, sich nicht von äußeren Betriebsamkeiten beherrschen zu lassen. Lenken Sie öfter Ihre Aufmerksamkeit zwischendurch nach innen, und sammeln Sie Ihre Kräfte. Sie können danach wieder klarer denken, und die Arbeit geht Ihnen schneller von der Hand.

- Mit den Worten des Leitsatzes »Ich ruhe in meiner Mitte« fordern Sie sich auf, Ihre Aufmerksamkeit vom äußeren Geschehen abzuziehen und sich nach innen zu konzentrieren. Mit den Worten »in mir ist Frieden, in mir ist Stille!« programmieren Sie sich, Frieden und Stille in Ihrem Inneren zu erleben und sich zu regenerieren.

- Die zu Anfang aufrechte Körperhaltung mit den waagrecht ausgebreiteten Armen macht um die Brust herum frei. Sie atmen gut durch, und die innere Spannung baut sich ab. Symbolisch bedeutet diese Haltung, daß Sie sich darauf vorbereiten, Ihre Aufmerksamkeit von außen nach innen zu konzentrieren.

- Beine und Füße sind in der Bewegungslehre das Symbol für Standfestigkeit und Voranschreiten im Leben. Die gestreckten Beine und die Füße, die dicht beieinander stehen, sind eine Stellung der inneren Sammlung und Konzentration.

- Hände und Arme sind in der Bewegungslehre das Symbol des Handelns und Leistungsvermögens. Das langsame Zusammenführen der Arme vor der Brustmitte bedeutet, daß Sie bewußt und konzentriert Ihre Aufmerksamkeit von den äußeren Aktivitäten abziehen und sich nun nach innen konzentrieren.

- Das völlig ruhige Stehenbleiben mit den Händen vor der Brustmitte bedeutet, daß Sie Ihre ganze Aufmerksamkeit nach innen gerichtet haben und dort Ihre Kräfte sammeln, damit sie sich regenerieren.

- Die aufrechte Körperhaltung der Schlußposition bedeutet, daß Sie sich aufrecht, ruhig und gesammelt wieder den äußeren Geschehnissen zuwenden. Sie beugen Fehlhaltungen vor oder gleichen sie aus. Dies überträgt sich auch auf den geistigen Bereich.

Übung 21   Klarheit und Realitätsbewußtsein

Fühlen Sie sich manchmal verunsichert, ob Sie die richtige Entscheidung getroffen haben? Fällt es Ihnen schwer, zwischen mehreren Möglichkeiten zu wählen und abzuwägen? Wenn Sie z. B. in ein Restaurant gehen und einige Tische noch frei sind, wie lange brauchen Sie, bis Sie einen Tisch gefunden haben, der Ihnen zusagt? Haben Sie sich schon oft etwas aufschwatzen lassen, was Sie eigentlich gar nicht wollen? Waren Sie häufig enttäuscht, weil Sie die Realitäten nicht wahrhaben wollten? Sind Sie oft geistesabwesend, vergeßlich oder unkonzentriert? Flüchten Sie in eine Phantasiewelt, statt sich mit der Wirklichkeit auseinanderzusetzen? Wie gehen Sie mit schwierigen Aufgaben und Herausforderungen um? Schieben Sie sie auf die lange Bank, gehen Sie ihnen aus dem Weg, ziehen Sie sich zurück, suchen Sie das Weite? Oder gehen Sie rechtzeitig daran, sie zu bewältigen? Welche Einstellung kann Ihnen dabei helfen? Wie klar vertreten Sie Ihre Interessen?

Mit dieser Übung sensibilisieren und stärken Sie Ihre Wahrnehmungsfähigkeit. Sie lernen, Ihre Aufmerksamkeit auf das zu lenken, was wirklich wichtig ist, und können sich besser konzentrieren. Sie achten darauf, was Ihnen Ihre 5 Sinne übermitteln, und nehmen es intensiver und deutlicher wahr als vorher. Alle Ereignisse, Situationen, Dinge und Menschen, mit denen Sie es zu tun haben, werden nach kurzer Zeit von Ihnen klar und realistisch eingeschätzt. Sie erkennen, was für Sie richtig ist. Das gibt Ihnen ein Gefühl der Sicherheit und Entschlossenheit.

Um entsprechend handeln und reagieren zu können, sind Klarheit und Realitätsbewußtsein erforderlich. Ihre 5 Sinne übermitteln Ihnen wichtige Informationen, Sie bekommen alle Fakten, die Sie brauchen. Achten Sie einmal darauf, welcher Sinn Ihnen die meisten Informationen liefert und wie Sie ihn verbalisieren. Sicher kennen Sie Äußerungen wie »Das kann ich nicht mehr sehen!«, »Da halte ich mir doch am besten die Ohren zu!«, »Dabei habe ich kein gutes Gefühl!«, »Das stinkt ja schon von weitem!« oder »Das schmeckt mir nicht!«

Lehnen Sie etwas nicht einfach ab, ohne die Tatsachen zu kennen, sondern registrieren Sie genau, was vor sich geht. Verweilen Sie nicht in emotionaler Betroffenheit, sondern lernen Sie, wahrzunehmen und zu beobachten. Sehen Sie hin und nicht weg, hören Sie zu und nicht weg, achten Sie auf Ihre Gefühle und verdrängen Sie sie nicht, stellen Sie fest, wie etwas riecht und schmeckt. Schalten Sie alle Ihre Wahrnehmungskanäle ein, und achten Sie darauf, wie Sie etwas kommentieren. Ich bin sicher, Sie machen bessere Erfahrungen als früher!

Die praktische Durchführung der Übung

Machen Sie sich bewußt, in welchen Lebensbereichen oder Situationen Sie über Klarheit und Realitätsbewußtsein verfügen wollen. Notieren Sie Stichworte, falls erforderlich. Wenn Ihnen nicht gleich etwas dazu einfällt, dann führen Sie die Übung sofort aus, denn Sie können auch zu einem späteren Zeitpunkt durch mehrmaliges Üben wichtige Hinweise erhalten.

Schritt 1:   Denken und sprechen Sie den folgenden mentalen Leitsatz langsam, deutlich und engagiert mit Intensität, Klarheit und Überzeugung:

> Ich denke logisch und klar
> und nehme die Wirklichkeit wahr;
> ich erkenne, was für mich richtig ist!

Wiederholen Sie diesen Satz 5–7mal. Identifizieren Sie sich mit seiner Aussage, und bejahen Sie den zu erreichenden Zustand.

Schritt 2:   Jetzt werden die Körperbewegungen ausgeführt.

• Betrachten Sie zuerst die folgenden grafischen Darstellungen, die Ihnen eine Gesamtübersicht des Bewegungsablaufes geben, damit Sie ihn noch leichter nachvollziehen können. Im zentralen Bereich dieses Bewegungsablaufes ensteht vor Ihnen in Augenhöhe ein Fokus, auf den Sie sich während der ganzen Übung konzentrieren. (Abb. 1 und 2)

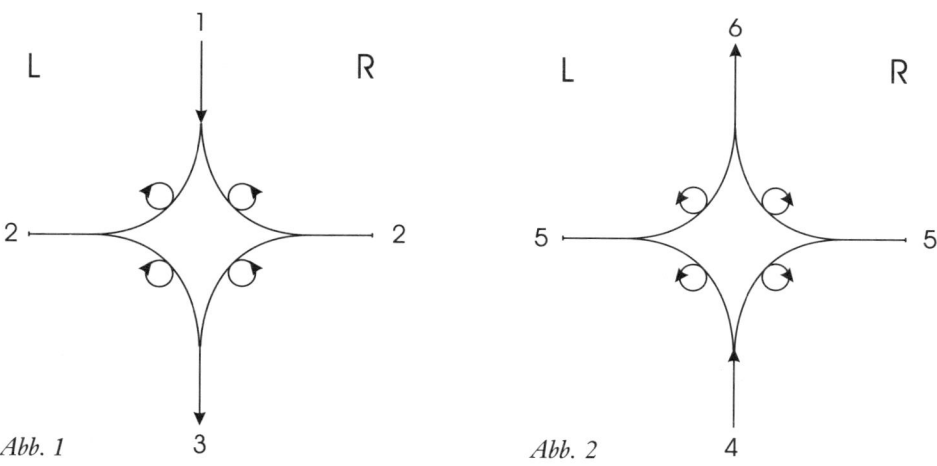

Abb. 1   *Abb. 2*

- Ausgangsposition:
Stellen Sie sich in die Grätsche, und nehmen Sie mit dem ganzen Körper eine aufrechte und lockere Haltung ein. Ihre Beine sind gestreckt, und Ihre Füße stehen parallel geradeaus. Ihre Arme und Hände sind nach oben über den Kopf ausgestreckt, die Fingerspitzen beider Hände berühren einander oben in der Mitte. Die Handrücken zeigen nach rechts und links. Sie schauen geradeaus. (Abb. A)

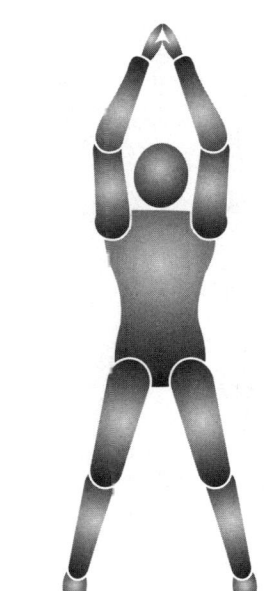

Abb. A

Schritt 3 A: Der gesprochene mentale Leitsatz wird mit den Körperbewegungen koordiniert und synchronisiert.

Sprechen Sie, während Sie Ihre Arme und Hände über den Kopf ausgestreckt halten:

> Ich denke logisch und klar
> und nehme die Wirklichkeit wahr;

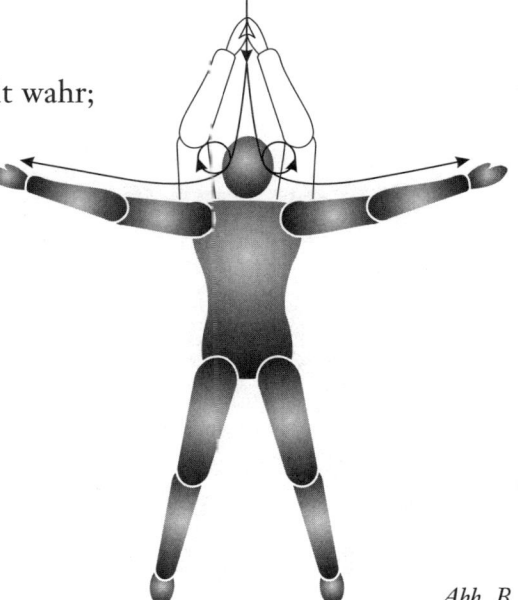

- Dann führen Sie Ihre Arme und Hände gestreckt von oben nach unten vor sich auf Stirnhöhe, machen dort gleichzeitig mit der rechten und linken Hand eine kleine Rolle einwärts drehend und führen anschließend die rechte Hand nach rechts außen und die linke Hand nach links außen weiter. (Abb. B)

Abb. B

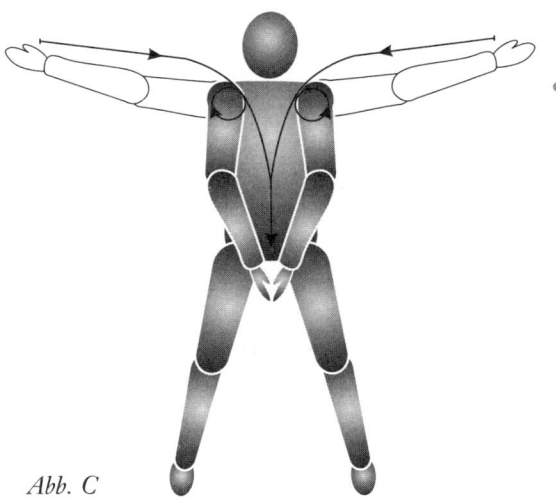

Abb. C

• Anschließend führen Sie Ihre Arme und Hände auf Schulterhöhe zurück, machen wieder gleichzeitig mit der rechten und linken Hand eine kleine Rolle einwärts drehend und führen die Arme und Hände vor sich in der Mitte senkrecht nach unten. Die Hände berühren einander wieder und die Handrücken zeigen während des ganzen Bewegungsablaufes nach außen. (Abb. C)

Schritt 3 B: Der gesprochene mentale Leitsatz wird mit den Körperbewegungen koordiniert und synchronisiert.

Sprechen Sie, während Sie Ihre Hände mit den Armen senkrecht nach unten halten:

ich erkenne, was für mich richtig ist!

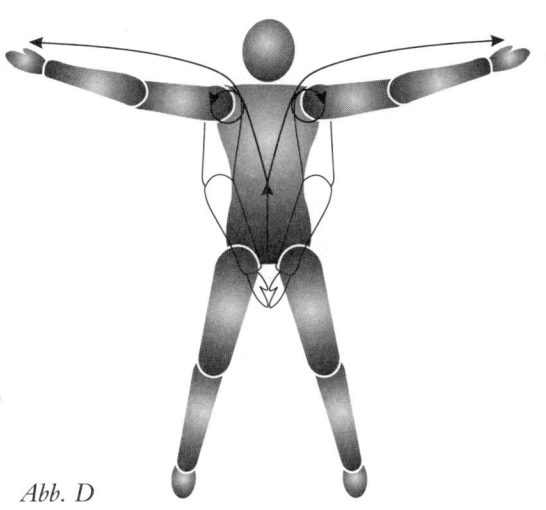

Abb. D

• Dann machen Sie den gleichen Bewegungsablauf von unten nach oben zurück. Führen Sie dazu die Arme mit den einander berührenden Händen gestreckt von unten senkrecht nach oben bis auf Schulterhöhe, machen dort gleichzeitig mit der rechten und linken Hand eine kleine Rolle, diesmal auswärts drehend und führen daran anschließend die rechte Hand nach rechts außen und die linke Hand nach links außen weiter. (Abb. D)

• Anschließend führen Sie die Arme und
Hände auf Stirnhöhe waagrecht zur
Mitte zurück, machen wieder gleichzeitig mit der rechten und linken Hand
eine kleine Rolle auswärts drehend und
führen die Arme mit den wieder einander berührenden Hände vor sich in der
Mitte senkrecht nach oben. (Abb. E)

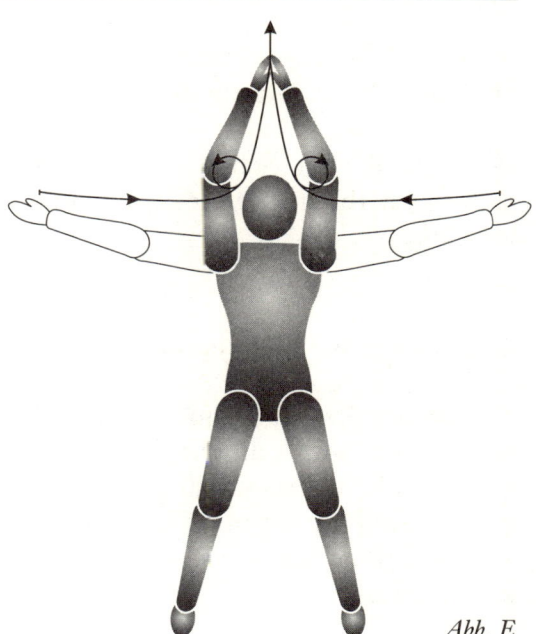

Abb. E

Führen Sie den bisherigen Übungsablauf insgesamt 3mal hintereinander durch.
Sie beginnen deshalb nach ein paar Sekunden mit Schritt 3 A zur Haltung wie in
Abb. A. Nach dem 3. Mal kommt die

• Schlußposition:
Führen Sie die Hände oben in der
Mitte seitlich auseinander und nach unten, bis die Handflächen rechts und
links die Oberschenkel berühren. Die
Arme sind nach unten gestreckt. Sie
stehen in der Grätsche. Die Beine sind
gestreckt, und die Füße stehen parallel
geradeaus. Sie stehen aufrecht und lok-
ker und schauen geradeaus. (Abb. F)

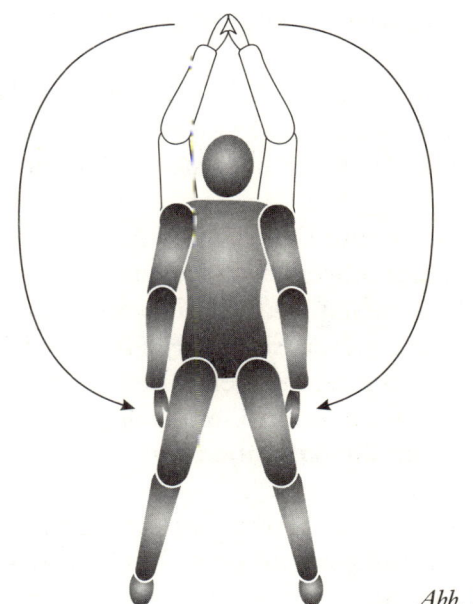

Abb. F

Bleiben Sie in dieser Haltung noch einige Sekunden, und atmen Sie langsam durch die Nase ein und durch den Mund aus.

Wiederholen Sie Schritt 2 mit Schritt 3 A und 3 B dieser Übung noch einmal, damit sich Ihnen der Gesamtablauf noch besser einprägt und sich die Wirkung verstärkt.

Anmerkungen zu Übung 21

Es gibt eine Regel, die auf viele Situationen übertragbar ist: »Entscheide dich, und handle erst, wenn du alle Fakten kennst!« Oft werden wichtige Tatsachen oder Impulse nicht berücksichtigt, weil belastende Situationen heftige Emotionen auslösen, die das einwandfreie Funktionieren der Sinneswahrnehmungen und den Verstand überlagern. Es ist wichtig, daß Verstand und Gefühl ausgewogen zusammenarbeiten.

• Mit den Worten des Leitsatzes »Ich denke logisch und klar und nehme die Wirklichkeit wahr« fordern Sie sich auf, die wichtigen Gedankenimpulse von den unwichtigen und irritierenden zu trennen und sich an den tatsächlichen Fakten zu orientieren. Mit den Worten »ich erkenne, was für mich richtig ist!« programmieren Sie sich darauf, das zu erkennen, was gemäß den tatsächlichen Gegebenheiten das Richtige für Sie ist.

• Die aufrechte Körperhaltung zu Anfang mit den gestreckten Armen nach oben läßt die Energie besser fließen und zirkulieren. Symbolisch bedeutet diese Haltung, daß Sie über sich selbst hinauswachsen.

• Beine und Füße sind in der Bewegungslehre das Symbol für Standfestigkeit und Voranschreiten im Leben. Der Grätschstand bedeutet, daß Sie sich den Realitäten stellen und für sich selbst angemessenen Raum beanspruchen. Damit demonstrieren Sie, daß Sie Ihre Bedürfnisse nicht hintanstellen. Ihr Gleichgewicht ist optimal auf beide Beine verteilt. Sie sind bestens im Boden verankert und bekommen ein Gefühl der Sicherheit, die sich auf Ihre geistige und seelische Befindlichkeit überträgt.

• Hände und Arme sind in der Bewegungslehre das Symbol des Handelns und Leistungsvermögens. Die Armbewegungen von der Mitte oben zur Seite, von der Seite zur Mitte nach unten weiter und das Ganze wieder zurück wie in

Abbildung 1 und 2 zusammenfassend dargestellt, lassen vor Ihnen auf Augen-höhe einen Fokus entstehen. Dieser Fokus symbolisiert den Brennpunkt der Wirklichkeit, auf den Sie Ihre mentale Aufmerksamkeit richten. Sie konzentrie-ren sich auf die tatsächlichen und wesentlichen Fakten, ohne den Gesamtbezug aus den Augen zu verlieren.

- Das Ausbreiten der Arme zwischendurch macht Sie um die Brust herum frei. Sie atmen gut durch und die innere Spannung baut sich ab. Symbolisch bedeutet diese Bewegung, daß Sie sich dem öffnen, was Ihnen Klarheit vermittelt und zu Ihrer Realitätsbezogenheit beiträgt.

- Die aufrechte Körperhaltung der Schlußposition bedeutet, daß Sie bereit sind, Klarheit in Ihre Angelegenheiten zu bringen und sich realitätsbewußt den Auf-gaben Ihres Lebens stellen. Sie beugen Fehlhaltungen vor oder gleichen sie aus. Dies überträgt sich auch auf den geistigen Bereich.

Übung 22   Konstruktive Potentiale aktivieren

Welche Ihrer Eigenschaften, Fähigkeiten und Talente möchten Sie fördern? Sind Sie handwerklich, praktisch, musisch, künstlerisch, mathematisch, geistes- oder naturwissenschaftlich, analytisch, psychologisch, philosophisch oder schriftstellerisch begabt? Möchten Sie mehr Esprit und Charme entwickeln? Aufgeschlossener und kommunikativer sein, für Neues empfänglich bleiben, mehr Power und Dynamik in Ihre Tätigkeit oder Freizeit einbringen? Mehr Geduld haben, großzügig, tolerant und verständnisvoller sein mit sich und Ihren Mitmenschen, mehr Warmherzigkeit, Einfühlungsvermögen, Zuverlässigkeit, Vertrauen und Sicherheit entwickeln? Ihre Fachkompetenz einsetzen, sich schöpferisch und kreativ betätigen, ausdauernd, diszipliniert und präzise arbeiten, Ihre Organisations- und Führungsqualitäten steigern?

Was es auch sein mag, diese Übung aktiviert und stärkt die in Ihnen angelegten konstruktiven Potentiale. Darunter ist die Summe der in Ihnen vorhandenen grundlegenden und aufbauenden Möglichkeiten zu verstehen, die Sie befähigen, auf verschiedenen Gebieten optimale Leistungen zu erbringen. Sie werden aufmerksam auf Eigenschaften, Fähigkeiten und Talente, die Ihrer Persönlichkeit entsprechen, und erkennen, wie Sie sie am besten anwenden. Dadurch sind Sie in der Lage, Ihrem Leben größere Fülle zu geben.

Es geht nicht darum, daß Sie neiderfüllt etwas zu erreichen versuchen oder mit dem wetteifern, was andere Menschen haben oder können. Werden Sie sich bewußt, daß Sie ganz persönliche Anlagen haben, die Ihrer Art entsprechen. Setzen Sie frei, was schon immer vorhanden war, und vervollkommnen Sie es. Vergeuden Sie nicht Ihre Energie und Ihre Zeit in Richtungen, die von Ihnen wegführen, nur weil Sie es anderen gleichtun wollen.

Wenn Sie sich als nicht so attraktiv, so gutaussehend, so schlank, so fleißig, so diszipliniert, so mutig, so tatkräftig, so entschlossen, so kreativ, so kompetent, so klug, so intelligent, so zuverlässig, so fröhlich, so hilfsbereit, so ideenreich, so musikalisch, so geistreich, so praktisch begabt einstufen, wie andere es in Ihren Augen sind, mit denen Sie sich vielleicht verglichen haben, so können Sie dennoch Ihre ganz persönliche Note entwickeln und leben.

Machen Sie sich attraktiv durch Eigenschaften und Fähigkeiten, die Ihnen wirklich liegen. Bauen Sie sie aus, kultivieren Sie sie. Sie werden staunen, wie rasch Unzufriedenheit und Frustrationen verschwinden, wenn Sie nicht mehr irgendwelchen Phantomen nachjagen, sondern sich Ihren eigenen konstruktiven Potentialen widmen. Das ist sehr ökonomisch, und Sie haben mehr Energie für sich selbst!

Klopfen Sie an Ihre eigene Tür! Wenn Sie sie öffnen, werden Sie überrascht sein, was in Ihnen so alles steckt!

Die praktische Durchführung der Übung

Machen Sie sich bewußt, welche konstruktiven Eigenschaften, Fähigkeiten und Talente Sie aktivieren und einsetzen wollen. Notieren Sie Stichworte, falls erforderlich. Wenn Ihnen nicht gleich etwas dazu einfällt, dann führen Sie die Übung sofort aus, denn Sie können auch zu einem späteren Zeitpunkt durch mehrmaliges Üben aufmerksam werden auf Potentiale, die Sie in sich bisher nicht vermutet haben.

Schritt 1: Denken und sprechen Sie den folgenden mentalen Leitsatz langsam, deutlich und engagiert mit Intensität, Klarheit und Überzeugung:

Ich habe konstruktive Potentiale,
sie sind aktiviert
und voll in Funktion!

Wiederholen Sie diesen Satz 5–7mal. Identifizieren Sie sich mit seiner Aussage, und bejahen Sie den zu erreichenden Zustand.

Schritt 2: Jetzt werden die Körperbewegungen ausgeführt.

• Betrachten Sie zuerst die folgenden grafischen Darstellungen, die Ihnen eine Gesamtübersicht des Bewegungsablaufes geben, damit Sie ihn noch leichter nachvollziehen können. (Abb. 1 und 2, Seite 208)

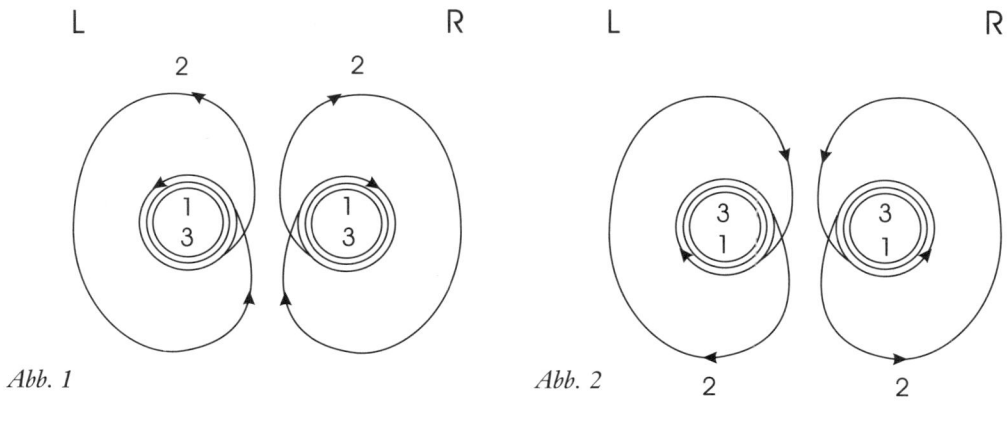

L   R   L   R

2   2   2   2

1   1   3   3
3   3   1   1

Abb. 1   *Abb. 2*

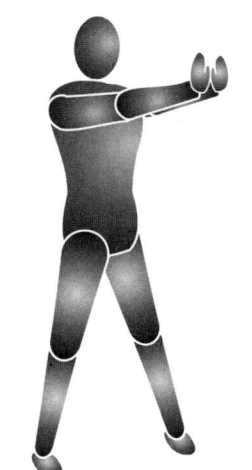

Abb. A

• Ausgangsposition:
  Stellen Sie sich in die Grätsche, und
  nehmen Sie mit dem ganzen Körper
  eine aufrechte und lockere Haltung ein.
  Ihre Beine sind gestreckt, und Ihre
  Füße stehen parallel geradeaus. Ihre
  Arme sind in Schulterhöhe parallel
  nach vorn ausgestreckt. Die Hände sind
  senkrecht nach oben angewinkelt, so
  daß die Handflächen nach vorn zeigen.
  Während des weiteren Übungsverlau-
  fes bleiben die Arme ausgestreckt und
  die Hände angewinkelt. Sie schauen geradeaus. (Abb. A)

Schritt 3 A: Der gesprochene mentale Leitsatz wird mit den Körperbewegungen koordiniert und synchronisiert.

Sprechen Sie, während Sie die Arme nach vorn ausgestreckt halten und die
Hände dabei angewinkelt haben:

Ich habe konstruktive Potentiale,

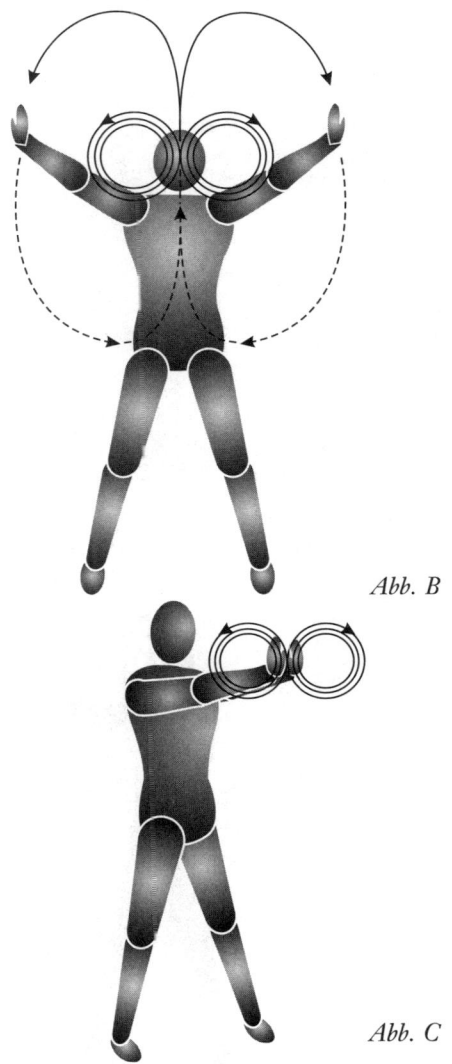

Abb. B

Abb. C

- Dann machen Sie mit beiden Armen und Händen gleichzeitig rechts und links vorn 3 kleine Kreise auswärts drehend, indem Sie die Hände nach oben und außen zu kreisen beginnen, fügen nach dem 3. kleinen Kreis rechts und links einen großen Bogen auswärts drehend an, der wieder überwechselt in 3 kleine Kreise auswärts drehend, an der gleichen Stelle, wie zuvor. Anschließend haben Sie wieder die gleiche Haltung wie in der Ausgangsposition. (Abb. B und C)

Schritt 3 B: Der gesprochene mentale Leitsatz wird mit den Körperbewegungen koordiniert und synchronisiert.

Sprechen Sie, sobald Sie die Arme wieder nach vorn ausgestreckt halten und die Hände dabei angewinkelt haben:

    sie sind aktiviert
    und voll in Funktion!

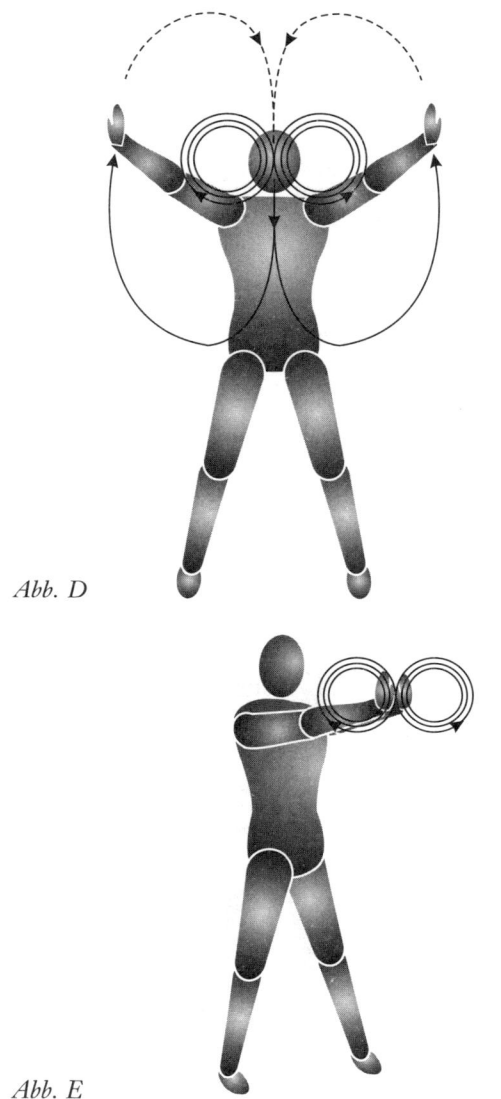

Abb. D

Abb. E

• Nun drehen Sie das Ganze in die andere Richtung. Sie machen mit beiden
Händen gleichzeitig rechts und links
vorn 3 kleine Kreise einwärts drehend,
indem Sie die Hände nach unten und
außen zu kreisen beginnen, fügen nach
dem 3. kleinen Kreis rechts und links
einen großen Bogen einwärts drehend
an, der wieder überwechselt in 3 kleine
Kreise einwärts drehend, an der gleichen Stelle, wie zuvor. (Abb. D und E)

Führen Sie den bisherigen Übungsablauf insgesamt 3mal hintereinander durch.
Sie beginnen deshalb nach ein paar Sekunden mit Schritt 3 A zur Haltung wie in
Abb. A. Nach dem 3. Mal kommt die

• Schlußposition:
  Strecken Sie zuerst die Hände aus, die
  Handflächen zeigen nach unten. Anschließend führen Sie die Arme parallel
  nach unten, bis die Handflächen rechts
  und links die Oberschenkel berühren.
  Die Arme sind nach unten gestreckt.
  Sie stehen in der Grätsche. Die Beine
  sind gestreckt, und die Füße stehen parallel geradeaus. Sie stehen aufrecht und
  locker und schauen geradeaus. (Abb. F)

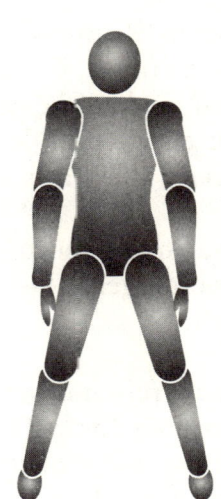

Abb. F

Bleiben Sie in dieser Haltung noch einige Sekunden, und atmen Sie langsam durch
die Nase ein und durch den Mund aus.

Wiederholen Sie Schritt 2 mit Schritt 3 A und 3 B dieser Übung noch einmal,
damit sich Ihnen der Gesamtablauf noch besser einprägt und sich die Wirkung
verstärkt.

Anmerkungen zu Übung 22

Auch Sie haben Talente und Fähigkeiten, die nur darauf warten, von Ihnen entdeckt und gefördert zu werden. Setzen Sie sich darüber hinweg, sich z. B. als
unfähig oder nicht gut genug zu bezeichnen. Entdecken Sie selbst, was alles in
Ihnen steckt, und bringen Sie es ans Licht.

• Mit den Worten des Leitsatzes »Ich habe konstruktive Potentiale« lenken Sie
  Ihre mentale Aufmerksamkeit darauf, sich bewußt zu machen, welche Talente
  und Fähigkeiten Sie haben, die Ihrer Persönlichkeit am besten entsprechen. Mit
  den Worten »sie sind aktiviert und voll in Funktion!« programmieren Sie sich
  darauf, daß alle Ihre Potentiale sich voll entfalten, für Sie wirken und wunderbare Ergebnisse hervorbringen.

• Beine und Füße sind in der Bewegungslehre das Symbol für Standfestigkeit und
  Voranschreiten im Leben. Der Grätschstand bedeutet, daß Sie für sich selbst

angemessenen Raum beanspruchen. Damit demonstrieren Sie, daß Sie Ihre eigenen Bedürfnisse, Fähigkeiten und Talente nicht hintanstellen. Ihr Gleichgewicht ist optimal auf beide Beine verteilt. Sie sind bestens im Boden verankert und haben ein Gefühl der Sicherheit, die sich auf Ihre geistige und seelische Befindlichkeit überträgt.

- Hände und Arme sind in der Bewegungslehre das Symbol des Handelns und Leistungsvermögens. Die parallel geradeaus gestreckten Arme symbolisieren die Zukunft.

- Die kleinen Kreise und großen Bogen auswärts drehend bedeuten, daß Sie zur Bewußtwerdung Ihrer Talente und Fähigkeiten alle Energien aktivieren. Die kleinen Kreise und großen Bogen einwärts drehend bedeuten das Weiterwirken der Energien auf Ihre Talente und Fähigkeiten, damit sie sich wirkungsvoll entfalten und manifestieren. Die großen Bogen unterstützen Ihre mentale Aufmerksamkeit, sich Ihren Potentialen zu öffnen.

- Die aufrechte Körperhaltung der Schlußposition bedeutet, daß Sie entschlossen und aufrecht Ihre Fähigkeiten und Talente zu nutzen bereit sind. Sie beugen Fehlhaltungen vor oder gleichen sie aus. Dies überträgt sich auch auf den geistigen Bereich.

Übung 23 Es geschieht das Richtige in Raum und Zeit

Bleiben Sie in schwierigen Situationen zuversichtlich? Erwarten Sie günstige Entwicklungen, oder sind Sie eher mißtrauisch und auf Fehlschläge eingestellt? Mangelt es Ihnen an Optimismus und Vertrauen? Werden Sie ungeduldig, wenn Sie mit einer Sache nicht schnell genug vorankommen? Neigen Sie dazu, alles unter Kontrolle haben zu wollen? Zwingen Sie anderen Ihren Willen auf? Verlieren Sie manchmal die Selbstbeherrschung? Wenn Sie Post erhalten, öffnen Sie sie eilig oder bedächtig? Wie reagieren Sie, wenn das Telefon läutet? Nehmen Sie nervös den Hörer ab, oder bleiben Sie gelassen? Denken Sie oft daran, was Sie am nächsten Tag alles zu tun haben? Wenn etwas nicht beim ersten Mal gelingt, wollen Sie es dann mit Gewalt erzwingen? Bringen Sie sich selbst unter Druck, weil Sie übertriebene Perfektionsansprüche stellen oder Ihr Leistungsziel zu hoch gesteckt haben? Wollen Sie manches zu stark vorantreiben? Wünschen Sie sich mehr mentale Lockerheit?

Diese Übung festigt Ihr Vertrauen und Ihre Zuversicht, daß alle Ihre Angelegenheiten sich optimal entwickeln und geregelt sind. Sie bekommen ein sicheres Gespür dafür, wann es angebracht ist, etwas zu tun, und wann nicht. Viele Angelegenheiten nehmen einen wesentlich günstigeren Verlauf, wenn wir bereit sind, vertrauensvoll abzuwarten und nicht alles beschleunigen oder überstürzen wollen. Oft vermasseln wir uns eine Chance, weil wir voreilig reagieren. Wir machen bestimmte Dinge am falschen Ort und/oder zum falschen Zeitpunkt und wundern uns dann über die unangenehmen Folgen, an die wir vorher nicht gedacht haben.

Haben Sie schon einmal unreifes Obst gegessen? Dann wissen Sie ja, wie es schmeckt: sauer und bitter. So verhält es sich auch mit unseren Angelegenheiten, wenn wir nicht die richtige Zeit abwarten, sondern hasten und hetzen. Wir unterschreiben zu voreilig Verträge, wir kaufen unüberlegt irgendwelche Dinge, wir geben eine gute Idee zu früh aus der Hand, so daß sie uns gestohlen wird, wir treiben ein Vorhaben so zur Eile an, daß Mängel entstehen, die zusätzlich Zeit, Geld und Energie kosten, um sie zu beheben. Alles, nur weil wir nicht warten können, bis unsere Früchte wirklich reif sind. Der bittere Nachgeschmack ist dann schon vorprogrammiert.

Es gibt eine Zeit des Wartens, und es gibt eine Zeit des Handelns. Wichtige Informationen, die sich erst etwas später durch das Warten ergeben, können vor dem Handeln noch berücksichtigt werden. Sobald Sie feststellen, daß Sie alles getan haben, um gute Ergebnisse zu erhalten, lenken Sie Ihre Aufmerksamkeit darauf, daß alles Weitere sich optimal in Raum und Zeit entwickelt. Lassen Sie die universelle Kraft wirken, die jenseits unserer Wahrnehmungsfähigkeit überall aktiv ist. Sie führt Ihnen alle Informationen zu, die Sie brauchen.

Vermeiden Sie jeglichen Einsatz, der die kritische Grenze überschreitet, denn bald werden sich weitere Entwicklungen klar abzeichnen, weil »Es« geschieht, wie das Atmen. Dadurch ersparen Sie sich Streß, Hektik, unnötigen Zeitaufwand, und Sie verzetteln sich nicht.

Ich empfehle Ihnen, diese Übung öfter zu machen, damit Sie sich diese mentale Einstellung des Vertrauens und der Zuversicht aneignen. Sie werden erstaunt sein, wie viele Dinge sich in relativ kurzer Zeit mit geringem Aufwand bewerkstelligen lassen!

Die praktische Durchführung der Übung

Machen Sie sich bewußt, was es für Sie bedeutet, wenn das Richtige in Raum und Zeit geschieht, und welche Angelegenheiten es betrifft. Notieren Sie Stichworte, falls erforderlich. Wenn Ihnen nicht gleich etwas dazu einfällt, dann führen Sie die Übung sofort aus, denn Sie können auch zu einem späteren Zeitpunkt durch mehrmaliges Üben wichtige Hinweise erhalten.

Schritt 1:   Denken und sprechen Sie den folgenden mentalen Leitsatz langsam, deutlich und engagiert mit Intensität, Klarheit und Überzeugung:

Es geschieht das Richtige
am rechten Ort, zur rechten Zeit,
auf die richtige Art und Weise,
mit den gerechten Folgen!

Wiederholen Sie diesen Satz 5–7mal. Identifizieren Sie sich mit seiner Aussage, und bejahen Sie das zu erreichende Ergebnis.

Schritt 2:   Jetzt werden die Körperbewegungen ausgeführt.

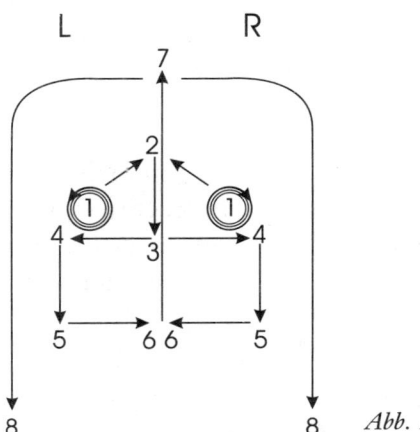

Abb. 1

• Betrachten Sie zuerst die nebenstehende grafische Darstellung, die Ihnen eine Gesamtübersicht des Bewegungsablaufes gibt, damit Sie ihn noch leichter nachvollziehen können. (Abb. 1)

• Ausgangsposition:
Nehmen Sie im Stehen mit dem ganzen Körper eine natürliche aufrechte Haltung ein. Ihre Beine sind gestreckt, und Ihre Füße stehen parallel nebeneinander geradeaus und berühren einander. Ihre Arme sind waagrecht in Schulterhöhe im rechten Winkel nach oben hin gebeugt und etwas nach vorn plaziert, so daß Sie Ihre Hände seitlich etwas über Kopfhöhe sehen können. Die Handflächen zeigen nach vorn, und die Fingerspitzen nach oben. Sie schauen geradeaus. (Abb. A)

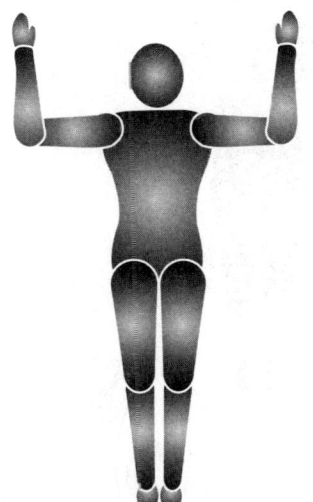

Abb. A

Schritt 3: Der gesprochene mentale Leitsatz wird mit den Körperbewegungen koordiniert und synchronisiert.

Sprechen Sie, während Sie die Arme und Hände seitlich etwas über Kopfhöhe halten:

> Es geschieht das Richtige,
> am rechten Ort, zur rechten Zeit,
> auf die richtige Art und Weise,
> mit den gerechten Folgen!

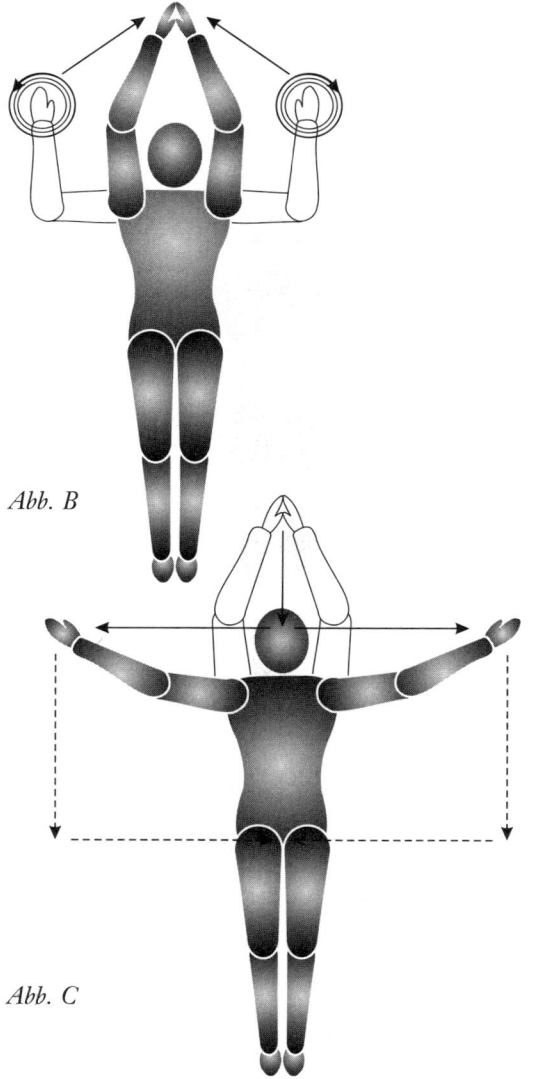

Abb. B

Abb. C

- Dann machen Sie gleichzeitig mit beiden Händen rechts und links seitlich in Kopfhöhe 3 Kreise auswärts und führen anschließend die Hände V-förmig zur Mitte hoch über den Kopf. Die Hände berühren einander oben an den Fingerspitzen, indem Sie die Handflächen nach innen drehen. Die Arme sind gestreckt. (Abb. B)

- Führen Sie dann die Hände senkrecht in der Mitte zusammen von oben nach unten bis auf Augenhöhe, machen ein großes Rechteck, indem Sie die Hände waagrecht nach außen führen, wo vorher rechts und links die Kreise gemacht wurden, dann seitlich senkrecht nach unten zum Unterkörper weiter, von dort waagrecht vor die Mitte des Unterkörpers, bis die Handflächen erneut einander berühren. (Abb. C)

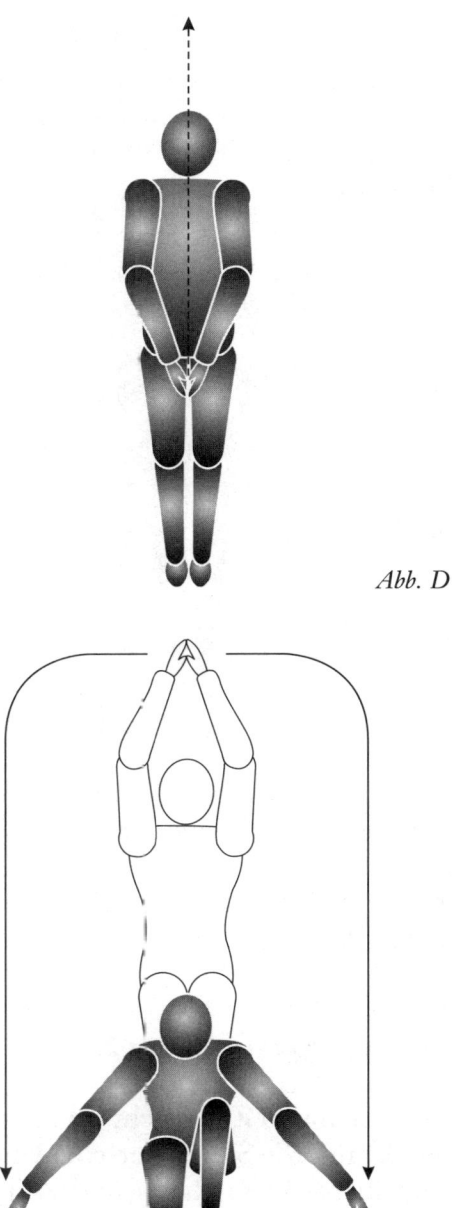

Abb. D

- Dann führen Sie Ihre Hände in der Mitte vor dem Körper senkrecht nach oben bis über den Kopf. Oben gehen Ihre Hände nach rechts und links auseinander, indem Sie die Handflächen nach außen drehen. Dann führen Sie Ihre Arme in einem großen Bogen seitlich abwärts, bis Ihre Fingerspitzen rechts und links den Boden berühren. Dazu gehen Sie mit dem Körper runter und mit beiden Beinen in die Kniebeuge. Sie versetzen dazu den einen Fuß einen kleinen Schritt nach hinten oder vorn. (Abb. D und E)

Abb. E

Führen Sie den bisherigen Übungsablauf insgesamt 3mal hintereinander durch. Sie wechseln deshalb nach ein paar Sekunden von der jetzigen Haltung wie in Abb. E zur Ausgangsposition wie in Abb. A, indem Sie sich aus der Kniebeuge erheben und die Hände seitlich etwas über Kopfhöhe plazieren. Nach dem 3. Mal kommt die

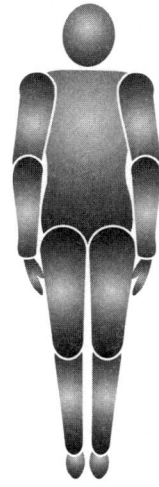

* Schlußposition:
  Erheben Sie sich aus der Kniebeuge, bis Sie mit dem ganzen Körper eine aufrechte und lockere Haltung haben. Die Füße stehen wieder parallel geradeaus und berühren einander. Die Arme sind seitlich am Körper nach unten gestreckt, und die Handflächen berühren rechts und links die Oberschenkel. Sie schauen geradeaus. (Abb. F)

Abb. F

Bleiben Sie in dieser Haltung noch einige Sekunden, und atmen Sie langsam durch die Nase ein und durch den Mund aus.

Wiederholen Sie Schritt 2 mit Schritt 3 dieser Übung noch einmal, damit sich Ihnen der Gesamtablauf noch besser einprägt und sich die Wirkung verstärkt.

Anmerkungen zu Übung 23

Vertrauen und Zuversicht sind etwas, was viele Menschen verloren haben. Achten Sie darauf, wie Sie auf verschiedene Situationen reagieren. Lernen Sie, sich wieder vertrauensvoll in Raum und Zeit einzubinden. Lassen Sie die universelle Kraft wirken, denn verletzte Gefühle sind nicht das Maß, mit dem alle weiteren Geschehnisse zu bewerten sind.

* Mit den Worten des Leitsatzes »Es geschieht das Richtige am rechten Ort, zur rechten Zeit, auf die richtige Art und Weise« lenken Sie Ihre mentale Aufmerksamkeit darauf, Ihre Situationen als bestens geklärt und geregelt zu erleben.

Durch das »Es« übergeben Sie sie der Allmacht. Mit den Worten »mit den gerechten Folgen!« machen Sie sich bewußt, daß das Richtige immer auch die entsprechend gerechten Folgen auslöst – und nichts anderes.

- Die aufrechte Körperhaltung zu Anfang mit den 90 Grad angewinkelten Armen ist eine offene Haltung, die Sie frei durchatmen läßt. Symbolisch bedeutet diese Haltung, daß Sie wie ein Schutzmann über Raum und Zeit wachen.

- Beine und Füße sind in der Bewegungslehre das Symbol für Standfestigkeit und Voranschreiten im Leben. Die gestreckten Beine und die Füße, die dicht beieinander stehen, sind eine Stellung der inneren Sammlung und Konzentration.

- Hände und Arme sind in der Bewegungslehre das Symbol des Handelns und Leistungsvermögens. Die 3 Kreise rechts und links seitlich etwas über dem Kopf auswärts gedreht bedeuten, daß Energien in Übereinstimmung mit dem richtigen Zeitpunkt aktiviert werden.

- Die Arme zur Mitte über dem Kopf stellen die Verbindung her zur universellen Kraft. Die Energie kann besser fließen und zirkulieren.

- Das große Rechteck symbolisiert den rechten Ort in der Materie.

- Durch das senkrechte Aufwärtsführen der Hände verbinden Sie alle Ihre Angelegenheiten mit der universellen Kraft. Das oben nach außen und dann in Richtung Boden führen der Arme und Hände symbolisiert, daß sich die universelle Kraft mit der Materie vereint, damit sich das Richtige ereignet.

- Die aufrechte Körperhaltung der Schlußposition bedeutet, daß Sie sich aufrecht und vertrauensvoll dem Fluß des Lebens anvertrauen. Sie beugen Fehlhaltungen vor oder gleichen sie aus. Dies überträgt sich auch auf den geistigen Bereich.

Übung 24 Die beste Lösung erhalten

Fällt es Ihnen schwer oder leicht, Lösungen für Ihre Anliegen zu finden? Welche mentale Einstellung haben Sie dazu? Sind es für Sie manchmal unüberwindliche Probleme? Oder sind es Aufgabenstellungen, die es zu lösen gilt, und die lösbar sind? Fühlen Sie sich damit eher überfordert, oder empfinden Sie es als positive Herausforderung? Gehen Sie zielstrebig vor, weil Sie gern alles sofort erledigen? Oder weichen Sie zurück, aus Unsicherheit oder Mangel an Vertrauen? Geraten Sie manchmal emotional unter Druck, weil Sie sich von anderen Menschen bei Ihrer Suche nach einer Lösung beeinflussen lassen? Welche der folgenden Redewendungen spiegeln Ihre innere Einstellung: »Dieses oder jenes ist schwierig!« oder »Es gibt für alles die optimale Lösung!«

Mit dieser Übung programmieren Sie sich, die besten Lösungen für alle Ihre Angelegenheiten zu erhalten. Sie stellen sich mental darauf ein. Ihr Unterbewußtsein reagiert auf diese Information und setzt übergeordnete Steuerungsmechanismen in Gang. Es kennt alle Möglichkeiten und bringt die beste Lösung in Ihr Bewußtsein.

Haben Sie sich schon einmal gefragt, warum gerade Sie mit einer bestimmten Angelegenheit oder Thematik konfrontiert werden? Sie sind aufgefordert, sich damit auseinanderzusetzen, um zu verstehen, daß die Lösung in Ihnen bereits existiert. Niemand anderes kann Ihnen diese Aufgabe abnehmen. Vielleicht standen Sie sich lediglich durch Ihre Unsicherheit bisher selbst im Weg.

In Ihnen gibt es eine machtvolle Instanz, die alle Antworten kennt. Vertrauen Sie dieser Führung!

Die praktische Durchführung der Übung

Machen Sie sich bewußt, für welche Angelegenheit und Situation Sie die beste Lösung zu erhalten wünschen. Wenn Sie mehrere Anliegen haben und Lösungen brauchen, notieren Sie sich dazu eventuell Stichworte, damit Sie die Übersicht behalten. Dann beginnen Sie mit der Übung. Nach mehrmaligem Üben können Sie wichtige Hinweise erhalten.

Schritt 1: Denken und sprechen Sie den folgenden mentalen Leitsatz langsam, deutlich und engagiert mit Intensität, Klarheit und Überzeugung:

Ich erhalte die beste Lösung,
alles ist gut!

Wiederholen Sie diesen Satz 5–7mal. Identifizieren Sie sich mit seiner Aussage, und bejahen Sie das zu erreichende Ergebnis.

Schritt 2: Jetzt werden die Körperbewegungen ausgeführt.

- Betrachten Sie zuerst die nebenstehende grafische Darstellung, die Ihnen eine Gesamtübersicht des Bewegungsablaufes gibt, damit Sie ihn noch leichter nachvollziehen können. (Abb. 1)

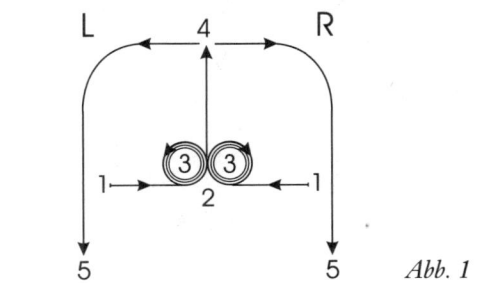

Abb. 1

- Ausgangsposition:
Nehmen Sie im Stehen mit dem ganzen Körper eine aufrechte Haltung ein. Ihre Beine sind gestreckt, und Ihre Füße stehen parallel nebeneinander geradeaus und berühren einander. Ihre Arme sind waagrecht in Schulterhöhe ausgestreckt. Die Handflächen zeigen nach vorn. Sie schauen geradeaus. (Abb. A)

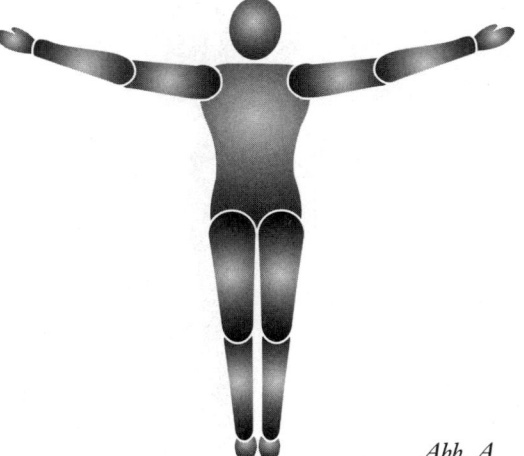

Abb. A

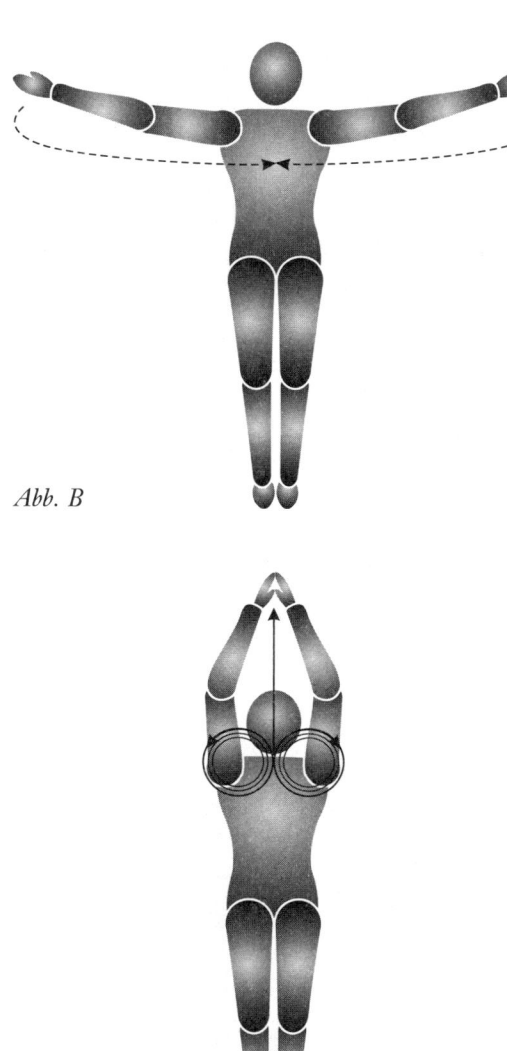

Abb. B

Abb. C

• Dann führen Sie Ihre Hände und Arme gestreckt in Schulterhöhe waagrecht zusammen vor die Brustmitte, bis die Handflächen einander berühren, machen dort mit beiden Armen und Händen gleichzeitig jeweils 3 kleine Kreise auswärts, nach dem 3. kleinen Kreis führen Sie Ihre Hände aus der Bewegung heraus senkrecht vor sich in der Mitte nach oben weiter bis über den Kopf. Die Arme sind gestreckt, und die Hände berühren einander an den Fingerspitzen. Ihr Blick folgt den Handbewegungen nach oben. (Abb. B und C)

Schritt 3 A: Der gesprochene mentale Leitsatz wird mit den Körperbewegungen koordiniert und synchronisiert.

Sprechen Sie, während Sie die Arme mit den Händen waagrecht zusammen vor die Brustmitte führen, 3 kleine Kreise machen und die Hände anschließend senkrecht nach oben über den Kopf weiterführen:

Waagrecht vor die Brustmitte	= Ich
1. Kreis	= erhalte
2. Kreis	= die beste
3. Kreis und senkrecht nach oben	= Lösung,

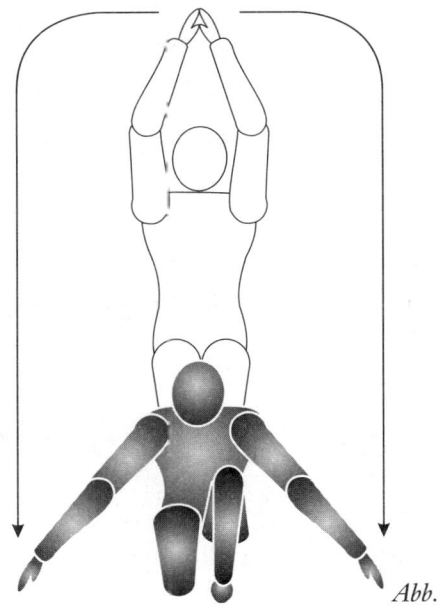

Abb. D

• Anschließend öffnen Sie oben die Hände nach rechts und links, indem Sie die Handflächen nach außen drehen, und führen dann Ihre Arme in einem großen Bogen seitlich nach unten, bis die Fingerspitzen rechts und links den Boden berühren. Dazu gehen Sie mit Ihrem Körper nach unten und mit beiden Beinen in die Kniebeuge. Versetzen Sie einen Fuß nach hinten oder vorn. Ihr Blick folgt in der Mitte den Bewegungen nach unten. (Abb. D)

Schritt 3 B: Der gesprochene mentale Leitsatz wird mit den Körperbewegungen koordiniert und synchronisiert.

Sprechen Sie, während Sie die Arme und Hände oben öffnen und seitlich nach unten führen:

alles ist gut!

Führen Sie den bisherigen Übungsablauf insgesamt 3mal hintereinander durch. Sie wechseln deshalb nach ein paar Sekunden von der jetzigen Haltung wie in Abb. D zur Ausgangsposition wie Abb. A, indem Sie sich aus der Kniebeuge erheben. Nach dem 3. Mal kommt die

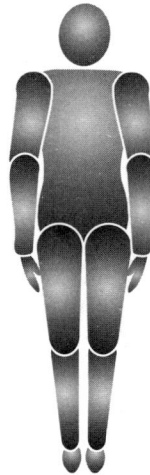

Abb. E

- Schlußposition:
  Erheben Sie sich aus der Kniebeuge, bis Sie mit dem ganzen Körper eine aufrechte und lockere Haltung haben. Die Füße stehen wieder parallel dicht nebeneinander geradeaus und berühren einander. Die Arme sind seitlich am Körper nach unten gestreckt, und die Handflächen berühren rechts und links die Oberschenkel. Sie schauen geradeaus. (Abb. E)

Bleiben Sie in dieser Haltung noch einige Sekunden, und atmen Sie langsam durch die Nase ein und durch den Mund aus.

Wiederholen Sie Schritt 2 mit Schritt 3 A und 3 B dieser Übung noch einmal, damit sich Ihnen der Gesamtablauf noch besser einprägt und sich die Wirkung verstärkt.

Anmerkungen zu Übung 24

Wenn Sie z. B. denken oder sagen »Ich weiß nicht, was ich tun soll!« oder »Wie soll es nur weitergehen!«, dann sind das Hinweise für Sie, sich möglichst oft mental damit auseinanderzusetzen, wie Sie sich Ihre optimale Lösung wünschen, unabhängig davon, was die äußeren Bedingungen zu sein scheinen. Dadurch lösen Sie Steuerungsimpulse aus, die zu Ihrem Wohlergehen beitragen. Machen Sie sich Ihre Wunschlösungen immer wieder bewußt, und Sie werden sehen, daß Dinge möglich sind, die sich dem unterordnen. Vielleicht machen Sie etwas, was Sie vorher nicht für möglich gehalten haben, weil Sie zu dem Ergebnis kommen: »Das ist wirklich das Beste für mich!«

- Mit den Worten des Leitsatzes »Ich erhalte die beste Lösung« lenken Sie Ihre mentale Aufmerksamkeit darauf, sich vergegenwärtigen zu können, daß sich auch für Ihre Angelegenheiten die besten Lösungen finden lassen. Mit den Worten »alles ist gut!« programmieren Sie sich, alle Ihre Angelegenheiten als bereits gelöst wahrzunehmen.

- Beine und Füße sind in der Bewegungslehre das Symbol für Standfestigkeit und Voranschreiten im Leben. Die gestreckten Beine und die Füße, die dicht beieinander stehen, sind eine Stellung der inneren Sammlung und Konzentration.

- Hände und Arme sind in der Bewegungslehre das Symbol des Handelns und Leistungsvermögens.

- Die ausgebreiteten Arme machen um die Brust herum frei, und Sie halten sich wie eine Waage im Gleichgewicht. Sie atmen frei durch, und die innere Spannung baut sich ab. Symbolisch bedeutet diese Haltung, daß Sie sich den verschiedenen Möglichkeiten und Veränderungen des Lebens öffnen. Die Handflächen, die nach vorn zeigen, bedeuten, daß Sie bereit sind, alle erforderlichen Informationen zu sich herzuholen.

- Das Zusammenführen der Hände und Arme vor die Brustmitte mit den anschließenden 3 kleinen Kreisen auswärts bedeutet, daß Sie alle Ihre Angelegenheiten, für die Sie die besten Lösungen zu erreichen wünschen, vor sich in der Mitte zusammenfassen. Das Weiterführen der Arme senkrecht nach oben symbolisiert, daß Sie Ihre Angelegenheiten auf eine Ebene bringen, wo die besten Lösungen – jenseits von Zeit und Raum – bereits existieren. Die Arme in der Mitte über dem Kopf lassen die Energie besser fließen und zirkulieren.

- Das oben Auseinander- und Abwärtsführen der Arme und Hände Richtung Boden bedeutet, daß Sie die besten Lösungen von der anderen Ebene in die Materie und somit in die Gegenwart holen. Dadurch werden sie Ihnen zum geeigneten Zeitpunkt bewußt, und Sie können die nächsten Schritte unternehmen.

- Die aufrechte Körperhaltung der Schlußposition bedeutet, daß Sie sich aufrecht und Ihrer Lösungen bewußt, den Aufgaben Ihres Lebens stellen. Sie beugen Fehlhaltungen vor oder gleichen sie aus. Dies überträgt sich auch auf den geistigen Bereich.

Übung 25   Konsequentes Handeln – logische Folgen

Sind Sie oft unentschlossen oder verunsichert und entsprechend zurückhaltend in Ihrem Handeln? Fällt es Ihnen schwer, Verantwortung zu übernehmen oder Verpflichtungen einzugehen? Neigen Sie dazu, manches zu überstürzen? Handeln Sie zu schnell oder voreilig, ohne die Folgen zu bedenken? Führen Sie die Dinge zu Ende, die Sie anfangen, oder mangelt es Ihnen an Durchhaltevermögen? Kritisieren Sie oft die Handlungen anderer Leute? Sind Sie übervorsichtig bei Ihrem eigenen Handeln? Wie reagieren Sie in kritischen Situationen? Werden Sie nervös, oder wissen Sie genau, was zu tun ist? Leiden Sie unter Versagensängsten? Welche Voraussetzungen sind für Sie wichtig, um zielstrebig zu handeln?

Mit dieser Übung gelingt es Ihnen, sich in kurzer Zeit auf konsequentes, folgerichtiges Handeln einzustellen und entschlossen das zu tun, was angemessen ist. Sie können schon vorher die Folgen durchspielen und abwägen; dadurch entwikkeln Sie ein sicheres Gespür, wann Ihre Handlungen angebracht und erforderlich sind. Zu voreilig handeln kann sich genau so nachteilig auswirken, wie etwas zu spät oder gar nicht zu tun.

Es gibt Situationen, durch die wir uns unter Druck bringen lassen. Wir handeln überstürzt, statt alles in Ruhe zu überdenken und erst einmal eine Nacht darüber zu schlafen. Oder aber wir zögern zu lange, weil wir fürchten, etwas falsch zu machen und zu versagen.

Ist Ihnen bewußt, daß eine anstehende Entscheidung, der wir aus dem Weg gehen und uns verweigern, auch eine Entscheidung ist? Denn sie löst bestimmte Folgen aus, denen wir uns nicht entziehen können. Es geht darum, für sich selbst einzustehen und Verantwortung zu übernehmen. Wenn Sie entschlossen handeln, quälen Sie keine Gedanken mehr, ob Sie vielleicht doch etwas versäumt haben oder hätten unternehmen sollen, oder mehr hätten tun müssen.

Machen Sie sich frei von Unsicherheit, mangelndem Vertrauen und Versagensängsten. Erkennen Sie, wieviel vorteilhafter für Sie folgerichtiges und konsequentes Handeln ist, und was Sie dadurch in Ihrem Leben alles in Bewegung bringen!

Die praktische Durchführung der Übung

Machen Sie sich bewußt, was es für Sie bedeutet, konsequent zu handeln und die logischen Folgen erkennen zu können. Welche Lebensbereiche würden davon vorteilhaft profitieren? Notieren Sie Stichworte, falls erforderlich. Wenn Ihnen nicht gleich etwas dazu einfällt, dann führen Sie die Übung sofort aus, denn Sie können auch zu einem späteren Zeitpunkt durch mehrmaliges Üben wichtige Hinweise erhalten.

Schritt 1: Denken und sprechen Sie den folgenden mentalen Leitsatz langsam, deutlich und engagiert mit Intensität, Klarheit und Überzeugung:

Ich handle konsequent
und erkenne die Folgen!

Wiederholen Sie diesen Satz 5–7mal. Identifizieren Sie sich mit seiner Aussage, und bejahen Sie das zu erreichende Ergebnis.

Schritt 2: Jetzt werden die Körperbewegungen ausgeführt.

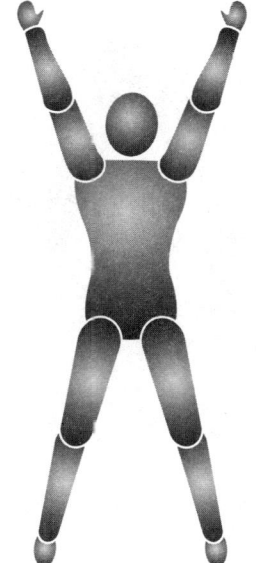

- Ausgangsposition:
Stellen Sie sich in die Grätsche, und nehmen Sie mit dem ganzen Körper eine aufrechte und lockere Haltung ein. Ihre Beine sind gestreckt, und Ihre Füße stehen parallel geradeaus. Sie strecken beide Arme und Hände V-förmig nach oben. Die Finger sind gestreckt, und die Handflächen zeigen nach vorn. Sie schauen nach oben in die Mitte, Richtung Hände. (Abb. A)

Abb. A

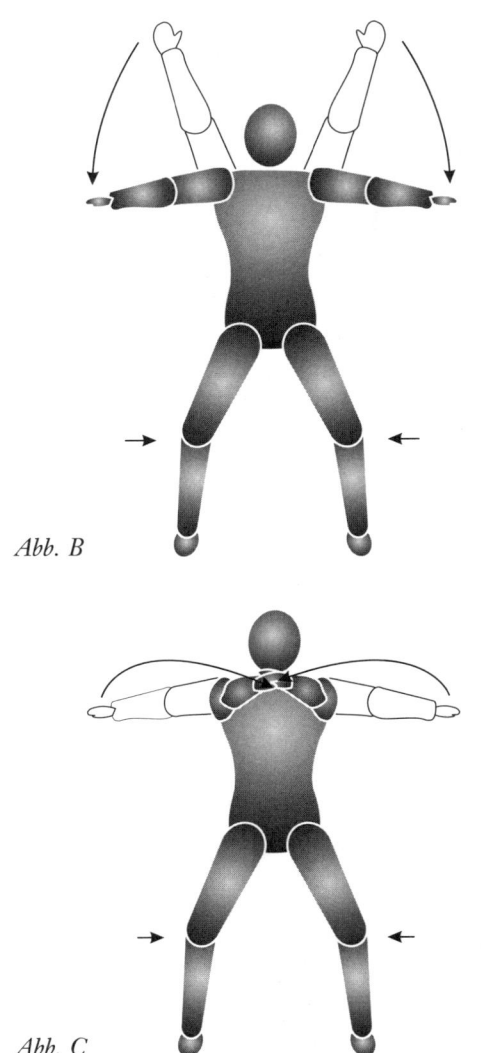

Abb. B

Abb. C

• Dann führen Sie gleichzeitig zuerst beide Arme und Hände von oben parallel nach unten bis auf Schulterhöhe, gehen dabei mit beiden Beinen etwas in die Kniebeuge, führen die Arme und Hände von rechts und links außen mit einem kleinen Aufwärtsbogen zur Mitte weiter mit ein wenig gebeugten Armen, wo Sie die Hände geradeaus gerichtet aufeinander legen. Dabei liegt die linke Hand mit der Handfläche auf dem Handrücken der rechten Hand. (Bei der Bewegungswiederholung wechseln Sie die Hände, die rechte Hand liegt dann auf der linken.) Sie bleiben mit beiden Beinen in der Kniebeuge. Sie schauen geradeaus auf Ihre Hände. (Abb. B und C)

Schritt 3 A: Der gesprochene mentale Leitsatz wird mit den Körperbewegungen koordiniert und synchronisiert.

Sprechen Sie, während Sie die Arme und Hände parallel von oben nach unten bis auf Schulterhöhe und dann von außen zur Mitte weiter führen:

von oben auf Schulterhöhe   = Ich handle
von außen zur Mitte   = konsequent

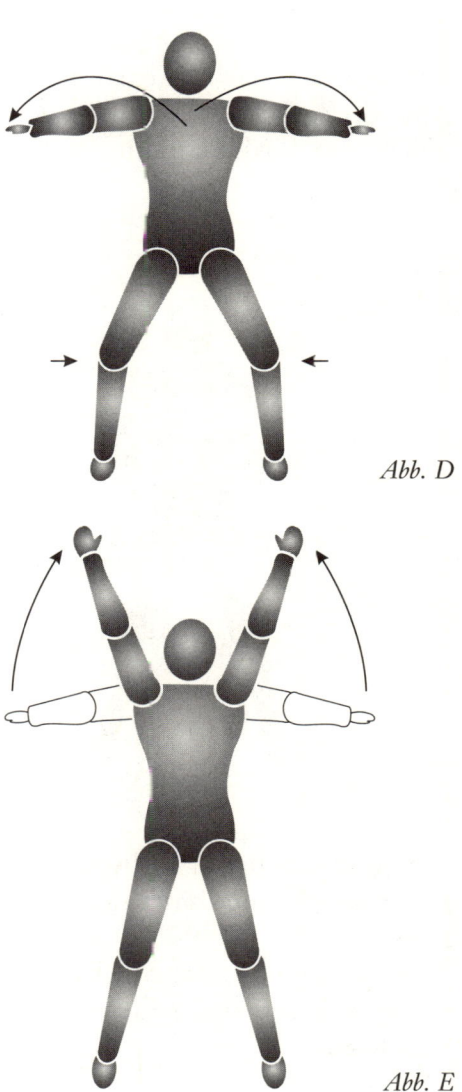

Abb. D

- Dann führen Sie die Arme und Hände mit einem kleinen Aufwärtsbogen vorn in der Mitte gleichzeitig nach rechts und links in Schulterbreite wieder auseinander, führen sie gestreckt parallel nach oben zurück, bis sie nach oben V-förmig ausgestreckt sind und strecken dazu beide Beine. Sie sind damit automatisch wieder in der Ausgangsposition. Sie schauen wieder nach oben in die Mitte, Richtung Hände. (Abb. D und E)

Abb. E

Schritt 3 B: Der gesprochene mentale Leitsatz wird mit den Körperbewegungen koordiniert und synchronisiert.

Sprechen Sie, während Sie die Arme und Hände von der Mitte wieder nach rechts und links außen und dann parallel nach oben weiter führen:

von der Mitte nach außen = und erkenne die
parallel nach oben   = Folgen!

Führen Sie den bisherigen Übungsablauf insgesamt 4mal hintereinander durch. Sie beginnen deshalb nach ein paar Sekunden mit dem Bewegungsablauf wie in Abb. B. Berücksichtigen Sie den Wechsel beim Aufeinanderlegen der Hände. Nach dem 4. Mal kommt die

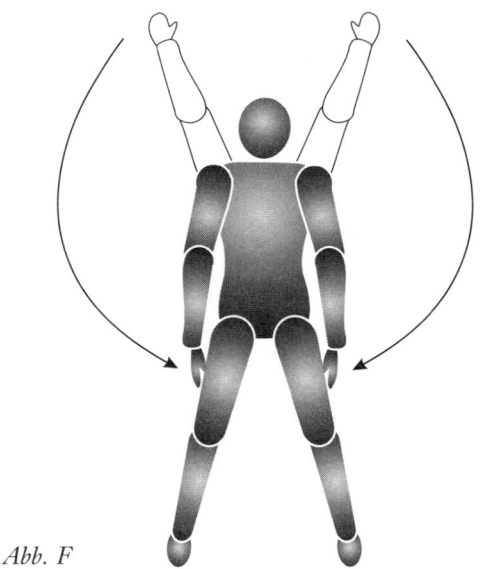

Abb. F

• Schlußposition:
Drehen Sie die Hände mit den Handflächen nach innen, und führen Sie die gestreckten Arme und Hände parallel nach vorn und unten, bis die Handflächen rechts und links die Oberschenkel berühren. Sie stehen in der Grätsche. Die Beine sind gestreckt, und die Füße stehen parallel geradeaus. Sie stehen aufrecht und locker und schauen geradeaus. (Abb. F)

Bleiben Sie in dieser Haltung noch einige Sekunden, und atmen Sie langsam durch die Nase ein und durch den Mund aus.

Wiederholen Sie Schritt 2 mit Schritt 3 A und 3 B dieser Übung noch einmal, damit sich Ihnen der Gesamtablauf noch besser einprägt und sich die Wirkung verstärkt.

Anmerkungen zu Übung 25

Verunsichert zu sein wirkt sich ebenso ungünstig auf das Handeln aus, wie überstürzt zu reagieren. Bringen Sie Ihr Denken und Handeln in ein ausgewogenes Verhältnis, und Sie werden merken, daß Ihnen Ihre Energien für wichtige Dinge zur Verfügung stehen, weil sie nicht mehr an ein ständiges Hin und Her oder Für und Wider gebunden sind.

• Mit den Worten des Leitsatzes »Ich handle konsequent« lenken Sie Ihre mentale Aufmerksamkeit darauf, sich entschlossen handelnd zu erleben. Mit den Worten »und erkenne die Folgen!« fordern Sie sich auf, im voraus verschiedene mögliche Folgen mental zu berücksichtigen und durchzuspielen. Dadurch entwickeln Sie ein sicheres Gespür dafür, welche Handlungsweise für die entsprechende Situation die Beste ist.

• Die aufrechte Körperhaltung mit den V-förmig ausgebreiteten Armen nach oben und vorn bedeutet, daß Sie bereit sind, konsequent das zu tun, was erforderlich ist. Diese Haltung macht um die Brust herum frei. Sie können gut durchatmen, und die innere Spannung baut sich ab.

• Beine und Füße sind in der Bewegungslehre das Symbol für Standfestigkeit und Voranschreiten im Leben. Der Grätschstand bedeutet, daß Sie für sich selbst angemessenen Raum beanspruchen. Damit demonstrieren Sie, daß Sie Ihre Bedürfnisse und Handlungen nicht hintanstellen. Ihr Gleichgewicht ist optimal auf beide Beine verteilt. Sie sind bestens im Boden verankert und haben ein Gefühl der Sicherheit und Bodenständigkeit, das sich auf Ihre geistige und seelische Befindlichkeit überträgt.

• Hände und Arme sind in der Bewegungslehre das Symbol des Handelns und Leistungsvermögens. Das parallel nach unten Führen der Arme und Hände, die dann weiter zur Mitte gebracht werden und von dort wieder zurück, symbolisieren, daß Sie Ihr Denken zielbewußt zuerst genau auf den Punkt bringen. Auf diesen Punkt konzentriert sich die Energie und wird dann wirkungsvoll wieder nach außen auf Ihre Handlungen übertragen. Dieser Bewegungsablauf erinnert an einen Dirigenten eines Orchesters, der genaue Anweisungen gibt, welche Einsätze wann und wie zu erfolgen haben. Sie delegieren und dirigieren alle Ihre Angelegenheiten.

• Die Beine in der Kniebeuge unterstützen die zuvor beschriebenen Bewegungen der Arme. Sie vermitteln Stabilität und Entschlossenheit, die konsequentes Handeln durchführbar machen.

• Die aufrechte Körperhaltung der Schlußposition bedeutet, daß Sie sich aufrecht den Aufgaben Ihres Lebens stellen und entschlossen handeln, wie es die gegenwärtige Situation erfordert. Sie beugen Fehlhaltungen vor oder gleichen sie aus. Dies überträgt sich auch auf den geistigen Bereich.

Übung 26 Sich selbst verwirklichen

Was liegt Ihnen besonders und macht Ihnen Freude? Welche Fähigkeiten und Talente haben Sie in sich entdeckt? Wieviel konnten Sie bisher davon umsetzen? Sind Sie zufrieden mit den Ergebnissen? Oder sind Sie unzufrieden, weil Sie Ihre Möglichkeiten nicht erkannt haben oder sich oft abhalten ließen, etwas zu verwirklichen, das Ihnen wichtig ist? Mangelt es Ihnen an Mut, Durchsetzungsvermögen oder Ausdauer? Sind Sie so überlastet, daß Sie bisher gar nicht auf die Idee kamen, das zu tun, was Sie gern tun möchten? Macht Sie das glücklich, was Sie derzeit leben?

Diese Übung empfehle ich Ihnen, wenn Sie Ihre Energien sammeln und sich mit Mut, Durchsetzungsvermögen und Ausdauer selbst verwirklichen wollen. Ihr bisheriges Verhältnis zu Ihren Fähigkeiten verändert sich, Sie werden dynamischer und steigern Ihre Kreativität. Ihr Selbstwertgefühl und Ihr Selbstvertrauen nehmen zu.

Jeder Mensch hat eigene Bedürfnisse und Ansprüche an das Leben, die nach Erfüllung verlangen. Wenn wir es uns nicht gestatten, sie zu erleben, verkehren sich unsere Fähigkeiten und Anlagen in das Gegenteil. Wir werden unzufrieden, launisch, aggressiv, sind frustriert, zornig und lassen es andere spüren.

Immer mehr Menschen neigen zu üppigem Essen oder greifen zu Tabletten, Alkohol oder Drogen und geraten in Abhängigkeit. Andere werden entweder depressiv, mutlos, streit- und herrschsüchtig oder hinterhältig. All dies sind Reaktionen auf die fehlgesteuerten Kräfte der Selbstverwirklichung. Diese Fehlsteuerung ist daran zu erkennen, daß sie hemmend, zerstörerisch und lebensvernichtend wirkt, statt aufbauend und Leben erhaltend.

Ich kenne Menschen, die ihre Wünsche und Träume plötzlich wieder aufgegeben haben, nachdem sie schon damit begonnen hatten, sie zu verwirklichen. Sie wurden unsicher oder ließen es sich wieder ausreden. Sie blieben nicht auf ihrem Weg, und wenig später kam es zu gesundheitlichen Störungen.

Lassen Sie die Dinge nicht einfach treiben. Stärken Sie Ihren Mut und Ihre Durchsetzungsfähigkeit. Sammeln Sie die kosmische Energie in sich wie in einem Brennpunkt. Verbinden Sie sich mit ihr. Verwirklichen Sie mit ihr das, was Sie glücklich macht. Widmen Sie sich diesem Ziel voll und ganz. Sie werden zufriedener sein, als Sie es jemals waren, wenn Sie bereit sind, das zu tun, was Sie schon immer tun wollten!

Die praktische Durchführung der Übung

Machen Sie sich bewußt, womit Sie sich selbst verwirklichen wollen und was es für Sie bedeutet. Notieren Sie Stichworte, falls erforderlich. Wenn Ihnen nicht gleich etwas dazu einfällt, dann führen Sie die Übung sofort aus, denn Sie können auch zu einem späteren Zeitpunkt durch mehrmaliges Üben wichtige Hinweise erhalten.

Schritt 1: Denken und sprechen Sie den folgenden mentalen Leitsatz langsam, deutlich und engagiert mit Intensität, Klarheit und Überzeugung:

Ich sammle alle Kräfte
von außen nach innen
und bin fähig,
mich selbst zu verwirklichen!

Wiederholen Sie diesen Satz 5–7mal. Identifizieren Sie sich mit seiner Aussage, und bejahen Sie das zu erreichende Ergebnis.

Schritt 2: Jetzt werden die Körperbewegungen ausgeführt.

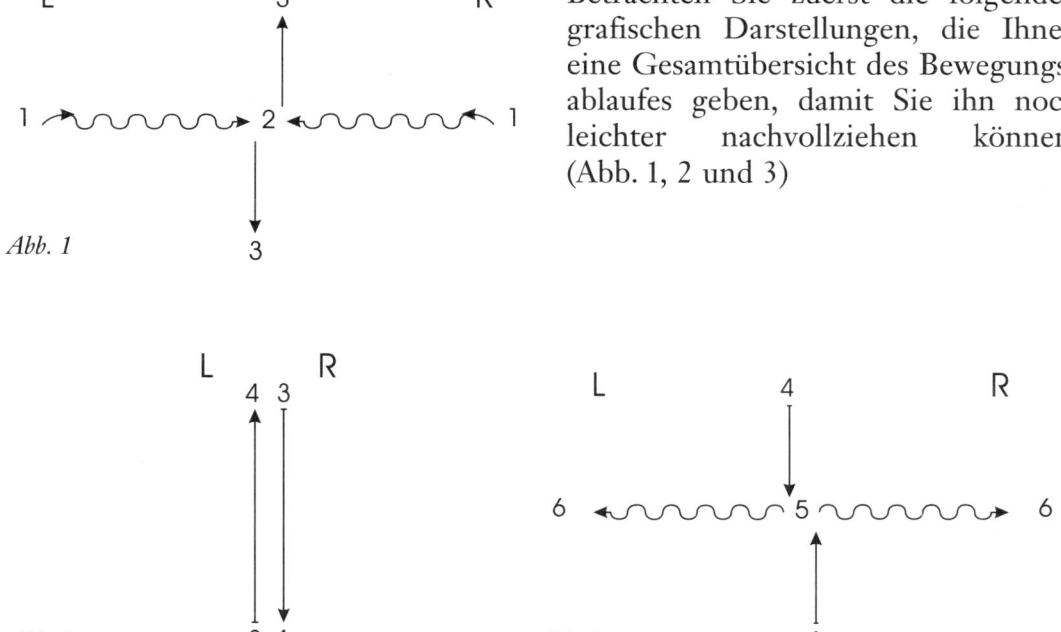

• Betrachten Sie zuerst die folgenden grafischen Darstellungen, die Ihnen eine Gesamtübersicht des Bewegungsablaufes geben, damit Sie ihn noch leichter nachvollziehen können. (Abb. 1, 2 und 3)

Abb. 1

Abb. 2

Abb. 3

- Ausgangsposition:
Stellen Sie sich in die Grätsche, und
nehmen Sie mit dem ganzen Körper
eine aufrechte und lockere Haltung ein.
Ihre Beine sind gestreckt, und Ihre
Füße stehen parallel geradeaus. Die
Arme und Hände sind waagrecht in
Schulterhöhe ausgestreckt. Beide
Handflächen zeigen nach unten. Sie
schauen geradeaus. (Abb. A)

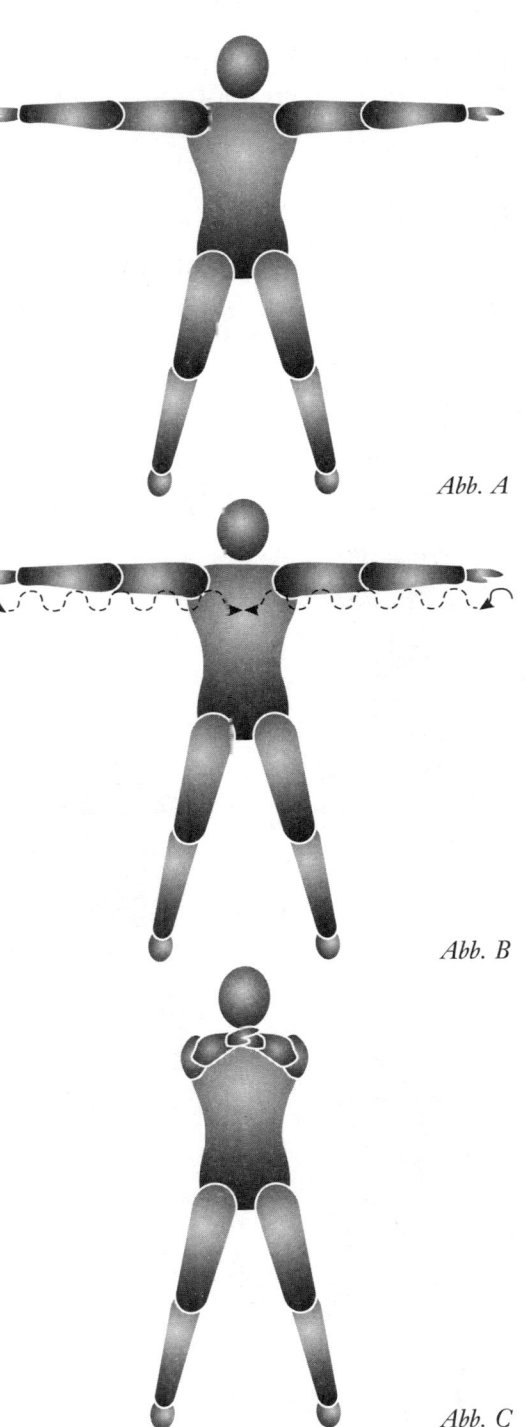

Abb. A

- Nun führen Sie Ihre Arme und Hände
gleichzeitig von rechts und links mit
gleichmäßigen wellenförmigen Bewegungen zur Mitte, bis die Handflächen
einander berühren. Die Arme bleiben
dabei ausgestreckt. Sie schauen auf
Ihre Hände. (Abb. B und C)

Abb. B

Abb. C

Schritt 3 A: Der gesprochene mentale Leitsatz wird mit den Körperbewegungen koordiniert und synchronisiert.

Sprechen Sie, während Sie die Arme und Hände gleichmäßig wellenförmig zur Mitte bewegen:

> Ich sammle alle Kräfte
> von außen nach innen

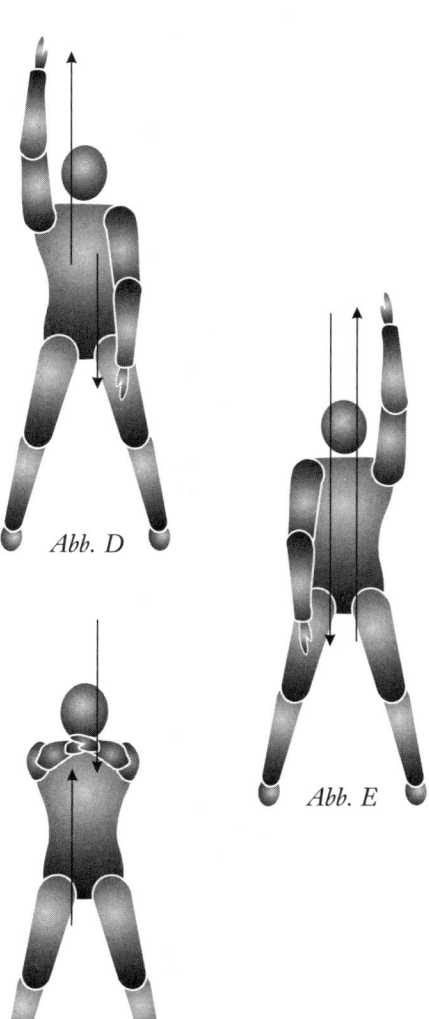

Abb. D

Abb. E

Abb. F

- Dann führen Sie die rechte Hand senkrecht nach oben und gleichzeitig die linke Hand senkrecht nach unten, anschließend die rechte Hand von oben senkrecht nach unten und die linke Hand von unten senkrecht nach oben weiter und von dort wieder zurück zur Mitte. Die Hände berühren einander beim Richtungsaustausch in der Mitte und wenn Sie an diesen Platz zurück gebracht werden. Die Handflächen bleiben bei diesem Bewegungsablauf nach innen gerichtet und die Arme gestreckt. Sie schauen geradeaus. (Abb. D, E und F)

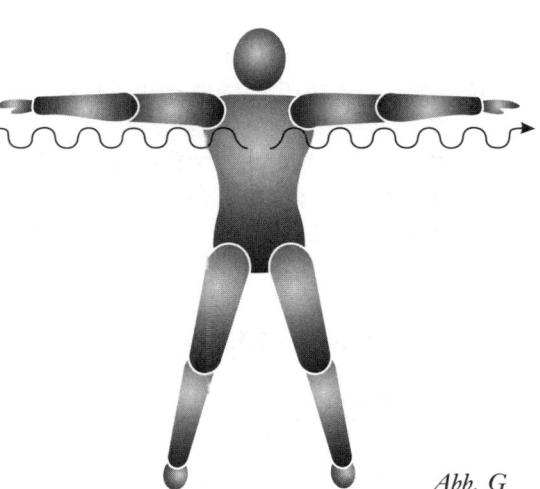

Abb. G

• Dann machen Sie von der Mitte aus mit
Ihren Armen und Händen wieder
gleichmäßige wellenförmige Bewegungen in Schulterhöhe nach rechts und
links außen, bis Ihre Arme erneut waagrecht ausgestreckt sind. Damit sind Sie
wieder in der Ausgangsposition. Ihre
Handflächen drehen Sie dazu wieder
nach unten. (Abb. G)

Schritt 3 B: Der gesprochene mentale Leitsatz wird mit den Körperbewegungen koordiniert und synchronisiert.

Sprechen Sie, während Sie die Arme und Hände gleichmäßig wellenförmig von
der Mitte wieder nach rechts und links außen bewegen:

> und bin fähig,
> mich selbst zu verwirklichen!

Führen Sie den bisherigen Übungsablauf insgesamt 3mal hintereinander durch.
Sie beginnen deshalb nach ein paar Sekunden mit dem Bewegungsablauf wie in
Abb. B dargestellt. Nach dem 3. Mal kommt die

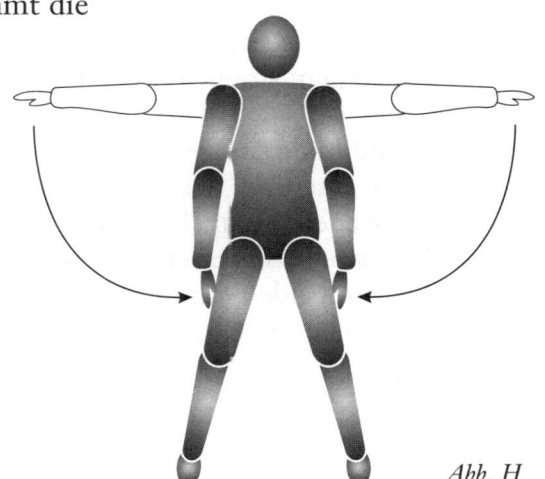

Abb. H

• Schlußposition:
Führen Sie die Arme seitlich nach unten, bis die Handflächen rechts und
links die Oberschenkel berühren. Sie
stehen in der Grätsche. Die Beine sind
gestreckt, und die Füße stehen parallel
geradeaus. Sie stehen aufrecht und lok-
ker und schauen geradeaus. (Abb. H)

Bleiben Sie in dieser Haltung noch einige Sekunden, und atmen Sie langsam durch die Nase ein und durch den Mund aus.

Wiederholen Sie Schritt 2 mit Schritt 3 A und 3 B dieser Übung noch einmal, damit sich Ihnen der Gesamtablauf noch besser einprägt und sich die Wirkung verstärkt.

Anmerkungen zu Übung 26

Es gibt viele Menschen, die nie damit anfangen, das zu tun, was Sie am liebsten tun würden. Sorgen Sie dafür, daß Sie nicht zu den Leuten gehören, die eines Tages auf ihr Leben zurückblicken und bedauern, was sie alles versäumt haben. Ganz gleich wie jung oder alt Sie sind, Sie haben zu jeder Zeit die Möglichkeit, etwas zu tun, was Ihnen ein Herzensbedürfnis ist.

Es liegt bei Ihnen, wann Sie damit beginnen. Wie wäre es jetzt?

- Mit den Worten des Leitsatzes »Ich sammle alle Kräfte von außen nach innen« lenken Sie Ihre mentale Aufmerksamkeit darauf, alle Kräfte zu konzentrieren, die für Ihre Selbstverwirklichung erforderlich sind. Mit den Worten »und bin fähig, mich selbst zu verwirklichen!« programmieren Sie sich, entschlossen das nach außen zu bringen, was Ihnen wichtig ist und Ihren Anlagen und Wünschen entspricht.

- Die zu Anfang aufrechte Körperhaltung mit den gestreckten Armen waagrecht zur Seite macht Sie um die Brust herum frei. Sie atmen gut durch, und die innere Spannung baut sich ab. Symbolisch bedeutet diese Haltung, daß Sie sich den verschiedenen Möglichkeiten öffnen, sich selbst zu verwirklichen.

- Beine und Füße sind in der Bewegungslehre das Symbol für Standfestigkeit und Voranschreiten im Leben. Der Grätschstand bedeutet, daß Sie für sich selbst angemessenen Raum beanspruchen. Damit demonstrieren Sie, daß Sie Ihre Bedürfnisse, Fähigkeiten und Talente nicht hintanstellen. Ihr Gleichgewicht ist optimal auf beide Beine verteilt. Sie sind bestens im Boden verankert und haben ein Gefühl der Sicherheit, die sich auf Ihre geistige und seelische Befindlichkeit überträgt.

- Hände und Arme sind in der Bewegungslehre das Symbol des Handelns und Leistungsvermögens. Die gleichmäßigen wellenförmigen Bewegungen der Arme und Hände von außen nach innen bedeuten, daß Sie die Energien des Lebens auf Ihre Selbstverwirklichung konzentrieren.

- Das senkrechte nach oben und unten Führen der Hände symbolisiert, daß sich diese Energien auf alle Ihre Talente, Fähigkeiten und Wünsche übertragen.

- Das wellenförmige Auseinanderführen der Arme von der Mitte waagrecht nach außen symbolisiert, daß Sie Ihre Talente Fähigkeiten und Wünsche jetzt nach außen bringen.

- Die wieder waagrecht ausgebreiteten Arme bedeuten, daß Sie nun bereit sind, das zu tun, was Sie schon immer tun wollten.

- Die aufrechte Körperhaltung der Schlußposition bedeutet, daß Sie sich aufrecht und vertrauensvoll Ihrer Selbstverwirklichung widmen. Sie beugen Fehlhaltungen vor oder gleichen sie aus. Dies überträgt sich auch auf den geistigen Bereich.

Übung 27   Selbstbewußt und stark

Wissen Sie, was Ihre Persönlichkeit ausmacht? Welche Eigenschaften zeichnen Sie aus? Was mögen und schätzen Sie an sich? Loben Sie sich? Finden Sie gut, was Sie machen? Oder kritisieren und beschimpfen Sie sich häufig selbst? Hängt Ihr Selbstbewußtsein von der Meinung und Wertschätzung anderer Leute ab? Lassen Sie sich von anderen unterdrücken? Haben Sie Führungsqualitäten, die Sie einsetzen möchten? Sind Sie nervös, wenn Sie vor mehreren Zuhörern sprechen? Haben Sie eine klare und dynamische Stimme?

Wie treten Sie in der Öffentlichkeit auf? Sind Sie schüchtern? Wie kleiden Sie sich? Fühlen Sie sich wohl in der Kleidung, die Sie tragen? Ziehen Sie sich so an, wie es die Mode vorschreibt, oder so, wie es Ihrer Persönlichkeit entspricht? Welches Verhältnis haben Sie zu Ihrem Körper? Gefallen Sie sich, oder kritisieren Sie sich oft? Können Sie Ihre Gefühle ausdrücken und sich mitteilen? Versuchen Sie, andere zu manipulieren oder zu schikanieren, um sich selbst überlegen zu fühlen? Verhalten Sie sich manchmal taktlos und treten in das sogenannte »Fettnäpfchen«?

Mit dieser Übung erreichen Sie in kurzer Zeit die zentrierte Ausgewogenheit Ihrer verschiedenartigen Kräfte. Sie werden mental und körperlich stark und stabil, akzeptieren sich selbst und korrigieren Ihr Verhältnis zu allen Ihren Eigenschaften und Möglichkeiten. Dadurch entwickeln Sie ein neues Selbstwertgefühl. Sie treten sicher und selbstbewußt auf, wenn es darum geht, sich dem Leben mit all seinen Herausforderungen zu stellen.

Ganz gleich, wie jung oder alt Sie sind, erkennen Sie Ihren eigenen Wert und wachsen Sie über sich selbst hinaus. Ich versichere Ihnen, es ist ein enorm gutes Gefühl, sich so selbstbewußt und stark zu erleben!

Die praktische Durchführung der Übung

Machen Sie sich bewußt, was es für Sie bedeutet, selbstbewußt und stark zu sein. Welche Lebensbereiche oder Situationen werden durch diese Fähigkeit positiv beeinflußt? Notieren Sie Stichworte, falls erforderlich. Wenn Ihnen nicht gleich etwas dazu einfällt, dann führen Sie diese Übung sofort aus, denn Sie können auch zu einem späteren Zeitpunkt durch mehrmaliges Üben wichtige Hinweise erhalten.

Schritt 1: Denken und sprechen Sie den folgenden mentalen Leitsatz langsam, deutlich und engagiert mit Intensität, Klarheit und Überzeugung:

Ich bin selbstbewußt,
ich bin stark,
ich bin stark!

Wiederholen Sie diesen Satz 5–7mal. Identifizieren Sie sich mit seiner Aussage, und bejahen Sie den zu erreichenden Zustand.

Schritt 2: Jetzt werden die Körperbewegungen ausgeführt.

- Ausgangsposition:
  Nehmen Sie im Stehen mit dem ganzen Körper eine aufrechte und lockere Haltung ein. Ihre Beine sind gestreckt, und Ihre Füße stehen parallel nebeneinander geradeaus und berühren einander. Umfassen Sie mit der rechten und linken Hand Ihre Taille. Sie schauen geradeaus. (Abb. A)

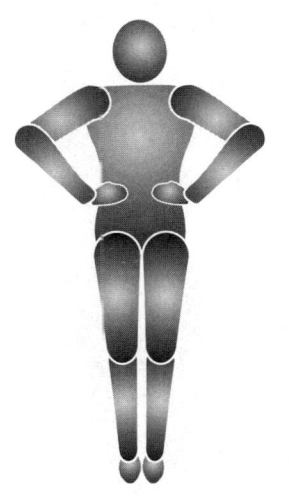

Abb. A

- Der jetzt folgende Bewegungsablauf setzt sich aus insgesamt 9 Positionswechseln zusammen:

1. Zuerst springen Sie in die Grätsche. Die Beine sind gestreckt. (Abb. B)

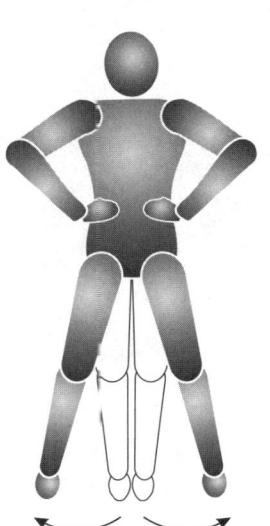

Abb. B

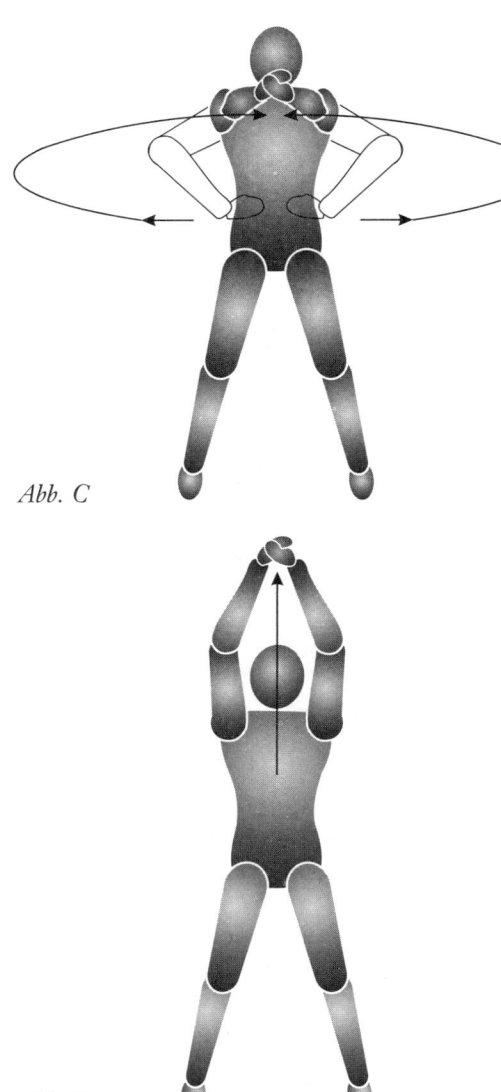

Abb. C

Abb. D

2. Dann führen Sie die Hände von der Taille nach rechts und links auseinander, als wenn Sie die Arme waagrecht ausbreiten, und führen sie anschließend in einem großen schwungvoll ausholenden Bogen rechts und links zügig weiter nach vorn zur Mitte auf Brusthöhe, bis dort die Hände mit einem Klatschen einander berühren und umfassen. Die Arme bleiben nach vorn ausgestreckt. (Abb. C)

3. Nun führen Sie die ausgestreckten Arme und die einander berührenden Hände schwungvoll nach oben senkrecht über den Kopf. (Abb. D)

4. Über dem Kopf führen Sie die Hände nach rechts und links zur Seite auseinander und nach unten, bis Sie mit Ihren Händen die Taille wieder umfassen. Dazu winkeln Sie die Arme an, und die Ellbogen zeigen nach rechts und links. (Abb. E)

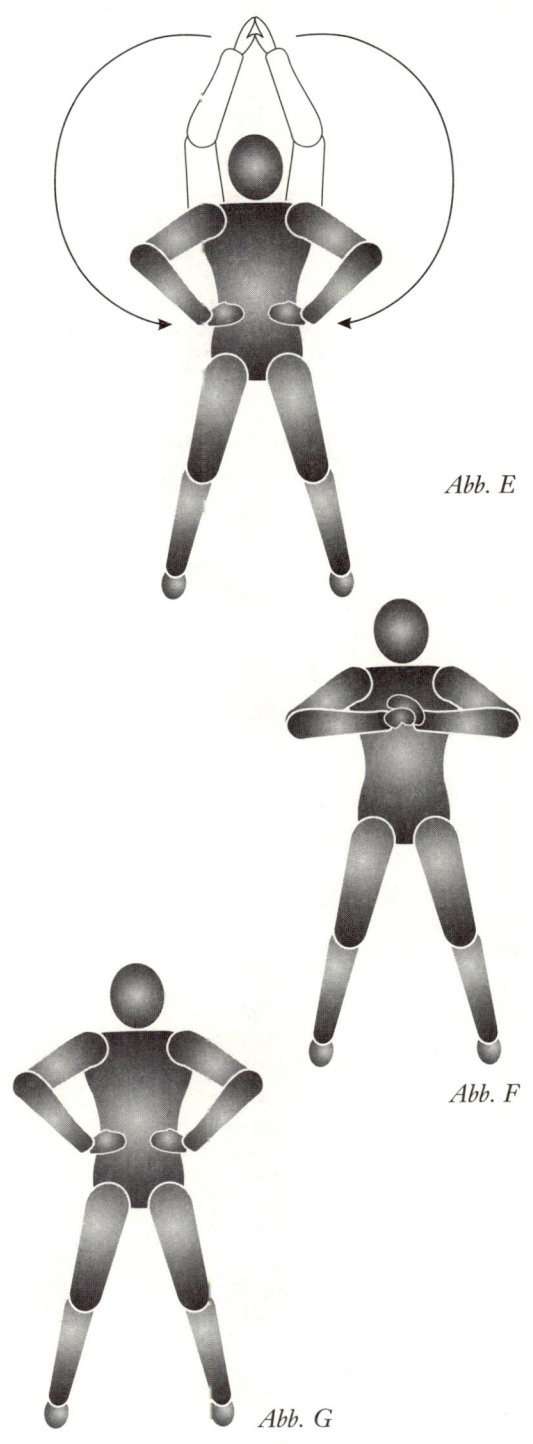

Abb. E

5. Dann führen Sie gleichzeitig beide Hände erneut von der Taille weg nach vorn zur Mitte in Brusthöhe, lassen dazu die Arme angewinkelt, machen dort mit der rechten Hand eine lockere Faust und umschließen diese gleichzeitig mit der linken Hand. Der Abstand der sich umschließenden Hände beträgt zur Brustmitte ca. 20 cm. Die Ellbogen zeigen dabei nach rechts und links. (Abb. F)

Abb. F

6. Nun führen Sie gleichzeitig beide Hände in Brusthöhe noch einmal auseinander und zur Taille nach rechts und links. Die Ellbogen zeigen nach rechts und links. (Abb. G)

Abb. G

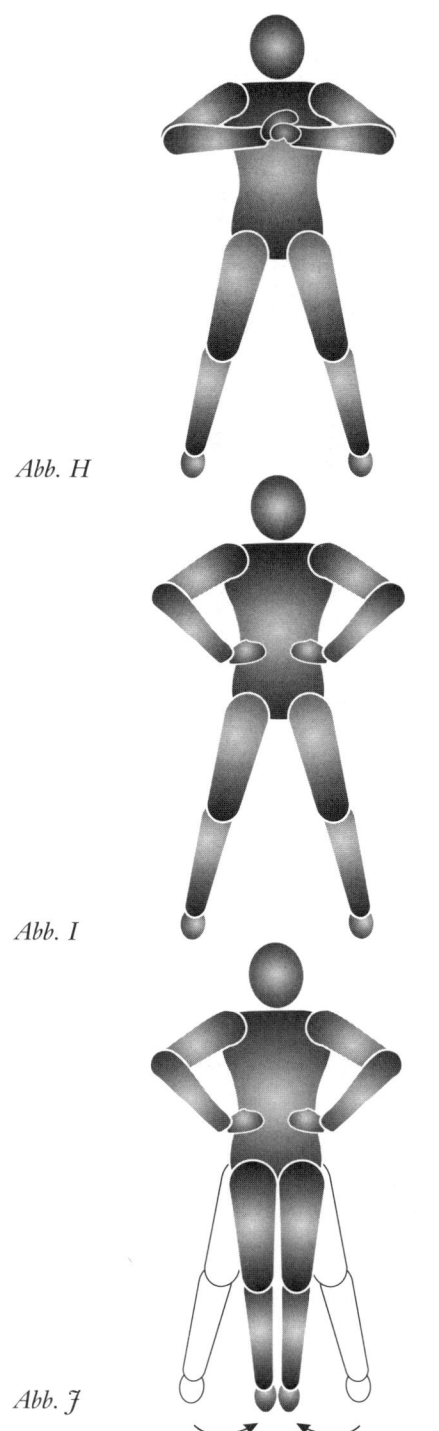

Abb. H

Abb. I

Abb. J

7. Dann führen Sie gleichzeitig beide Hände erneut von der Taille weg nach vorn zur Mitte in Brusthöhe und machen dieses Mal mit der linken Hand die lockere Faust, die von der rechten Hand umschlossen wird. Der Abstand der sich umschließenden Hände beträgt ca. 20 cm zur Brustmitte, wie zuvor. Die Ellbogen zeigen nach rechts und links. (Abb. H)

8. Anschließend führen Sie beide Hände gleichzeitig wieder zur Taille. Die Ellbogen zeigen nach rechts und links. (Abb. I)

9. Dann springen Sie von der Grätsche zurück, so daß beide Füße wieder parallel nebeneinander geradeaus stehen und einander berühren. Die Beine sind gestreckt. Sie stehen wieder in der Ausgangsposition. (Abb. J)

Schritt 3: Der gesprochene mentale Leitsatz wird mit den Körperbewegungen koordiniert und synchronisiert.

Sprechen Sie zu den 9 Positionen in folgender Weise:

1. in die Grätsche   = Ich
2. Hände vorn zur Mitte   = bin
3. Hände über den Kopf   = selbstbewußt,
4. Hände in Taille   = ich bin
5. umschlossene Faust rechts = stark,
6. Hände in Taille   = ich bin
7. umschlossene Faust links = stark!
8. Hände in Taille   = (ohne Text)
9. von der Grätsche zurück = (ohne Text)

Führen Sie diesen Übungsablauf insgesamt 4mal hintereinander durch. Sie beginnen dazu jedesmal wieder mit dem Bewegungsablauf von Position 1 wie in Abb. B dargestellt. Nach dem 4. Mal kommt die

- Schlußposition:
  Führen Sie die Hände aus der Taille geradewegs nach unten, bis die Handflächen rechts und links die Oberschenkel berühren und die Arme gestreckt sind. Die Füße stehen parallel nebeneinander geradeaus und berühren einander. Sie stehen aufrecht und locker und schauen geradeaus. (Abb. K)

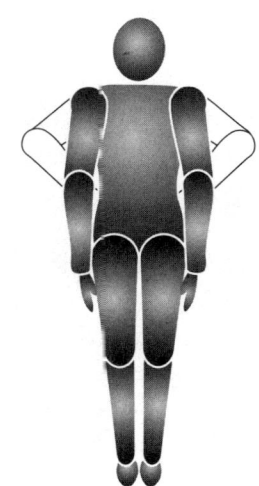

Abb. K

Bleiben Sie in dieser Haltung noch einige Sekunden, und atmen Sie langsam durch die Nase ein und durch den Mund aus.

Wiederholen Sie Schritt 2 mit Schritt 3 dieser Übung noch einmal, damit sich Ihnen der Gesamtablauf noch besser einprägt und sich die Wirkung verstärkt.

Anmerkungen zu Übung 27

Wie Sie sich selbst gegenüber eingestellt sind, trägt ganz entscheidend zu Ihrem Selbstbewußtsein bei. Achten Sie einmal darauf, wie oft Sie sich selbst schlecht machen und wie oft Sie sich loben. Was lieben Sie an sich, und welche Stärken haben Sie, die Sie an sich persönlich schätzen? Wie viele davon können Sie aufzählen? Sind es weniger oder mehr als 5? Beantworten Sie diese Fragen, und Sie werden wissen, wo Sie derzeit stehen und was es zu verändern gilt. Lernen Sie, Ihre Werte zu schätzen, und erkennen Sie sich selbst an.

- Mit den Worten des Leitsatzes »Ich bin selbstbewußt« lenken Sie Ihre mentale Aufmerksamkeit darauf, sich bewußt zu machen, was Sie sind und was Sie persönlich auszeichnet. Mit den Worten »Ich bin stark, ich bin stark!« programmieren Sie sich darauf, Ihre persönliche Stärke dadurch zu erreichen, daß Sie Ihre männlichen und weiblichen Eigenschaften gleichwertig integrieren und sie gemeinsam einsetzen.

- Die zu Anfang aufrechte Körperhaltung mit den angewinkelten Armen und den Händen an der Taille ist eine Haltung, mit der Sie sich auf den stabilen Zustand des Selbstbewußtseins vorbereiten.

- Beine und Füße sind in der Bewegungslehre das Symbol für Standfestigkeit und Voranschreiten im Leben. Die gestreckten Beine und die Füße, die dicht beieinander stehen, sind eine Stellung der inneren Sammlung und Konzentration.

- Das Springen in die Grätsche bedeutet, daß Sie für sich fordernd und dynamisch angemessenen Raum beanspruchen. Damit demonstrieren Sie, daß Sie Ihre Persönlichkeit nicht hintanstellen, sondern sich auf den Ihnen gebührenden Platz im Leben stellen. Ihr Gleichgewicht ist optimal auf beide Beine verteilt. Sie sind bestens im Boden verankert und haben ein Gefühl der Sicherheit, die sich auf Ihre geistige und seelische Befindlichkeit überträgt.

- Hände und Arme sind in der Bewegungslehre das Symbol des Handelns und Leistungsvermögens. Das schwungvolle Zusammenführen Ihrer Hände nach vorn zur Brustmitte mit gestreckten Armen bedeutet, daß Sie das, was Sie sind und können, konzentriert nach außen bringen.

- Das Führen und Strecken beider Arme senkrecht nach oben läßt die Energie besser fließen und zirkulieren. Symbolisch bedeuten diese Bewegung und die anschließende Haltung, daß Sie über sich selbst hinauswachsen und bereit sind, selbstbewußt zu sein.

- Das Umfassen der Taille mit Ihren Händen im Grätschstand bedeutet, daß Sie sich selbstbewußt und dynamisch in der Gegenwart verankern.

- Das Umschließen der rechten Hand mit der linken und umgekehrt symbolisiert, daß Sie Ihre männlichen und weiblichen Eigenschaften vereinigen. Durchsetzungsvermögen verbindet sich mit Sensibilität. Daraus entwickelt sich eine stabile und verantwortungsbewußte innere Stärke, mit der Sie machtvoll alle Ihre Aufgaben meistern.

- Die aufrechte Körperhaltung der Schlußposition bedeutet, daß Sie nun bereit sind, sich aufrecht und selbstbewußt den Herausforderungen Ihres Lebens zu stellen. Sie beugen Fehlhaltungen vor oder gleichen sie aus. Dies überträgt sich auch auf den geistigen Bereich.

Übung 28 Reichtum, Wohlstand und Überfluß erschaffen

Welche der folgenden Aussagen und Überzeugungen zum Thema Reichtum, Wohlstand und Überfluß treffen auf Sie zu: »Kleinvieh macht auch Mist«, »Geld bringt Unglück«, »Geld läßt sich nur hart erarbeiten«, »Es reicht hinten und vorne nicht«, »Arme Leute werden niemals reich«, »Geld fällt nicht vom Himmel«, »Ich habe sowieso nie Glück«, »Die Schulden werde ich nie mehr los«, »Reichtum macht überheblich«, »Ich bin nicht gut genug, um so viel Geld zu verdienen«, »Das kann ich mir nicht leisten« u. a. m.?

Freuen Sie sich, wenn es anderen gut geht, oder sind Sie neidisch auf das, was sie haben? Bezahlen Sie Ihre Rechnungen pünktlich, oder zögern Sie die Zahlungen absichtlich hinaus? Sind Sie großzügig oder knauserig? Beschenken Sie sich selbst und andere auch ohne Anlaß, einfach weil es Ihnen Freude macht? Nehmen Sie Komplimente an, oder zieren Sie sich? Wenn Sie Schulden haben, sind Sie in Gedanken mehr damit beschäftigt, oder denken Sie, daß diese Situation bestens geregelt ist?

Wie auch immer Sie zu negativen Meinungen und Überzeugungen gekommen sind, mit dieser Übung programmieren Sie sich um und akzeptieren, daß auch Sie es verdient haben, in Reichtum, Wohlstand und Überfluß zu leben. Reich und großzügig zu denken, läßt sich erlernen wie andere Dinge auch. Geld ist nicht irgend etwas Schlechtes. Nein! Es wird nur dann schlecht, wenn wir es in Gedanken schlecht machen.

Wenn Sie denken: »Geld bringt Unglück«, wie sollen dann jemals Wohlstand und Überfluß den Weg zu Ihnen finden? Sie glauben doch, daß Geld Unglück bringt, und lehnen es dadurch ab. Alles funktioniert nach dem Prinzip Anziehung und Abstoßung. Lösen Sie sich von begrenzendem Denken über Geld. Gönnen Sie anderen den Wohlstand, den Sie auch sich gönnen würden. Freuen Sie sich über Geschenke, die Sie erhalten, ob klein oder groß. Lehnen Sie sie nicht ab, indem Sie sagen: »Ach, das wäre doch nicht nötig gewesen.« Lernen Sie, Komplimente und gute Wünsche anzunehmen, ohne sich zu zieren.

Mit dieser veränderten Geisteshaltung werden Sie alles erhalten, was Sie brauchen und was das Leben für Sie lebenswert macht. Lassen Sie Ihre alten, einengenden Überzeugungen hinter sich. Akzeptieren Sie die neue Geisteshaltung. Bei regelmäßiger Ausführung dieser Übung werden Sie bald erleben, wie sich auch in Ihrem Leben Reichtum, Wohlstand und Überfluß manifestieren!

Die praktische Durchführung der Übung

Machen Sie sich bewußt, daß es auch für Sie Reichtum, Wohlstand und Überfluß gibt – in kleinen wie in großen Dingen.

Schritt 1:   Denken und sprechen Sie den folgenden mentalen Leitsatz langsam, deutlich und engagiert mit Intensität, Klarheit und Überzeugung:

> Reichtum, Wohlstand und Überfluß
> manifestieren sich jeden Tag
> in meinem Leben!

Wiederholen Sie diesen Satz 5–7mal. Identifizieren Sie sich mit seiner Aussage, und bejahen Sie den zu erreichenden Zustand.

Schritt 2:   Jetzt werden die Körperbewegungen ausgeführt.

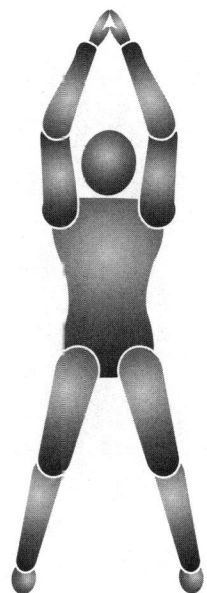

• Ausgangsposition:
Stellen Sie sich in die Grätsche, und nehmen Sie mit dem ganzen Körper eine aufrechte und lockere Haltung ein. Ihre Beine sind gestreckt, und Ihre Füße stehen parallel geradeaus. Ihre Arme und Hände sind nach oben über den Kopf ausgestreckt. Die Fingerspitzen beider Hände berühren einander. Die Handrücken zeigen nach rechts und links. Sie schauen nach oben auf Ihre Hände. (Abb. A)

Abb. A

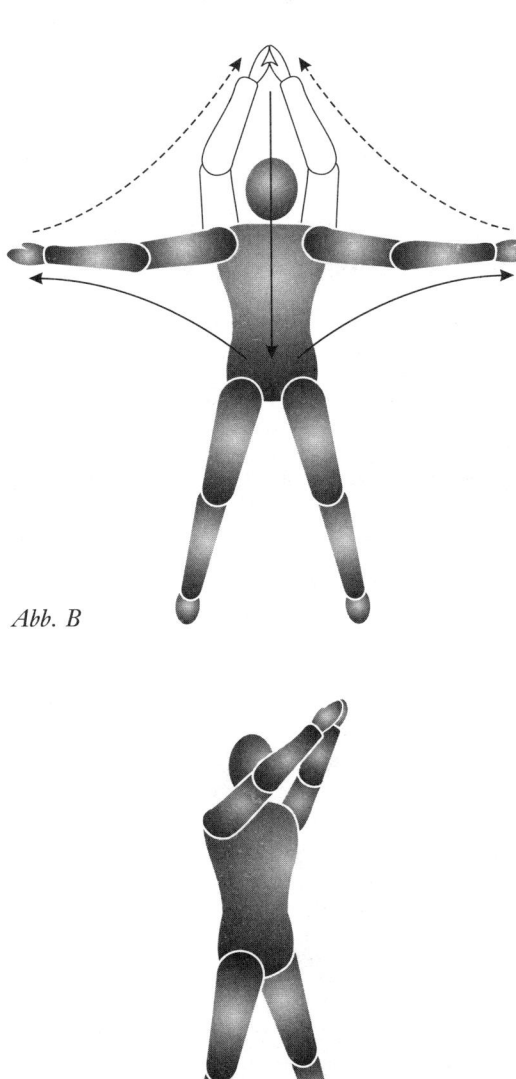

Abb. B

Abb. C

• Sie machen nun mit Ihren Armen vor Ihrem Körper eine rhombusähnliche Figur. Führen Sie dazu vor sich die einander berührenden Hände von oben in der Mitte zuerst nach unten bis Unterbauchhöhe, dann weit nach rechts und links mit einem kleinen Auswärtsbogen schräg nach oben zur Seite auseinander bis auf Schulterhöhe und von dort mit einem kleinen Einwärtsbogen schräg nach oben weiter, bis Ihre Hände in der Mitte über dem Kopf einander wieder an den Fingerspitzen berühren. Dieser Bewegungsablauf wird die ganze Zeit mit gestreckten Armen durchgeführt. Sie folgen den Bewegungen mit Ihren Augen. (Abb. B und C)

Schritt 3 A: Der gesprochene mentale Leitsatz wird mit den Körperbewegungen koordiniert und synchronisiert.

Sprechen Sie, während Sie die Arme und Hände zuerst von oben nach unten, dann nach rechts und links auseinander und wieder nach oben führen:

> von oben nach unten = Reichtum,
> nach rechts und links = Wohlstand
> wieder nach oben = und Überfluß

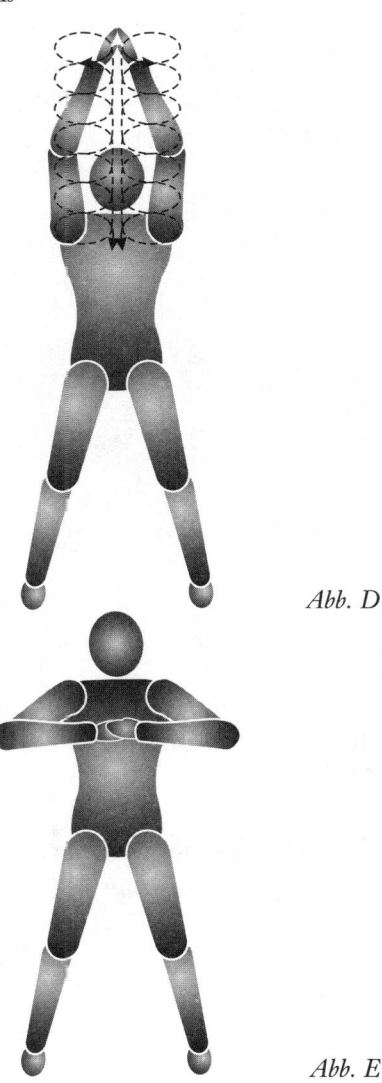

- Dann machen Sie schräg von vorn oben in der Mitte bis nach unten zur Brustmitte mit beiden Händen gleichzeitig rechts und links 7 kleine einwärtsdrehende Spiralen zu sich her, indem Sie die Arme mehr und mehr anwinkeln und dann beide Hände auf die Brustmitte legen. Die linke Hand liegt auf dem Handrücken der rechten Hand. Der Blick ist erst oben und dann geradeaus. (Abb. D und E)

Abb. D

Abb. E

Schritt 3 B: Der gesprochene mentale Leitsatz wird mit den Körperbewegungen koordiniert und synchronisiert.

Sprechen Sie, während Sie die Hände mit 7 kleinen Spiralen von oben zur Brustmitte führen:

> manifestieren sich jeden Tag
> in meinem Leben!

Sie führen den bisherigen Übungsablauf insgesamt 4mal hintereinander durch. Sie wechseln deshalb nach ein paar Sekunden von der jetzigen Haltung wie in Abb. E zur Ausgangsposition wie in Abb. A. Dazu führen Sie die Hände und Arme von der Brustmitte direkt hoch über den Kopf. Nach dem 4. Mal kommt die

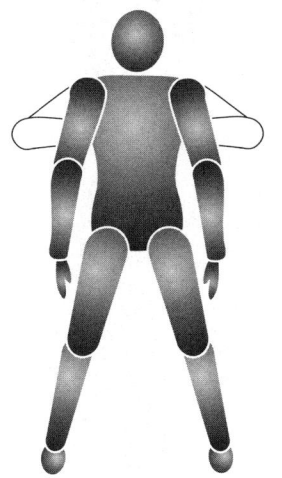

Abb. F

- Schlußposition:
  Führen Sie die Hände und Arme von der Brustmitte auseinander und nach unten, bis die Handflächen rechts und links die Oberschenkel berühren. Die Arme sind gestreckt. Sie stehen in der Grätsche. Die Beine sind gestreckt, und die Füße stehen parallel geradeaus. Sie stehen aufrecht und locker und schauen geradeaus. (Abb. F)

Bleiben Sie in dieser Haltung noch einige Sekunden, und atmen Sie langsam durch die Nase ein und durch den Mund aus.

Wiederholen Sie Schritt 2 mit Schritt 3 A und 3 B dieser Übung noch einmal, damit sich Ihnen der Gesamtablauf noch besser einprägt und sich die Wirkung verstärkt.

Anmerkungen zu Übung 28

Jeder Mensch hat bestimmte Vorstellungen, was Reichtum, Wohlstand und Überfluß für ihn bedeuten. Ob sie sich in Ihrem Leben manifestieren, ist davon abhängig, wie Sie darüber denken und damit umgehen. Das gilt nicht nur für materielle Güter, sondern auch für geistige Werte wie z. B. Lob und Anerkennung. Wenn Sie danach verlangen, daß es Ihnen gutgeht, und gleichzeitig eine pessimistische, ablehnende Einstellung dazu haben, kann sich nichts manifestieren. Achten Sie darauf, daß Ihre Gedanken mit Ihrem Wunsch und Ihrem Verhalten übereinstimmen, und Sie werden glückhafte Bedingungen anziehen.

- Die Worte des Leitsatzes »Reichtum, Wohlstand und Überfluß« lenken Ihre mentale Aufmerksamkeit darauf, sich gedanklich danach zu orientieren, was Ihr Leben als reich und wohlhabend auszeichnet und mit Überfluß versorgt. Mit den Worten »manifestieren sich jeden Tag in meinem Leben!« programmieren Sie sich, daß jeder Tag etwas in Ihr Leben bringt, das Sie bereichert.

- Die aufrechte Körperhaltung am Anfang mit den nach oben gestreckten Armen läßt die Energie besser fließen und zirkulieren. Symbolisch bedeutet diese Haltung, daß Sie über sich selbst hinauswachsen und sich an das Universum der unendlichen Fülle anschließen.

- Beine und Füße sind in der Bewegungslehre das Symbol für Standfestigkeit und Voranschreiten im Leben. Der Grätschstand bedeutet, daß Sie für sich selbst angemessenen Raum beanspruchen. Damit demonstrieren Sie, daß Sie Ihre Bedürfnisse und Wünsche nicht hintanstellen. Ihr Gleichgewicht ist optimal auf beide Beine verteilt. Sie sind bestens im Boden verankert und haben ein Gefühl der Sicherheit, die sich auf Ihre geistige und seelische Befindlichkeit überträgt.

- Hände und Arme sind in der Bewegungslehre das Symbol des Handelns und Leistungsvermögens. Die rhombusähnliche Figur, die mit den Armen von oben nach unten, von dort zur Seite und dann wieder nach oben zur Mitte ausgeführt wird, symbolisiert die Materie, die mit der kosmischen Kraft verbunden wird.

- Die 7 kleinen einwärtsdrehenden Spiralen von oben in der Mitte, die mit Ihren Händen zur Brustmitte geführt werden, bedeuten, daß Sie die schöpferische Energie von Reichtum, Wohlstand und Überfluß gegenwärtig in Ihrem Herzen verankern, in dem Sie sie symbolisch zu sich herholen und anzunehmen bereit sind.

- Die zwischendurch ausgebreiteten Arme machen Sie um die Brust herum frei. Sie atmen gut durch, und die innere Spannung baut sich ab. Symbolisch bedeutet dieses Ausbreiten, daß Sie sich der Fülle des Universums öffnen, die Sie zu jeder Zeit mit allem versorgt, was Sie anzunehmen bereit sind.

- Die aufrechte Körperhaltung der Schlußposition bedeutet, daß Sie sich aufrecht und bewußt auf die Fülle in Ihrem Leben einstellen. Sie beugen Fehlhaltungen vor oder gleichen sie aus. Dies überträgt sich auch auf den geistigen Bereich.

Übung 29   Ziele erreichen

Haben Sie manchmal Aufgaben zu lösen und Situationen zu bewältigen, von denen Sie glauben, daß die Ziele, die Sie damit verbinden, nur mühsam, schwierig oder gar nicht zu erreichen sind? Möchten Sie eine bestimmte Idee oder ein geschäftliches Vorhaben verwirklichen, ein Haus bauen, Ihre Gesundheit erhalten, Ihr Übergewicht reduzieren, das Rauchen aufgeben, Meinungsverschiedenheiten klären, einen Streit schlichten? Wollen Sie einen besseren Arbeitsplatz bekommen, Ihre Umsätze steigern, einen neuen Posten übernehmen, in die Chef-Etage aufsteigen, eine Firma zum Erfolg führen? Möchten Sie der großen Liebe Ihres Lebens begegnen? Oder an und in Ihnen Veränderungen vornehmen, um mehr aus sich selbst heraus zu leben? Es gibt viele Ziele!

Innere Einstellungen wie »Wer weiß, ob das klappt?«, »Das schaffe ich doch nicht!«, »Ich brauche das gar nicht erst auszuprobieren!«, »Das wird sicher wieder schwierig!« und ähnliche werden durch die regelmäßige Ausführung dieser Übung in kurzer Zeit positiv verändert. Sie verankert mental und körperlich die Gewißheit, daß diese Ziele auch leicht und mühelos erreicht werden können. Sie erkennen, wodurch die gewünschten Ergebnisse bisher verzögert oder verhindert wurden. Sie bekommen zur richtigen Zeit gute Ideen, wie Sie Ihre Ziele am besten realisieren.

Wenn Sie sich erst einmal angewöhnt haben, zu denken, daß es leicht und mühelos geht, dann werden sich auch die Ergebnisse leicht und mühelos einstellen.

Die praktische Durchführung der Übung

Machen Sie sich bewußt, welches Ziel Sie erreichen wollen. Wenn Sie mehrere Ziele haben, schreiben Sie sie in Stichworten auf, z. B.: neuen, optimalen Arbeitsplatz bekommen; Prüfung bestehen oder Kontroverse beenden usw. Das erleichtert Ihnen die Übersicht. Stellen Sie sich aber in der Übung mental nur auf ein Ziel ein, am besten auf das, welches Ihnen zum gegenwärtigen Zeitpunkt am wichtigsten ist. Die Anziehungskraft kann sich darauf konzentriert entfalten und ausdehnen und wird nicht überlagert. Ich empfehle Ihnen, jedes einzelne Ziel über einen längeren Zeitraum zu verwenden. Mit jeder Übungswiederholung vervielfachen Sie die anziehende Wirkung. Mehr und mehr manifestieren sich die entsprechenden Ergebnisse.

Schritt 1:   Denken und sprechen Sie den folgenden mentalen Leitsatz langsam, deutlich und engagiert mit Intensität, Klarheit und Überzeugung:

Leicht und mühelos
erreiche ich meine Ziele!

Wiederholen Sie diesen Satz 5–7mal. Identifizieren Sie sich mit seiner Aussage, und bejahen Sie das zu erreichende Ergebnis.

Schritt 2:   Jetzt werden die Körperbewegungen ausgeführt.

Abb. A

• Ausgangsposition:
Machen Sie mit dem linken Fuß einen kleinen Schritt nach vorn. Der Fuß zeigt geradeaus. Verlagern Sie Ihr Körpergewicht nach hinten auf das rechte Bein, und gehen Sie etwas in die Kniebeuge. Den rechten Fuß drehen Sie um 90 Grad nach rechts außen. Die Vorderseite Ihres Oberkörpers ist etwas zur Seite gedreht. Ihr linkes Bein ist gestreckt. Strecken Sie den linken Arm und die linke Hand geradeaus nach vorn und etwas nach oben. Die linke Handfläche zeigt zum Boden. Führen Sie den rechten Arm hinter dem Kopf aufwärts, und beugen Sie ihn etwas, bis sich die rechte Hand etwa 10 Zentimeter über Ihrem Kopf befindet. Die Handfläche ist dem Kopf zugewendet, die gestreckten und einander berührenden Finger zeigen nach vorn. Diese Körperhaltung ähnelt der eines Fechters in Aktion. Sie schauen geradeaus. (Abb. A)

* Schauen Sie nun über den linken Handrücken hinweg nach vorn als wäre dort Ihr Ziel. Verlagern Sie jetzt Ihr Körpergewicht auf den linken Fuß, der Körper bewegt sich dadurch nach vorn. Dabei beugen Sie das linke Bein und strecken das rechte Bein. Gleichzeitig mit dieser Veränderung der Stellung führen Sie den rechten Arm nach vorn und legen die Handfläche der rechten Hand auf den linken Handrücken der linken. (Abb. B)

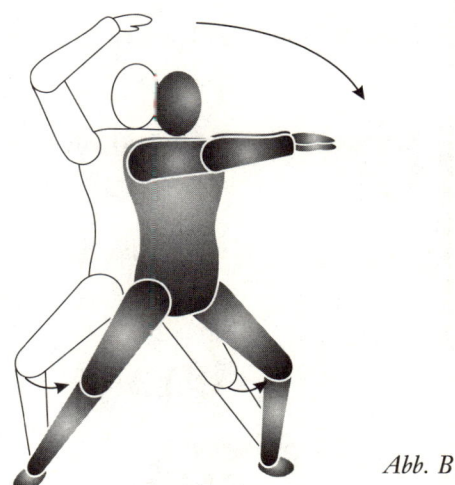

Abb. B

Schritt 3 A: Der gesprochene mentale Leitsatz wird mit den Körperbewegungen koordiniert und synchronisiert.

Sprechen Sie, während Sie sich nach vorn bewegen und die Hände aufeinander legen:

Leicht und mühelos

* Bleiben Sie mit den Händen in dieser Berührung, während Sie jetzt Ihre Arme und Hände zusammen zur Brust führen. Dabei winkeln Sie die Arme mehr und mehr an, bis sie am Körper anliegen und legen die Hände auf die Mitte der Brust. Die linke Handfläche berührt Ihren Körper, die rechte Handfläche liegt auf dem linken Handrücken. Gleichzeitig verlagern Sie das Körpergewicht wieder zurück auf das rechte Bein und beugen es etwas. Das linke Bein ist geradeaus nach vorn gestreckt, Sie haben nun wieder die gleiche Beinstellung, wie in Bild A. Bleiben Sie ca. 5 Sekunden in dieser Stellung. (Abb. C)

Abb. C

Schritt 3 B: Der gesprochene mentale Leitsatz wird mit den Körperbewegungen koordiniert und synchronisiert.

Sprechen Sie, während Sie sich zurückbewegen und die Hände auf die Brust legen:

erreiche ich meine Ziele!

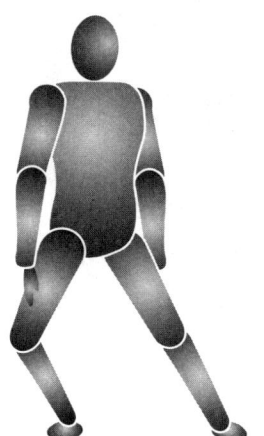

• Dann führen Sie die Hände und Arme auseinander und seitlich abwärts, bis die Hände links und rechts die Oberschenkel berühren. Drehen Sie die Arme so, daß die Handflächen nach vorn zeigen. Die Arme und Finger sind gestreckt. (Abb. D)

Abb. D

Führen Sie den bisherigen Übungsablauf insgesamt 4mal durch. Sie wechseln jedesmal von der jetzigen Haltung wie in Abb. D zur Ausgangsposition wie in Abb. A. Nach dem 4. Mal kommt die

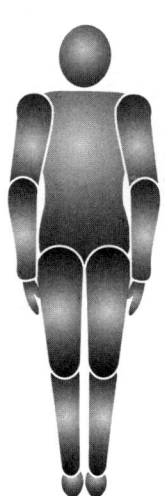

• Schlußposition:
Entlasten Sie das rechte gebeugte Bein, indem Sie sich zuerst auf das linke Bein stellen. Führen Sie das rechte Bein vor und stellen es neben das linke Bein. Beide Beine sind gestreckt, und das Körpergewicht ist gleichmäßig darauf verteilt. Die Füße stehen parallel dicht nebeneinander und zeigen geradeaus nach vorn. Die Arme sind seitlich am Körper nach unten gestreckt, die Handflächen berühren links und rechts die Oberschenkel. Sie stehen aufrecht und locker. (Abb. E)

Abb. E

Bleiben Sie in dieser Haltung noch einige Sekunden, und atmen Sie langsam durch die Nase ein und durch den Mund aus.

Wiederholen Sie Schritt 2 mit Schritt 3 A und 3 B dieser Übung noch einmal, damit sich Ihnen der Gesamtablauf noch besser einprägt und sich die Wirkung verstärkt.

Ich empfehle Ihnen, den gleichen Übungsablauf auch mit Seitenwechsel der Arme und Beine auszuführen.

Anmerkungen zu Übung 29

Die Zukunft wird von den meisten Menschen vorne, also vor dem Körper, wahrgenommen. Ziele, die Sie erreichen wollen, sind der Zukunft zugeordnet. Sie werden oft in der inneren Wahrnehmung z. B. als zu weit weg von sich, zu hoch oder auch als beides zusammen registriert und entsprechend verbalisiert, z. B. in Aussagen wie: »Das erreiche ich sowieso nie!«, »Da komme ich nicht dran!«, »Das ist mir zu hoch!« oder »Das ist zu schwierig, damit brauche ich erst gar nicht anzufangen!«

- Die Worte des Leitsatzes »Leicht und mühelos« wirken den soeben beschriebenen Wahrnehmungen und Aussagen entgegen. Viele Menschen nehmen an, daß sich ihre Ziele nur mit viel Mühe und großen Anstrengungen erreichen lassen. Sie haben ihre beschwerlichen Erfahrungen der Vergangenheit generalisierend auf zukünftige Ereignisse übertragen. Derartige Gedanken lösen falsche Steuerungsimpulse aus und sind unbedingt durch konstruktive Gedanken zu ersetzen. Denn das Unterbewußtsein faßt alle lang praktizierten Denkgewohnheiten wortwörtlich auf und läßt die Inhalte Wirklichkeit werden, unabhängig davon, ob es sich um destruktive oder konstruktive Gedankenimpulse handelt.

- Die Worte des Leitsatzes »erreiche ich meine Ziele!« machen Ihnen bewußt, daß Ihre Zielerreichung manchmal auch über mehrere Zwischenstufen erfolgt, die Ihren Weg zum Ziel erleichtern und sogenannte »Zwischenziele« ergeben.

- Die Verlagerung des Körpergewichts auf das rechte gebeugte Bein, der linke Arm gestreckt nach vorn und der rechte gebogene Arm mit der rechten Hand über dem Kopf, ist eine Haltung der äußersten Aufmerksamkeit und Konzentration. Es entsteht eine innere Spannung, wie z. B. beim Bogenschießen, Fechten oder vor einem großen Sprung, um bei einem sportlichen Wettbewerb zu gewinnen.

- Um beste Ergebnisse in den verschiedenen Lebensbereichen und Situationen zu erzielen, ist ein bestimmtes Maß an Konzentration und Spannung erforderlich, die Ihnen über Ihre Arm- und Beinmuskeln übermittelt werden. Während dieses Vorgangs treten körperchemische Veränderungen ein, die Sie befähigen, gute Leistungen, ja sogar Höchstleistungen zu vollbringen.

- Dieses spezielle Gefühl von Konzentration und Spannung kennen alle, die selbst schon einmal unmittelbar vor einem Wettbewerb oder Auftritt standen.

- Beine und Füße sind in der Bewegungslehre das Symbol für Standfestigkeit und Voranschreiten im Leben. Die Verlagerung des Körpergewichts nach vorn auf das linke Bein bedeutet, daß Sie sich auf Ihr Ziel zubewegen.

- Hände und Arme sind in der Bewegungslehre ein Symbol des Handelns und Leistungsvermögens. Die gestreckte Armhaltung links geradeaus und etwas nach oben gerichtet bedeutet, daß Sie über den linken Arm hinweg schauen, als würden Sie mit Hilfe des Armes Ihr zu erreichendes Ziel orten und anpeilen. Dadurch wird es für Sie wahrnehmbar und existent.

- Die Bewegung des rechten gebogenen Armes nach vorn mit der darauffolgenden Berührung beider Hände symbolisiert, daß Sie die Verbindung zu Ihrem Ziel herstellen.

- Ihre Arme und Hände, die Sie zu Ihrem Körper herführen und das Zurückverlagern Ihres Körpergewichtes auf das rechte Bein bedeuten symbolisch, daß Sie Ihr Ziel zu sich herholen. Sie werden aktiv und packen die Dinge des Lebens an.

- Durch die Berührung des Körpers mit beiden Händen verbinden und identifizieren Sie sich mit Ihrem Ziel, indem Sie es sich sprichwörtlich einverleiben. Mensch und Ziel werden eins und sind nicht mehr wie vorher voneinander getrennt. Alles, was Sie zu wissen haben, wird jetzt viel deutlicher als vorher wahrgenommen. Das bewußte Berühren des Körpers löst kinästhetische Signale aus, die sehr wirkungsvoll sind. Jede Übungswiederholung verstärkt die positive Wirkung dieser Signale.

- Die aufrechte Körperhaltung der Schlußposition bedeutet, daß Sie bereit sind, sich nach dem zu orientieren, was Sie Ihre Ziele leicht und mühelos erreichen läßt. Sie beugen Fehlhaltungen vor oder gleichen sie aus. Dies überträgt sich auch auf den geistigen Bereich.

Übung 30 Erfolgreich sein und siegen

Hatten Sie es bisher schwer, erfolgreich zu sein? Wollen Sie gleich alles auf einmal erreichen? Oder berücksichtigen Sie bei Ihren Überlegungen auch die Reihenfolge der wichtigen Schritte? Machen Sie vorher eine sorgfältige Planung der einzelnen Stufen zu Ihrem Ziel? Sind Sie früher oft als Versager oder Tolpatsch beschimpft worden? Richten Sie sich danach, was die Öffentlichkeit unter Erfolg versteht, oder haben Sie Ihre eigenen Wertmaßstäbe? Stufen Sie das Überwinden einer destruktiven Angewohnheit oder Charaktereigenschaft auch als Erfolg ein? Welche Erfolge hatten Sie bisher in Ihrem Leben? Können Sie sich heute noch erinnern, wie Sie sich fühlten, als Sie erfolgreich eine Situation gemeistert haben?

Ob Sie Erfolg haben, ist davon abhängig, wie Sie sich mit Ihren Gedanken und Gefühlen damit auseinandersetzen. Wenn Sie mehr an Mißerfolge als an Erfolge denken, dann ist es unbedingt erforderlich, sich umzuprogrammieren.

Durch diese Übung werden Sie in den Zustand gebracht, sich wie eine Siegerin oder ein Sieger zu fühlen, die eine Situation oder Aufgabe erfolgreich bewältigt haben. Sie aktivieren von Anfang an mentale und körperchemische Steuerungsmechanismen. Diese erkennt Ihr Unterbewußtsein eindeutig als Signale dafür, daß Sie den Erfolg ansteuern. Je öfter Sie diese Übung ausführen, desto mehr wächst Ihre Sicherheit, daß Sie erfolgreich sein werden, ganz gleich, ob in kleinen oder großen Angelegenheiten, was auch immer Ihre persönliche Herausforderung sein mag.

Wenn Sie Erfolg anstreben, ist es ganz normal, daß zuerst Fehler – ich selbst bezeichne sie lieber als Lernschritte – gemacht werden. Es ist falsch, sich bei jedem »Fehler« als Versager zu fühlen, auch wenn andere Sie das glauben machen wollen. Richtig ist, daß wir in uns ein selbstkorrigierendes Lernsystem haben. Es werden so lange Fehler gemacht, bis die Fehlerquelle eindeutig erkannt ist. Dann setzen Korrekturen ein. Es gibt immer weniger Fehler, die Erfolgsrate steigt.

Kennen Sie einen Sportler, der ohne Übung und Training seine Leistungen steigert? Oder einen Wissenschaftler, der nicht mehr weiterforscht, wenn sich die ersten Ergebnisse abzeichnen? Jede Verbesserung, die sich aus den einzelnen Stufen einer Entwicklung ergibt, ist ein Erfolg auf dem Weg zum großen Ziel. Jeder einzelne Schritt ist erforderlich, damit wir zu Erkenntnissen gelangen, die uns weiterbringen.

Machen Sie diese Übung! Identifizieren Sie sich ab heute mit einer Siegerin oder einem Sieger, dann erleben auch Sie, was es heißt, auf Erfolgskurs zu gehen!

Die praktische Durchführung der Übung

Machen Sie sich bewußt, was es für Sie bedeutet, erfolgreich zu sein und zu siegen. Welche Angelegenheiten und Situationen Ihres Lebens wollen Sie zum Erfolg führen? Wenn erforderlich, notieren Sie dazu Stichworte und beginnen dann mit der Übung.

Schritt 1:   Denken und sprechen Sie den folgenden mentalen Leitsatz langsam, deutlich und engagiert mit Intensität, Klarheit und Überzeugung:

Ich bin erfolgreich,
ich habe gesiegt!

Wiederholen Sie diesen Satz 5–7mal. Identifizieren Sie sich mit seiner Aussage, und bejahen Sie den zu erreichenden Zustand.

Schritt 2:   Jetzt werden die Körperbewegungen ausgeführt.

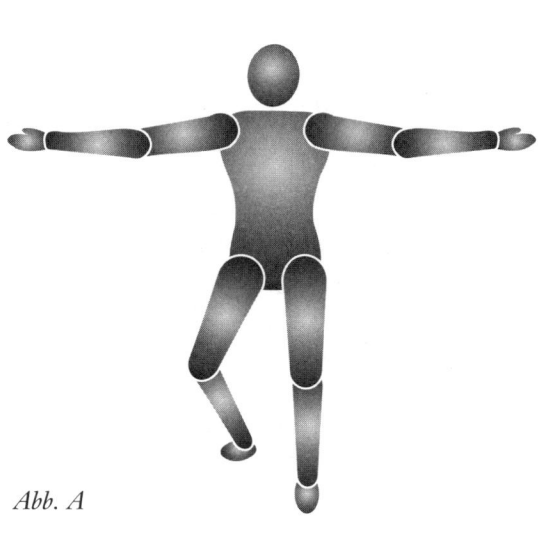

Abb. A

• Ausgangsposition:
Machen Sie mit dem linken Fuß einen kleinen Schritt nach vorn. Der Fuß zeigt geradeaus. Drehen Sie den rechten Fuß um 90 Grad nach rechts außen. Verlagern Sie Ihr Körpergewicht nach hinten auf das rechte Bein, und gehen Sie damit etwas in die Kniebeuge. Die Vorderseite Ihres Oberkörpers befindet sich geradeaus in gleicher Richtung wie Ihr linker Fuß. Ihr linkes Bein ist gestreckt. Ihre Arme und Hände sind in Schulterhöhe waagrecht zur Seite ausgestreckt, und die Handflächen zeigen nach vorn. Sie schauen geradeaus. (Abb. A)

- Sie führen nun schwungvoll Ihre Arme und Hände gestreckt in Schulterhöhe nach vorn zur Mitte, wo die Hände mit einem Klatschen einander berühren und dann umfassen. Sie schauen geradeaus nach vorn auf Ihre Hände. (Abb. B)

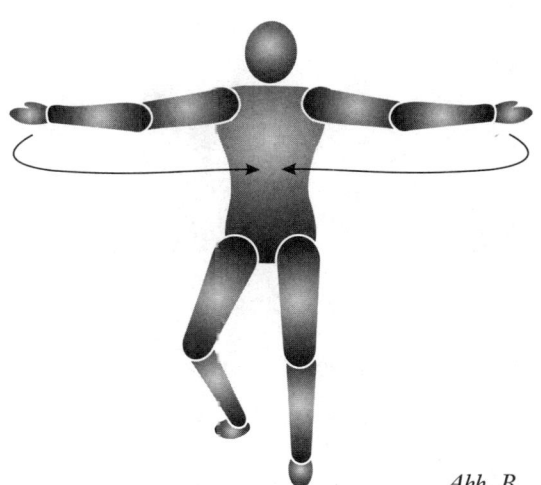

Abb. B

Schritt 3 A: Der gesprochene mentale Leitsatz wird mit den Körperbewegungen koordiniert und synchronisiert.

Sprechen Sie, während Sie schwungvoll die Arme nach vorn zur Mitte führen, bis die Hände mit einem Klatschen einander umfassen:

Ich bin erfolgreich,

- Danach führen Sie die einander umfassenden Hände etwas zu sich her zur Brustmitte, indem Sie die Arme dazu anwinkeln. (Abb. C)

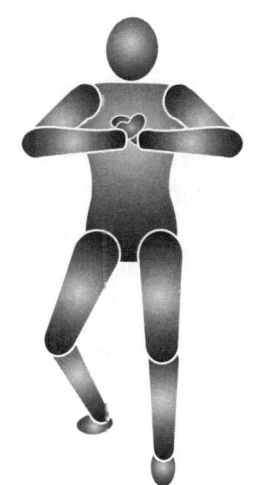

Abb. C

Abb. D

• Dann führen Sie Ihre Arme schwungvoll weit nach rechts und links oben V-förmig auseinander. Die Handflächen zeigen wieder nach vorn. Ihr Blick ist nach oben in die Mitte gerichtet. Gleichzeitig verlagern Sie das Körpergewicht auf das linke gestreckte Bein und stellen sich in die Grätsche. Beide Beine sind nun gestreckt, und beide Füße stehen parallel geradeaus. (Abb. D)

Schritt 3 B: Der gesprochene mentale Leitsatz wird mit den Körperbewegungen koordiniert und synchronisiert.

Sprechen Sie, während Sie die Arme schwungvoll nach oben V-förmig auseinanderführen und sich gleichzeitig in die Grätsche stellen:

ich habe gesiegt!

Führen Sie den bisherigen Übungsablauf insgesamt 3mal hintereinander durch. Sie wechseln deshalb nach ein paar Sekunden von der jetzigen Haltung wie in Abb. D zur Ausgangsposition wie in Abb. A. Dazu führen Sie die gestreckten Arme und Hände waagrecht auf Schulterhöhe zurück, versetzen den rechten Fuß nach hinten, verlagern das Körpergewicht auf das rechte Bein und gehen damit wieder etwas in die Kniebeuge wie gehabt. Nach dem 3. Mal kommt die

• Schlußposition:
Drehen Sie die nach rechts und links oben ausgebreiteten Hände mit den Handflächen nach außen und führen sie mit den gestreckten Armen seitlich nach unten, bis die Handflächen rechts und links die Oberschenkel berühren. Sie stehen in der Grätsche. Die Beine sind gestreckt, und die Füße stehen parallel geradeaus. Sie stehen aufrecht und locker und schauen geradeaus. (Abb. E)

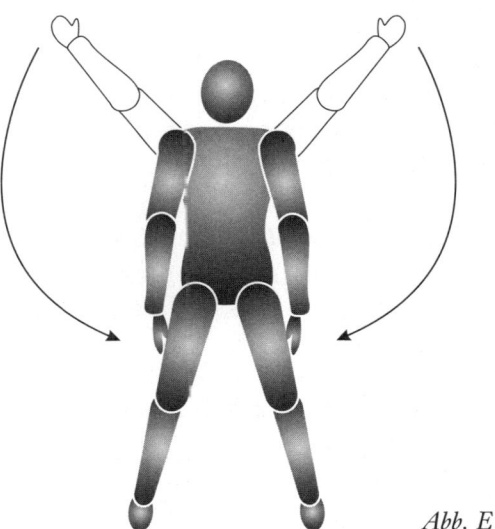

Abb. E

Bleiben Sie in dieser Haltung noch einige Sekunden, und atmen Sie langsam durch die Nase ein und durch den Mund aus.

Wiederholen Sie Schritt 2 mit Schritt 3 A und 3 B dieser Übung noch einmal, damit sich Ihnen der Gesamtablauf noch besser einprägt und sich die Wirkung verstärkt.

Ich empfehle Ihnen, den gleichen Übungsablauf auch mit Seitenwechsel der Arme und Beine auszuführen.

Anmerkungen zu Übung 30

Erfolg ist in unserer Gesellschaft mit Normvorstellungen belegt, die neu zu überdenken sind. Denn ich frage Sie: Ist es nicht auch schon als Erfolg zu bezeichnen, wenn Sie eine Meinungsverschiedenheit schlichten konnten, einem anderen Menschen die Hand zur Versöhnung reichen, eine charakterliche Schwäche überwinden oder belastende Gemütszustände auflösen? Richten Sie sich nicht nach den von den Medien verbreiteten Erfolgsnormen. Stellen Sie Ihre eigene Meßlatte auf. Schaffen Sie sich kleine Etappen. Dann haben Sie mehrere Erfolgserlebnisse, mit denen Sie so viel Energie in Ihr System bringen, daß Sie ganz sicher auch Ihre großen Ziele erreichen.

- Mit den Worten des Leitsatzes »Ich bin erfolgreich« lenken Sie Ihre mentale Aufmerksamkeit darauf, sich an dem zu orientieren, was Sie erfolgreich sein läßt. Mit den Worten »ich habe gesiegt!« programmieren Sie sich, daß Sie ganz sicher als Siegerin oder Sieger hervorgegangen sein werden. Sie haben Ihr Ziel erreicht und fühlen sich großartig.

- Die Körperhaltung zu Anfang mit den waagrecht ausgestreckten Armen macht Sie um die Brust herum frei, und Sie atmen gut durch. Symbolisch bedeutet diese Haltung, daß Sie sich den Erfolgen Ihres Lebens öffnen und sich auf sie einstellen.

- Beine und Füße sind in der Bewegungslehre das Symbol für Standfestigkeit und Voranschreiten im Leben. Die Verlagerung des Körpergewichts auf das rechte gebeugte Bein ist eine Stellung der äußersten Aufmerksamkeit und Konzentration. Es entsteht eine innere Spannung, die erforderlich ist, um erfolgreiche Ergebnisse zu erzielen. Körperchemische Veränderungen treten ein, die Sie in Hochstimmung bringen.

- Hände und Arme sind in der Bewegungslehre das Symbol des Handelns und Leistungsvermögens. Das von der Seite nach vorn schwungvolle Zusammenführen der Arme und Hände bedeutet, daß Sie alle Ihre Kräfte nach außen auf den Erfolg konzentrieren.

- Das Herführen Ihrer Hände zur Brustmitte bedeutet, daß Sie Ihre Erfolge zu sich heranholen und hautnahen Kontakt zu ihnen schaffen.

- Das schwungvolle V-förmige Auseinanderführen der Arme und Hände nach rechts und links oben mit dem gleichzeitigen Wechsel Ihrer Beinstellung in den Grätschstand symbolisiert den Sieg, den Sie errungen haben.

- Der Grätschstand bedeutet, daß Sie für sich selbst angemessenen Raum beanspruchen. Damit demonstrieren Sie, daß Sie Ihre Wünsche und Bedürfnisse nicht hintanstellen. Ihr Gleichgewicht ist optimal auf beide Beine verteilt. Sie sind bestens im Boden verankert und haben ein Gefühl der Sicherheit und Stärke, die sich auf Ihre geistige und seelische Befindlichkeit übertragen.

- Die V-förmig nach oben ausgebreiteten Arme bedeuten ein Gefühl der Freude und Freiheit. Die innere erwartungsvolle Spannung löst sich auf, und Sie atmen befreit durch. Sie sind ein freudevoller Ausdruck des Lebens.

- Die aufrechte Körperhaltung der Schlußposition bedeutet, daß Sie bereit sind, bewußt auf Erfolgskurs zu gehen und siegreich die Aufgaben Ihres Lebens meistern. Sie beugen Fehlhaltungen vor oder gleichen sie aus. Dies überträgt sich auch auf den geistigen Bereich.

Wenn Sie die sportlichen Wettbewerbe aufmerksam beobachten, werden Sie feststellen, daß die Geste der Freude über den Sieg überall auf der Welt körperlich fast auf die gleiche Weise zum Ausdruck gebracht wird. Diese Erfolgsenergie läßt sich von jedem Menschen schon vorher nutzen. Sie fühlen sich daher so, wie sich ein erfolgreicher Mensch fühlt. Je öfter Sie sich so fühlen, desto sicherer sind Ihre Erfolgsraten für zukünftige Angelegenheiten.

Wie Sie Ihr Trainingsprogramm beenden

Nach dem Üben

Wenn Sie eine oder auch mehrere Übungen ausgeführt haben, folgen drei Abschlußübungen, mit denen Sie Ihr Trainingsprogramm abrunden und beenden.

1. Die Muskeln lockern und entspannen

Nach dem Üben ist es sehr angenehm, die Muskeln der Arme und Beine noch einmal zu lockern und zu entspannen.

Praktische Durchführung:

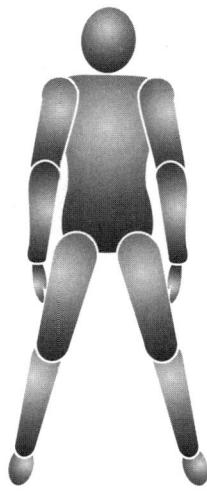

• Sie stehen aufrecht und locker in der Grätsche. Ihre Beine sind gestreckt, und die Füße stehen parallel geradeaus. Die Arme sind locker nach unten gestreckt. Sie schauen geradeaus. (Abb. A)

Abb. A

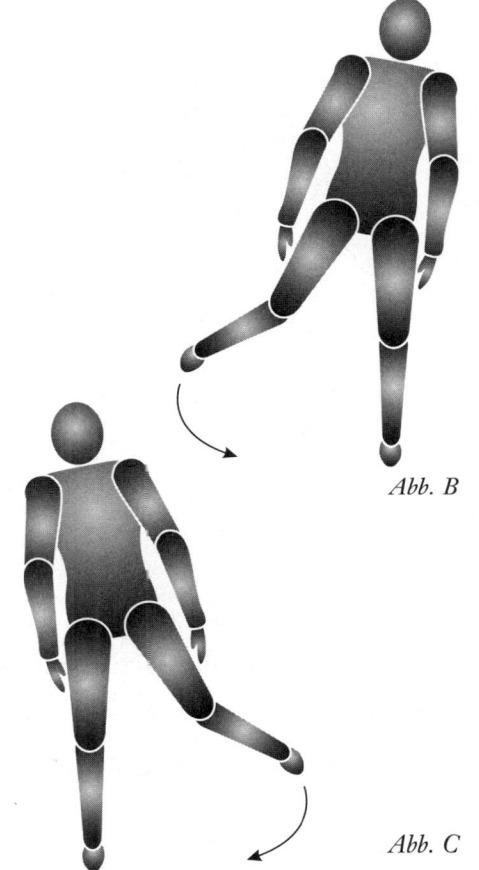

Abb. B

• Jetzt schütteln Sie abwechselnd mehrmals hintereinander locker erst das
eine, dann das andere Bein aus. (Abb. B
und C)

Abb. C

• Dann heben Sie beide Arme etwas zur
Seite an und schütteln sie gleichzeitig
mehrmals hintereinander locker aus.
(Abb. D)

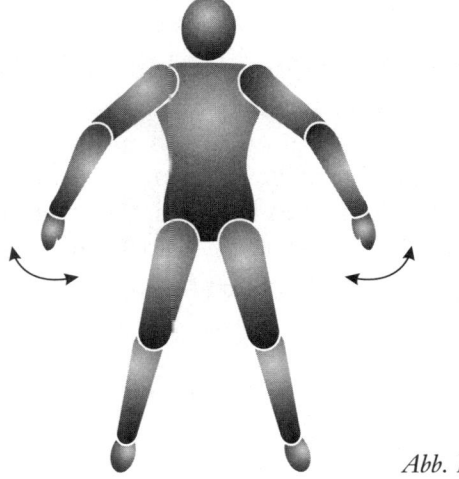

Abb. D

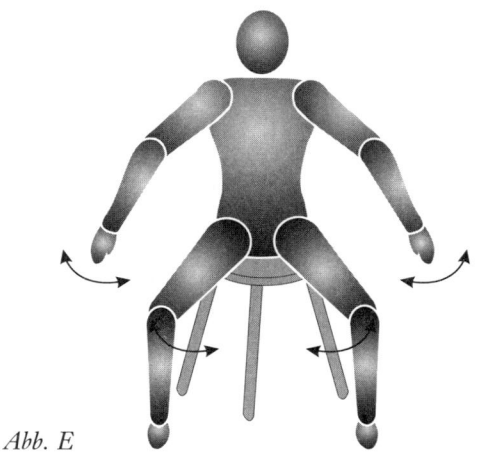

Abb. E

Variante:

• Wenn Sie in Ihren Bewegungen eingeschränkt sind und nicht gut stehen können, dann führen Sie das Lockern der
Arme und Beine im Sitzen durch. Die
Arme lockern Sie wie zuvor beschrieben, und die Beine schütteln Sie locker
hin und her. Arme, Füße und Beine
sind genauso plaziert wie im Stehen. Sie
sitzen aufrecht und schauen geradeaus.
(Abb. E)

Anmerkung:

Sie können das Lockern der Arme und Beine auch tagsüber in Ihren Alltag
integrieren, wenn Sie sich etwas angespannt fühlen.

2. Das Übungsergebnis verinnerlichen

Mit diesem Vorgang machen Sie sich mental noch einmal die emotionalen
Erlebnisinhalte bewußt, die sich zuvor während des Übens eingestellt haben und
verinnerlichen dadurch die neuen Ergebnisse. Sie lösen damit alle Empfindungen
und Erkenntnisse aus, die Sie bei der dynamischen Durchführung hatten. Es
steigert sich Ihre Fähigkeit, die Übungsabläufe auch ohne größere äußere Aktivitäten mental in Ihnen ablaufen lassen zu können. All Ihre neuen Erfahrungen werden
von Ihrem Unterbewußtsein registriert, wenn Sie sie an einer bestimmten Stelle
Ihres Körpers verankern, wie einen Erinnerungsvermerk. Mit minimalem Einsatz
lassen sich dann Ihre bisher entstandenen positiven Ressourcen an dieser Stelle des
Körpers immer wieder von Neuem freisetzen. Dadurch können Sie sie von jetzt auf
nachher nutzen, wenn es erforderlich ist.

Praktische Durchführung:

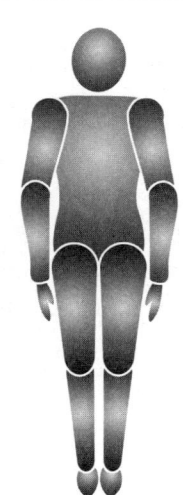

- Sie stehen aufrecht, die Arme sind locker nach unten gestreckt. Ihre Beine sind gestreckt, und die Füße stehen parallel nebeneinander geradeaus. Sie schauen geradeaus. (Abb. A)

Abb. A

- Gehen Sie in Gedanken noch einmal kurz Ihre vorangegangene Übung durch, den Leitsatz, welche Bewegungen Sie ausführten und wie Sie sich dabei fühlten. Wenn es für Sie leichter ist, können Sie dabei auch Ihre Augen schließen.

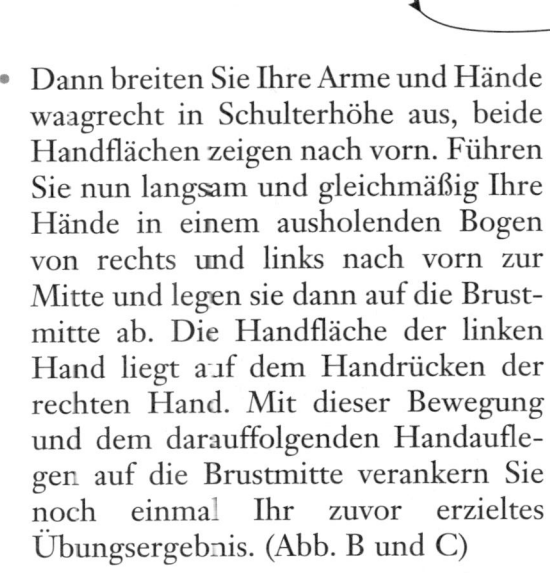

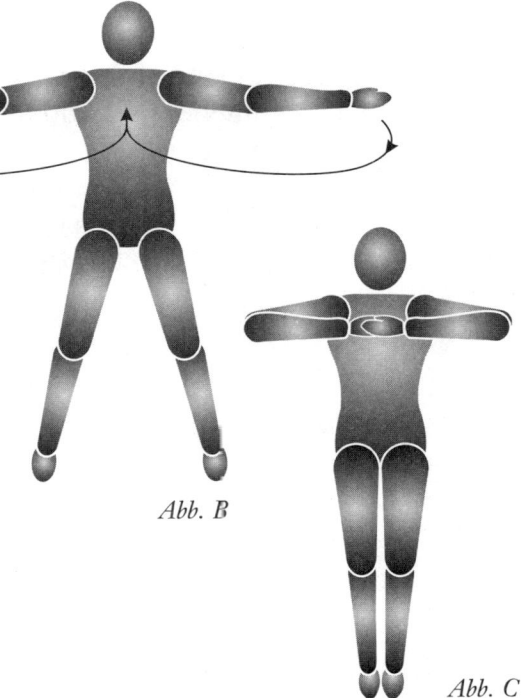

- Dann breiten Sie Ihre Arme und Hände waagrecht in Schulterhöhe aus, beide Handflächen zeigen nach vorn. Führen Sie nun langsam und gleichmäßig Ihre Hände in einem ausholenden Bogen von rechts und links nach vorn zur Mitte und legen sie dann auf die Brustmitte ab. Die Handfläche der linken Hand liegt auf dem Handrücken der rechten Hand. Mit dieser Bewegung und dem darauffolgenden Handauflegen auf die Brustmitte verankern Sie noch einmal Ihr zuvor erzieltes Übungsergebnis. (Abb. B und C)

Abb. B

Abb. C

- Bleiben Sie in dieser verinnerlichten Haltung noch eine halbe Minute und genießen Sie dieses Gefühl. Dann ist die Übung beendet.

Variante:

- Wenn Sie in Ihren Bewegungen eingeschränkt sind, können Sie den Vorgang des Verinnerlichens wie zuvor beschrieben auch im Sitzen durchführen. Füße, Arme und Hände sind genauso plaziert wie im Stehen. Sie sitzen aufrecht und locker und schauen geradeaus.

Anmerkungen:

Wenn Sie eine entscheidende Aufgabe zu bewerkstelligen haben, z. B. ein Vorstellungsgespräch oder eine wichtige Unterredung mit Ihrem Vorgesetzten oder ähnliches, haben Sie vielleicht nicht immer die Möglichkeit, sich noch einmal direkt vorher mit einer aktiven Originalübung darauf vorzubereiten.

Sie können aber davor an Ihrem Schreibtisch, im Warteraum oder anderen Plätzen 1–2 Minuten innehalten, ruhig werden und an eine spezielle Übung denken, die Ihrer Situation entspricht. Dann legen Sie Ihre Hände für ein paar Sekunden auf die Brustmitte. Diese Haltung ist relativ unauffällig. Es läßt sich manchmal nicht vermeiden, daß mehrere Menschen in Ihrer Nähe sind. Niemand würde auf die Idee kommen, daß Sie sich mental auf etwas vorbereiten.

Diese Art des Vorgehens funktioniert wie ein Schnellauslöser, der am besten wirksam wird, wenn Sie die Originalübung und die Abschlußübung 2 schon öfter praktiziert haben. Sie aktivieren sofort alle aufbauenden Energien, die von Ihnen mit dem bisherigen Üben erzielt wurden. Diese Energien stehen Ihnen nun für die von Ihnen zu meisternde Aufgabe zur Verfügung und helfen Ihnen sehr wirkungsvoll.

3. Den neuen Zustand stabilisieren

Durch die dritte Abschlußübung stabilisieren Sie Ihren neu erreichten Zustand und leiten den Umstieg in den Alltag ein. Sie bleiben in sich gefestigt, was sich sehr vorteilhaft auf Ihre weiteren Aktivitäten auswirkt.

Praktische Durchführung:

- Sie stehen aufrecht in der Grätsche. Ihre Beine sind gestreckt, und die Füße stehen parallel geradeaus. Die Arme und Hände sind waagrecht in Schulterhöhe seitlich ausgestreckt. Die Handflächen zeigen nach oben. Sie schauen geradeaus. (Abb. A)

Abb. A

- Jetzt führen Sie Ihre Arme gestreckt von rechts und links nach oben, bis die Handflächen senkrecht über dem Kopf in der Mitte einander berühren. (Abb. B)

Abb. B

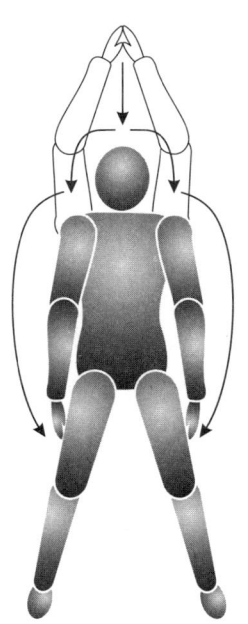

• Dann führen Sie die einander berührenden Hände etwas nach unten, direkt über die Kopfmitte, führen die rechte Hand nach rechts und die linke Hand nach links außen auseinander und fahren mit Ihren Händen, mit etwas Abstand zum Körper, die Körperkontur nach, indem Sie sie seitlich am Körper nach unten führen, bis die Handflächen links und rechts die Oberschenkel berühren. (Abb. C)

• Führen Sie diesen Übungsablauf insgesamt 3mal hintereinander durch.

Abb. C

Variante:

• Wenn Sie in Ihren Bewegungen eingeschränkt sind, können Sie den Vorgang des Stabilisierens wie zuvor beschrieben auch im Sitzen durchführen. Füße, Arme und Hände sind genauso plaziert wie im Stehen. Sie sitzen aufrecht und locker und schauen geradeaus.

Anmerkungen:

Diese 3. Abschlußübung können Sie jederzeit auch zwischendurch anwenden, wenn Sie phasenweise körperlich und/oder geistig abbauen. Sie trägt dazu bei, mental stabil zu bleiben, wenn es darum geht, z. B. äußere belastende Einflüsse zu verarbeiten.

Zweiter Teil

Übungen im Sitzen

Übungen im Sitzen

Wie Sie üben können, wenn Sie
in Ihrer Beweglichkeit eingeschränkt sind

Dieser Teil ist für all diejenigen bestimmt, die sich nicht uneingeschränkt bewegen können, z. B. durch Gewichtsprobleme, Behinderungen oder altersbedingte Beschwerden. Zu den 30 Übungen gibt es minimale Veränderungen, die Ihnen das Üben erleichtern. Folgende Möglichkeiten, die in den Abbildungen A bis F enthalten sind, lassen sich unter diesen Bedingungen von Ihnen durchführen: (Abb. A, B, C, D, E und F)

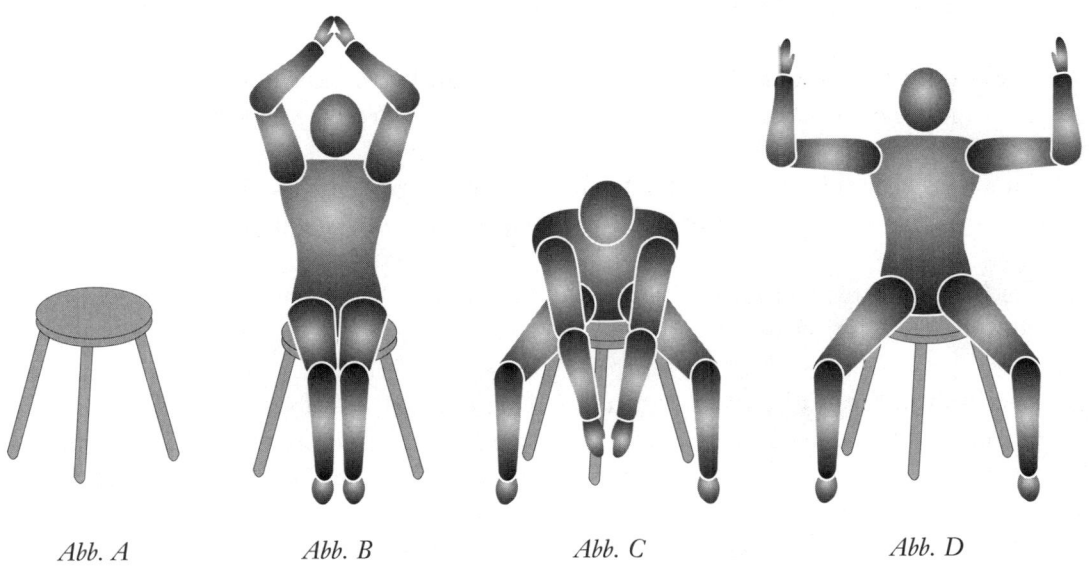

Abb. A   *Abb. B*   *Abb. C*   *Abb. D*

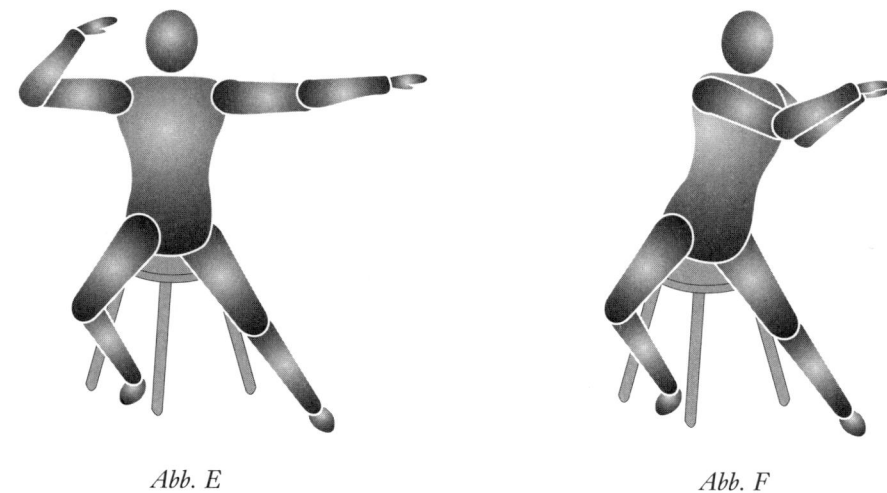

Abb. E   *Abb. F*

- Alle 30 Übungen können im Sitzen ausgeführt werden. Wenn Sie nicht auf einen Stuhl mit Rückenlehne oder einen Rollstuhl angewiesen sind, empfehle ich Ihnen, einen Hocker zu nehmen, damit Sie möglichst viel Bewegungsfreiheit für die Arme zur Verfügung haben. Verwenden Sie einen Hocker, der fest auf dem Boden steht. Ein Schreibtischstuhl auf Rollen ist ungeeignet, da er sich leicht von der Stelle fortbewegt, siehe Abb. A.

- Die Stellungen und Bewegungen der Füße und Beine können alle, wie in den 30 Übungen beschrieben, im Sitzen übernommen werden, siehe Abb. B, C und E.

- Auch das Marschieren auf der Stelle oder das Springen in die Grätsche lassen sich gut im Sitzen ausführen, siehe Übungsbeispiel 2 (Seite 284).

- Bei Übung 11 führen Sie im Sitzen diejenigen Beinhaltungen durch, die Sie noch bequem machen können.

- Die Haltungen und Bewegungen des Körpers, der Arme und Hände, sowie die Blickrichtungen können ebenfalls alle, wie beschrieben, im Sitzen übernommen werden. Wenn Sie jedoch Ihre Arme nicht so gut strecken können, und Ihnen z. B. die Kreis- und Bogenbewegungen in vollem Bewegungsradius nicht möglich sind, machen Sie alle Haltungen und Bewegungen mit angewinkelten Armen, siehe Abb. B, D, E, F und Übungsbeispiel 1 (Seite 280).

- Wenn Sie sich mit Ihrem Körper nicht ganz nach vorn beugen oder die Hände nicht zum Boden führen können, dann bewegen Sie sich nach vorn und unten, so wie es Ihnen noch möglich ist, siehe Abb. C und F.

- Bei Übung 2 machen Sie im Sitzen mit den Händen die Spiralen vor Ihrem Körper.

- Wenn Sie im Rollstuhl sitzen und Ihre Füße und Beine schwer oder gar nicht beweglich sind, Sie sich jedoch mit Ihrem Oberkörper, den Armen und Händen gut bewegen können, dann stellen Sie die Füße und Beine parallel nebeneinander oder etwas auseinander und machen die ganzen Übungsabläufe mit Ihrem Oberkörper wie beschrieben.

Auch wenn Sie in Ihren Bewegungen eingeschränkt sind, werden die Übungen ihre Wirkung nicht verfehlen. Bei MENTAL IN FORM steht im Vordergrund, daß Sie Ihre mentalen Fähigkeiten und Potentiale bewußt und optimal einsetzen und Ihr Energiefeld verändern. Dies läßt sich auch durch einen kleineren Bewegungsradius erreichen.

Es folgen nun 2 Übungsbeispiele aus dem Trainingsprogramm der 30 Übungen. Sie zeigen Ihnen, wie eine komplette Übung im Sitzen und etwas angewinkelten Armen abläuft. Alle anderen Übungen funktionieren nach dem gleichen Prinzip.

Übungsbeispiel 1

Dieses Übungsbeispiel ist auf der Grundlage von Übung 12, »Energie – Kraft – Mut«, entstanden.

Die praktische Durchführung der Übung

Schritt 1:   Denken und sprechen Sie den folgenden mentalen Leitsatz langsam, deutlich und engagiert mit Intensität, Klarheit und Überzeugung:

> In mich strömt Energie,
> in mich strömt Energie,
> in mich strömt Energie,
> ich habe Kraft und Mut!

Wiederholen Sie diesen Satz 5–7mal. Identifizieren Sie sich mit seiner Aussage, und bejahen Sie den zu erreichenden Zustand.

Schritt 2:   Jetzt werden die Körperbewegungen ausgeführt.

Abb. A

• Ausgangsposition:
Nehmen Sie im Sitzen mit dem ganzen Körper eine natürliche, aufrechte Haltung ein. Ihre Beine sind angewinkelt, Ihre Füße stehen parallel auseinander und geradeaus. Sie heben beide Arme waagrecht in Schulterhöhe an und beugen Sie so, daß die Unterarme und Hände senkrecht nach oben zeigen und fast in einem rechten Winkel zum Oberarm positioniert sind. Die Finger sind gestreckt, und die Handflächen zeigen nach vorn. Sie schauen geradeaus. In dieser Haltung bleiben Sie etwa 5 Sekunden sitzen. (Abb. A)

- Nun beginnen Sie mit dem rechten Arm das Armkreisen rückwärts. Führen Sie den angewinkelten Arm zügig, aber nicht zu schnell nach rückwärts und vorn wieder aufwärts in die Ausgangsposition. Lassen Sie so den rechten Arm 8mal kreisen. Die Füße und Beine bleiben in der Stellung wie zuvor beschrieben. (Abb. B)

Abb. B

Schritt 3 A: Der gesprochene mentale Leitsatz wird mit den Körperbewegungen koordiniert und synchronisiert.

Sprechen Sie zu jedem Armkreisen rechts in folgender Weise:

1. Armkreis rechts = In mich strömt Energie,
2. Armkreis rechts = in mich strömt Energie,
3. Armkreis rechts = in mich strömt Energie,
4. Armkreis rechts = ich habe Kraft und Mut!
5. Armkreis rechts = In mich strömt Energie,
6. Armkreis rechts = in mich strömt Energie,
7. Armkreis rechts = in mich strömt Energie,
8. Armkreis rechts = ich habe Kraft und Mut!

- Nach 8maligem Kreisen halten Sie beide Arme waagrecht angewinkelt mit den Unterarmen und Händen nach oben wie in der Ausgangsposition. Bleiben Sie in dieser Haltung etwa 5 Sekunden. (Abb. C)

Abb. C

Abb. D

Dann kommt der Seitenwechsel:

• Sie machen jetzt das gleiche mit dem linken Arm, Armkreisen rückwärts 8mal. (Abb. D)

Schritt 3 B: Der gesprochene mentale Leitsatz wird mit den Körperbewegungen koordiniert und synchronisiert.

Sprechen Sie zu jedem Armkreisen links in folgender Weise:

1. Armkreis links = In mich strömt Energie,
2. Armkreis links = in mich strömt Energie,
3. Armkreis links = in mich strömt Energie,
4. Armkreis links = ich habe Kraft und Mut!
5. Armkreis links = In mich strömt Energie,
6. Armkreis links = in mich strömt Energie,
7. Armkreis links = in mich strömt Energie,
8. Armkreis links = ich habe Kraft und Mut!

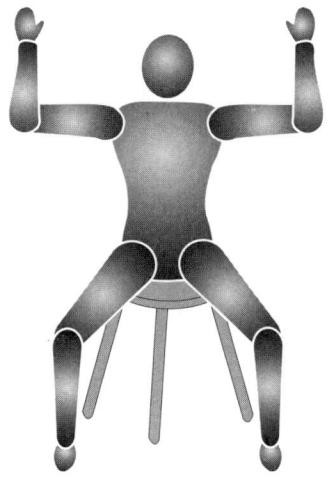

Abb. E

• Dann sind beide Arme waagrecht angewinkelt wieder oben wie in der Ausgangsposition. (Abb. E)

- Schlußposition:
  Nach einigen Sekunden drehen Sie die Handflächen nach außen und führen die Arme langsam seitwärts nach unten, bis beide Handflächen links und rechts die Oberschenkel berühren. Die Arme sind locker nach unten gestreckt. Die Beine sind angewinkelt, die Füße stehen parallel auseinander und geradeaus. Sie sitzen aufrecht und locker und schauen geradeaus. (Abb. F)

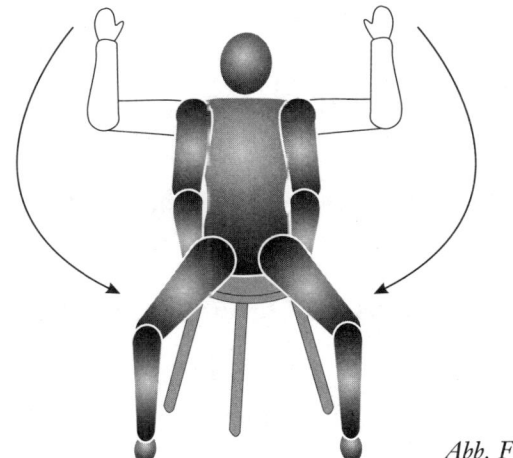

Abb. F

Bleiben Sie in dieser Haltung noch einige Sekunden, und atmen Sie langsam durch die Nase ein und durch den Mund aus.

Wiederholen Sie Schritt 2 mit Schritt 3 A und 3 B dieser Übung noch einmal, damit sich Ihnen der Gesamtablauf noch besser einprägt.

Wenn es die Beweglichkeit Ihrer Arme zuläßt, machen Sie das Armkreisen im Sitzen mit dem vollen Bewegungsradius, wie in Übung 12 beschrieben.

Übungsbeispiel 2

Dieses Übungsbeispiel ist auf der Grundlage von Übung 30, »Erfolgreich sein und siegen«, entstanden.

Die praktische Durchführung der Übung

Machen Sie sich bewußt, was es für Sie bedeutet, erfolgreich zu sein und zu siegen. Welche Angelegenheiten und Situationen Ihres Lebens wollen Sie zum Erfolg führen? Wenn erforderlich, notieren Sie dazu Stichworte und beginnen dann mit der Übung.

Schritt 1:   Denken und sprechen Sie den folgenden mentalen Leitsatz langsam, deutlich und engagiert mit Intensität, Klarheit und Überzeugung:

Ich bin erfolgreich,
ich habe gesiegt!

Wiederholen Sie diesen Satz 5–7mal. Identifizieren Sie sich mit seiner Aussage, und bejahen Sie den zu erreichenden Zustand.

Schritt 2:   Jetzt werden die Körperbewegungen ausgeführt.

Abb. A

• Ausgangsposition:
Setzen Sie sich aufrecht und locker auf einen Stuhl. Machen Sie im Sitzen mit dem linken Fuß einen kleinen Schritt nach vorn. Das linke Bein ist nun gestreckt, und der linke Fuß zeigt geradeaus. Drehen Sie den rechten Fuß um 70 Grad nach rechts außen. Er ist auf der rechten Seite mit etwas Abstand hinter dem linken Fuß plaziert. Das rechte Bein ist dazu angewinkelt, das rechte Knie zeigt schräg nach rechts vorn. Die Vorderseite Ihres Oberkörpers zeigt

geradeaus in die gleiche Richtung wie Ihr linker Fuß. Ihre Arme und Hände sind in Schulterhöhe waagrecht zur Seite angehoben und etwas angewinkelt. Die Handflächen zeigen nach vorn. Sie schauen geradeaus. (Abb. A)

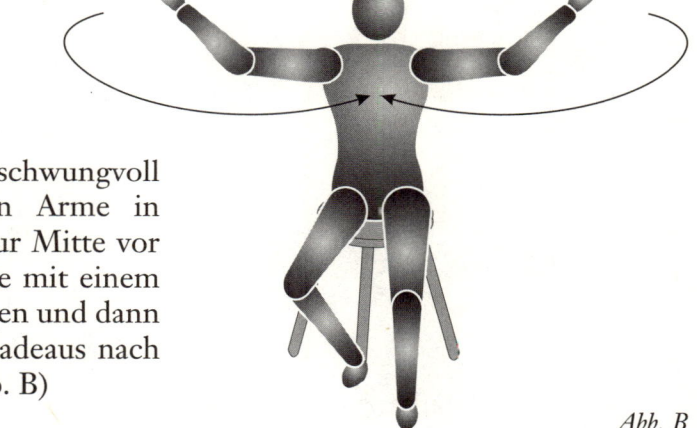

- Sie führen nun im Sitzen schwungvoll Ihre etwas angewinkelten Arme in Schulterhöhe nach vorn zur Mitte vor den Körper, wo die Hände mit einem Klatschen einander berühren und dann umfassen. Sie schauen geradeaus nach vorn auf Ihre Hände. (Abb. B)

Abb. B

Schritt 3 A: Der gesprochene mentale Leitsatz wird mit den Körperbewegungen koordiniert und synchronisiert.

Sprechen Sie, während Sie schwungvoll die Arme nach vorn zur Mitte führen, bis die Hände mit einem Klatschen einander umfassen:

Ich bin erfolgreich,

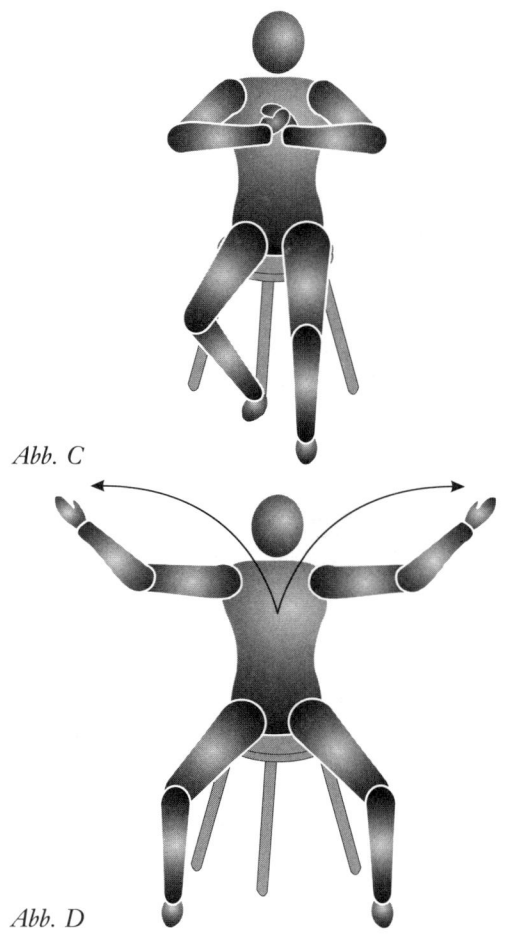

Abb. C

Abb. D

• Dann führen Sie die einander umfassenden Hände etwas zu sich her vor die Brustmitte, indem Sie die Arme dazu anwinkeln, und führen sie dort schwungvoll nach rechts und links oben V-förmig auseinander. Die Handflächen zeigen wieder nach vorn. Ihr Blick ist nach oben in die Mitte gerichtet. Gleichzeitig mit dem schwungvollen Auseinanderführen der Arme springen Sie im Sitzen mit den Beinen und Füßen in die Grätsche und stellen den rechten Fuß parallel neben den linken Fuß. Beide Beine sind nun im Sitzen angewinkelt. (Abb. C und D)

Schritt 3 B: Der gesprochene mentale Leitsatz wird mit den Körperbewegungen koordiniert und synchronisiert.

Sprechen Sie, während Sie die Arme schwungvoll nach oben V-förmig auseinanderführen und gleichzeitig Ihre Beine in die Grätsche bringen:

ich habe gesiegt!

Führen Sie den bisherigen Übungsablauf insgesamt 3mal hintereinander durch. Sie wechseln dazu nach ein paar Sekunden von der jetzigen Haltung wie in Abb. D zur Ausgangsposition wie in Abb. A. Die nach oben hin etwas angewinkelten Arme führen Sie waagrecht auf Schulterhöhe zurück, versetzen den rechten Fuß wieder nach hinten, mit 70 Grad nach rechts außen gedreht, und winkeln dabei das rechte Bein an. Auch das linke Bein ist wieder nach vorn gestreckt wie gehabt. Nach dem 3. Mal kommt die

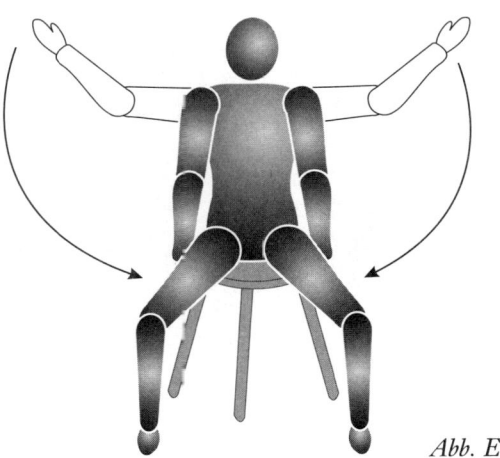

Abb. E

- Schlußposition:
  Drehen Sie die nach rechts und links oben ausgebreiteten Hände mit den Handflächen nach außen. Führen Sie die Arme seitlich nach unten, bis die Handflächen rechts und links die Ober- schenkel berühren. Die Beine sind im Sitzen angewinkelt, die Füße stehen parallel auseinander und geradeaus. Sie sitzen aufrecht und locker und schauen wieder geradeaus. (Abb. E)

Bleiben Sie in dieser Haltung noch einige Sekunden, und atmen Sie langsam durch die Nase ein und durch den Mund aus. (Abb. E)

Wiederholen Sie Schritt 2 mit Schritt 3 A und 3 B dieser Übung noch einmal, damit sich Ihnen der Gesamtablauf noch besser einprägt und sich die Wirkung verstärkt.

Ich empfehle Ihnen, den gleichen Übungsablauf auch mit einem Seitenwechsel der Arme und Beine auszuführen.

Wenn es Ihre Beweglichkeit der Arme zuläßt, führen Sie diese Übung mit vollem Bewegungsradius der Arme aus wie in Übung 30 beschrieben.

DRITTER TEIL

Individuelle Trainingsprogramme
Schlußwort

Individuelle Trainingsprogramme

Wie Sie üben und sich
ein eigenes Übungsprogramm zusammenstellen

Wenn Sie mit den einzelnen Übungen schon etwas vertrauter geworden sind, haben Sie folgende Möglichkeiten, Ihr Trainingsprogramm zu nutzen und zusammenzustellen:

- Jede Übung kann von Ihnen auch mehrmals hintereinander ausgeführt werden, d. h., von bisher 2 oder 3 Übungsabläufen ab Schritt 2 zusammen mit Schritt 3 steigern Sie sich auf insgesamt 5–12 Übungsabläufe pro Übung. Sie spüren deutlich, wann Ihre Leistungsgrenze erreicht ist.

- Sollte der Übungsablauf generell noch ungewohnt sein, wiederholen Sie die einzelnen Schritte 1, 2 und 3 so lange, bis sie sicher und fließend von Ihnen ausgeführt werden können.

- Sie können jede einzelne Übung auch nach allen 4 Himmelsrichtungen ausführen, d. h., nach einem kompletten Übungsdurchgang drehen Sie sich jeweils um 90 Grad nach rechts und führen die Übung erneut durch. Damit umhüllen Sie Ihren Körper rundherum mit der Energie, die Sie beim Üben erzeugen. Sie stellen sich zu Beginn in Richtung Osten und beenden in Richtung Norden.

- Vielleicht gefällt Ihnen auch folgende Übungsvariante, die schon zu interessanten Ergebnissen geführt hat: Führen Sie die einzelnen Übungen so durch, daß Sie in den verschiedenen Positionen, die zu Beginn, dazwischen und am Schluß nach den Bewegungen entstehen, bis zu 30 Sekunden bewegungslos stehen und dabei regelmäßig weiteratmen. Sie werden dadurch manche Muskelpartien deutlicher spüren und Ihre Konzentrations- und Geduldfähigkeit steigern.

- Machen Sie die Übungen, wann immer Sie dazu bereit sind und Sie sich die Zeit dafür nehmen können. Sicher ist natürlich, daß Sie eine intensive, nachhaltigere Wirkung erzielen, wenn es Ihnen möglich ist, Ihr Trainingsprogramm regelmäßig durchzuführen. Dabei spielt es keine Rolle, ob Sie jeweils eine Übung bevorzugen oder mehrere zu einem Trainingsprogramm zusammenstellen. Je öfter Sie innerhalb einer Woche die Übungen Ihrer Wahl machen können, desto besser wird Ihre mentale und körperliche Stabilität und Sicherheit.

• Regelmäßig kann bedeuten, daß Sie die Übungen entweder jeden Tag, jeden 2. Tag, 2mal die Woche oder 1mal die Woche durchführen. Dabei sind 10 Minuten besser als 5, und 20 Minuten effektiver als 10, nach oben gibt es keine Begrenzung. Jeder hat sein eigenes Leistungsniveau, bei dem er sich wohl fühlt. Ein Zuwenig kann genauso uneffektiv sein wie ein Zuviel. Manchmal sind jeweils 5–10 Minuten pro Woche sinnvoller, als 1mal eine 1/2 Stunde oder 1 Stunde alle 1–2 Wochen. Das sollen Sie selbst entscheiden. Es kommt einfach darauf an, wie Sie sich zeitlich organisieren und wie wichtig Ihnen Ihre Anliegen und die Entwicklung Ihrer Fähigkeiten sind.

• Stellen Sie sich ein Trainingsprogramm zusammen, das Ihren Bedürfnissen entspricht. Wählen Sie eine oder mehrere Übungen aus, die derzeit für Sie am wichtigsten sind.

• Auch können Sie sich z. B. jeden Tag jeweils eine Übung auswählen, von der Sie das Gefühl haben, daß sie genau die ist, die Sie an diesem Tag brauchen.

• Oder führen Sie eine Art Losverfahren durch, mit dem Sie eine oder auch mehrere Übungen ziehen. Das macht sehr viel Spaß, weil Sie sich jeden Tag überraschen lassen können. Machen Sie sich dazu aus Pappe 30 kleine und gleichgroße Spielmarken und numerieren Sie diese. Legen Sie diese Marken in ein Glas. Jeden Tag ziehen Sie eine oder auch mehrere Nummern. Ihre unbewußte Steuerung weiß, was Sie an diesem Tag brauchen, und Sie ziehen genau das, was für Sie an jenem Tag angemessen ist.

• Sie können aber auch jeden Tag eine Übung in der Reihenfolge von 1–30 anwenden, d. h., am 1. Tag eines Monats machen Sie die Übung 1, am 2. Tag eines Monats die Übung 2, und dann am 30. Tag eines Monats die Übung 30. Wenn ein Monat 31 Tage hat, wiederholen Sie die Übung 30 oder machen an diesem Tag eine Übungspause. So kommt jede Übung einmal im Monat vor, und es kann sich die Energie aus allen 30 Übungen aufbauen.

- Es lassen sich mehrere Übungen nacheinander ausführen. Alle Übungen sind miteinander kombinierbar. Jede davon dauert, wenn Sie den Ablauf gut kennen, nicht länger als 3–5 Minuten, je nachdem, wie oft Sie sie wiederholen.

- Wenn Sie eine Übung ausgewählt haben, wie Übung 7, »Angst und Schuldgefühle überwinden«, können Sie sie z. B. gut kombinieren mit der Übung 6 »Frei von Fremdsteuerungen«, Übung 12 »Energie-Kraft-Mut«, Übung 26 »Sich selbst verwirklichen«, Übung 27 »Selbstbewußt und stark« und Übung 30 »Erfolgreich sein und siegen«. Denn wenn Sie öfter Angst und Schuldgefühle haben, geht es meist auch darum, sich von Fremdsteuerungen zu befreien, Kraft und Mut zu haben und das Selbstbewußtsein aufzubauen, um nur ein Beispiel zu nennen. Bei der Zusammenstellung Ihres Trainingsprogramms richten Sie sich nach Ihren subjektiven Bedürfnissen. Sie werden genau wahrnehmen können, welche Übungen in Ihnen zur Zeit eine Resonanz auslösen.

Vergleichen Sie die Wirkung Ihres Trainingsprogramms z. B. mit dem Programm von jemandem, der sich körperlich fit halten möchte, aus Freude an der Beweglichkeit, und sich Muskeln antrainiert. Ohne regelmäßiges Training bleiben Körper und Muskeln so wie sie sind. Wenn etwas dafür getan wird, ist das bald zu sehen. Oder vergleichen Sie es mit dem Fahrschulunterricht. Alles wird so lange geübt, bis jeder Handgriff und jede Schaltung sitzt und das Fahrzeug verantwortungsvoll unter Kontrolle gebracht ist. Es kann in alle Richtungen gefahren werden, weil die Fähigkeit erworben wurde, es dorthin zu steuern.

So verhält es sich auch mit MENTAL IN FORM. Die Energie kann sich erst entfalten, wenn Sie bereit sind, etwas dafür zu tun. Sie lernen, wie Sie sich motivieren, sich mental verantwortungsvoll unter Kontrolle bringen und Ihre Aufmerksamkeit auf das lenken, was Sie vorgeben.

Wenn Sie mit einer Ihnen zusagenden Regelmäßigkeit üben, werden Sie bald Ihre Fortschritte erkennen. Dann merken Sie, daß Sie sich in eine Richtung entwickeln, die Ihnen gefällt. Es stellen sich mehr und mehr optimistische und lebensbejahende Denkgewohnheiten ein, die konstant und stabil bleiben, so wie Ihnen z. B. das Autofahren zur Gewohnheit geworden ist und Sie es nicht mehr verlernen.

Sehen Sie die Übungen nicht als lästige Pflichterfüllung, sondern als Bereicherung, die Ihnen Freude macht und Sie motiviert. Das ist die beste Garantie für erstrebenswertes Vorankommen.

Weitere Kombinationsmöglichkeiten

Hier noch weitere empfehlenswerte Kombinationsmöglichkeiten
für Ihr Trainingsprogramm, die sich sehr bewährt haben:

- Übung   1   mit Übung   2, 5, 6, 11, 12, 20

- Übung   2   mit Übung   6, 8, 9, 11, 18, 20

- Übung   3   mit Übung   6, 7, 8, 10, 21, 22, 25

- Übung   4   mit Übung   7, 8, 9, 12, 13, 15, 26

- Übung   5   mit Übung   1, 6, 7, 8, 11, 14, 24

- Übung   6   mit Übung   7, 8, 9, 17, 26, 27

- Übung   7   mit Übung   6, 9, 12, 17, 27, 29

- Übung   8   mit Übung   10, 12, 15, 16, 17, 19

- Übung   9   mit Übung   1, 6, 7, 12, 15, 22

- Übung   10   mit Übung   6, 7, 12, 13, 19, 26, 27

- Übung   11   mit Übung   1, 5, 6, 7, 14, 20, 27

- Übung   12   mit Übung   1, 5, 6, 7, 8, 18, 27

- Übung   13   mit Übung   3, 9, 10, 12, 16, 22, 25

- Übung   14   mit Übung   16, 17, 18, 19, 20, 23, 26

- Übung   15   mit Übung   6, 16, 17, 18, 21, 22, 27

- Übung   16   mit Übung   6, 7, 14, 15, 25, 26, 27

- Übung   17   mit Übung   9, 10, 20, 22, 26

- Übung   18   mit Übung   1, 5, 6, 7, 8, 12, 22, 26

- Übung   19   mit Übung   10, 14, 15, 16, 17, 23

- Übung   20   mit Übung   5, 6, 7, 8, 9, 11, 27

- Übung   21   mit Übung   3, 4, 7, 8, 22, 23, 24, 25

- Übung   22   mit Übung   3, 9, 10, 12, 13, 25, 27

- Übung   23   mit Übung   7, 11, 14, 15, 19, 20, 26

- Übung   24   mit Übung   5, 10, 11, 20, 23, 25, 27

- Übung   25   mit Übung   6, 7, 10, 11, 20, 21, 27

- Übung   26   mit Übung   6, 7, 10, 15, 21, 22, 27

- Übung   27   mit Übung   6, 7, 8, 9, 20, 21, 22, 25

- Übung   28   mit Übung   7, 8, 9, 15, 21, 22, 25, 26, 27

- Übung   29   mit allen anderen Übungen

- Übung   30   mit allen anderen Übungen

Übung 29 »Ziele erreichen« und Übung 30 »Erfolgreich sein und siegen« sind von zentraler Bedeutung. Welches Anliegen Sie auch immer haben, durch diese beiden Übungen konzentriert und verdoppelt sich die Kraft der Verwirklichung.

Es gibt selbstverständlich noch viele andere Kombinationsmöglichkeiten. Diese Aufstellung soll Sie anregen, selbst Kombinationen zusammenzustellen und auszuprobieren.

Schlußwort

Der Schlüssel zu Ihren Potentialen

Alles, was ich in diesem Buch geschrieben habe, basiert auf meinen Erfahrungen und Erkenntnissen im Umgang mit mentalen Steuerungsenergien.

Ich bin mir sicher, daß die Welt, in der wir leben, sich dadurch verändert, wie verantwortungsvoll wir denken, entsprechend handeln und unsere Fähigkeiten leben.

Der Schlüssel zu Ihren Potentialen liegt darin, wie klar Ihre Wahrnehmung funktioniert, was Sie sehen, hören, fühlen, riechen und schmecken, sowohl physisch als auch mental, und wie Sie mit dem, was Sie wahrgenommen haben, gedanklich auf allen Ebenen umgehen. Denn hinter dem Augenscheinlichen liegt eine andere Wahrheit, die viel mehr Möglichkeiten für uns bereit hat, sobald wir uns ihnen innerlich öffnen.

Das, was wir erleben und tun, ist davon abhängig, was und wie wir zuvor wahrnehmen und wie wir dieses gedanklich verarbeiten.

Sie können z. B. einen Mann, der Ihnen in einem Rollstuhl begegnet, als Krüppel oder Behinderten bezeichnen. Sie können aber auch denken: »Ah, ein Mann in seinem Rollstuhl« – und sonst nichts weiter, keine Zuordnung – keine Bewertung. Denn wenn wir im Vorfeld schon zu werten beginnen, grenzen wir unsere wunderbaren Möglichkeiten ein.

Wir würden uns z. B. davon fernhalten, mit einem Mann im Rollstuhl gut zusammenzuarbeiten, um von seinem Wissen zu profitieren, nur weil in unserem Denken ein Mann existiert, der behindert ist und wir diese Behinderung auf seine Fähigkeiten und Arbeiten übertragen. Diese und ähnliche Beispiele gibt es in unserer Gesellschaft zu Tausenden in allen möglichen Varianten.

Oft nehmen wir nur einen Aspekt eines Menschen wahr und bewerten ihn rundherum, dabei betrifft das in Wahrheit nur diesen einen Aspekt, der den Bruchteil einer Zeitspanne umfaßt. Herablassende Einschätzungen wie »Was will die denn schon wieder!« oder »Schau mal, wie der aussieht und wie der sich benimmt!« werden viel zu häufig gedacht und geäußert. Neid und Mißgunst gegenüber anderen Menschen greifen täglich um sich, statt sich mit ihnen zu freuen, wenn sie aus ihren Fähigkeiten und Möglichkeiten das Beste machen und etwas erreichen, das ihnen Freude bereitet.

Wir bezeichnen andere Menschen z. B. mit »Der (oder die) ist widerlich« anstatt »Der (oder die) benimmt sich widerlich« oder wir sagen »Das ist aber ein Blödmann« anstatt »Der führt sich auf wie ein Blödmann« usw. Der Unterschied der einzelnen Bewertungen liegt darin, daß in unserem Denken für alle Zeiten ein bestimmter Widerling oder Blödmann existiert, aber nicht ein Verhalten, das vorübergehend zu einem bestimmten Zeitpunkt vorhanden war und veränderbar ist. Wir sind alle lernfähig und können uns verändern, wenn wir es wollen.

Der Schlüssel zu Ihren Potentialen ist, sich frei zu machen von vorgefaßten Meinungen über sich selbst und andere, sich frei zu machen von »Dieses oder jenes geht nicht, kann ich nicht, schaffe ich nicht«. Wir interpretieren damit zum größten Teil nur das, was wir von anderen übernommen haben oder was andere uns glauben machen wollen, weil sie es waren, die uns so bewertet haben, wann immer das gewesen sein mag.

Sie haben es in der Hand, den Kreislauf subjektiver Fremdbewertungen und Fehlsteuerungen zu durchbrechen. Sie können sich motivieren, Ihr Selbstbild zu korrigieren und Ihr Verhalten zu ändern. Machen Sie einen Schlußstrich unter Vergangenes, und lernen Sie sich neu kennen mit all den in Ihnen vorhandenen Fähigkeiten, die nach Ausdruck verlangen.

Es gibt ein Sprichwort, das eine tiefe philosophische Bedeutung hat: »Gott hilft dem Seemann, aber rudern muß er selbst!«

Den eigenen Wert erkennen und erfolgreich leben

Jeder Mensch ist einzigartig und hat Fähigkeiten, die nur er besitzt. Sie sind dazu da, verwirklicht und gelebt zu werden, im Großen wie im Kleinen. Damit bereichern wir diese Welt, weil wir sie teilhaben lassen an unserer individuellen Einzigartigkeit und Originalität.

Menschen, die wunderbare Musik komponieren, die uns tief im Herzen berührt – Menschen, die uns mit ihrer Malkunst in die Welt der Farben eintauchen lassen – Menschen, die durch ihre wissenschaftlichen Fähigkeiten mithelfen, eine gesündere Technik zu entwickeln, damit sie uns allen zur Verfügung steht – Menschen, die uns durch ihre sportlichen Leistungen begeistern – Menschen, die durch ihre Erfindungsgabe die alltäglichen Dinge vereinfachen – Menschen, die durch ihren Einsatz und Sachverstand in Rechtsfragen anderen Menschen zu ihrem Recht verhelfen – Menschen, die sich im Gesundheits- und Sozialwesen engagieren, und sich liebevoll anderen Menschen widmen, die Hilfe brauchen – Menschen in Führungspositionen, die durch ihre Fach- und Sachkompetenz Zustände verbessern – Menschen, die durch ihren finanziellen Reichtum und persönlichen Einsatz Hilfsorganisationen unterstützen und neue gründen – Menschen, die witzig und humorvoll sind – Menschen, die hilfsbereit und tatkräftig sind – Menschen, die uns ein bezauberndes und fröhliches Lächeln schenken – Menschen, die für uns ein gutes Wort haben und uns ermuntern – Menschen, die durch ihre medizinischen und psychologischen Kenntnisse anderen helfen, zu sich selbst zu finden, Leben retten und Anleitung geben für ein gesünderes und bewußteres Leben und ... und ... und.

Das Entscheidende dabei ist nicht nur, was wir machen, sondern wie wir es machen.

Wenn Sie leben, wie andere es von Ihnen erwarten, macht Sie das auf Dauer unglücklich und unzufrieden und führt von Ihnen selbst weg. Halten Sie sich nicht damit auf, es ständig anderen Menschen recht machen zu wollen oder andere Menschen zu kopieren. Sie brauchen auch nicht erst ein Traumleben geführt zu haben oder meisterhaft alles bewerkstelligen können, um Ihren Beitrag für diese Welt zu leisten. Sie haben die Kraft des Willens zu signalisieren, daß Sie bereit sind, neue Wege zu gehen. Durch die Fähigkeit, Ihre mentale Aufmerksamkeit zu lenken, verändern Sie Ihr Bewußtsein und erkennen mehr und mehr, wer und was Sie wirklich sind.

Haben Sie Mut zu sich selbst. Erkennen Sie Ihre Werte an, und folgen Sie dem Ruf Ihres Herzens. Jeder Mensch hat in sich etwas Besonderes, auch Sie. Sie sind etwas Einmaliges, wie Ihr Fingerabdruck, den es kein zweites Mal gibt. Sie sind wie ein Diamant, der, wenn seine äußeren Schichten abgetragen sind und in eine schöne Form geschliffen ist, strahlt und funkelt. Tragen Sie Ihr Licht in diese Welt – jeden Tag ein bißchen mehr.

Und ich freue mich, wenn MENTAL IN FORM in diesem Sinne dazu beitragen wird, daß Sie so werden, wie Sie sein möchten – Ihnen Anregung, Motivation und Wegweiser gleichermaßen ist. Denn diese aktiven Übungen haben ihren meditativen Wert, so wie Bergwandern oder Schwimmen zur Meditation wird, um sich im gegenwärtigen Sein und Tun zu erleben.

Zur Autorin

Ludovika Helm, geboren 1957 in Karlsruhe, ist seit 1985 als Klangtherapeutin und Mentaltrainerin tätig. In mehrjähriger Arbeit entwickelte sie die neue wirkungsvolle Motivationsmethode MENTAL IN FORM.

Nach einem Klinikpraktikum und mehreren Berufsjahren als Arzthelferin absolvierte sie ein umfassendes Bühnen- und Musikstudium mit Schwerpunkt Gesang-, Sprech-, Tanz- und Rollenschulung. Danach folgten weitere qualifizierte Ausbildungen: NLP-Practitioner, Kursleiterin für Autogenes Training und Fußreflexzonentherapeutin. Profunde Kenntnisse in Mental-Kybernetik, Meditation und Zen-Philosophie runden ihren beruflichen Werdegang in psychologisch-spiritueller Richtung ab.

Ludovika Helm hat zusammen mit ihrem Ehemann Kay Korten zahlreiche Klangtherapiekassetten nach neuesten medizinischen, gehirnphysiologischen und musikwissenschaftlichen Erkenntnissen entwickelt und produziert.

Die Autorin wohnt im Elsaß in den Vogesen und hat dort eine Beratungspraxis. Sie hält Kurse für Krankenkassen, Volkshochschulen und andere Auftraggeber, führt eigene Seminare durch und gilt heute als eine der wegweisenden Mentaltrainerinnen.

Wenn Sie sich für meine MENTAL IN FORM-Seminare oder für die Ausbildung als MENTAL IN FORM-Trainerin/Trainer interessieren, dann schreiben Sie mir bitte, rufen Sie an oder faxen Sie:

Ludovika Helm
14 B, rue des Huttes
Schneethal

F - 67710 Wangenbourg

Tel.: 00 33 / 3 88 87 30 11
Fax: 00 33 / 3 88 87 32 79

Verlag Hermann Bauer · Freiburg im Breisgau

Gertrud Hirschi

Yoga für Seele, Geist und Körper

Übungen für 52 Wochen

269 Seiten mit 581 Abbildungen, gebunden
ISBN 3-7626-0463-0

Yoga lehrt, daß Körper, Geist und Gemüt des Menschen natürlichen und kosmischen Gesetzen unterworfen sind, die es zu beachten gilt, will man ein glückliches und erfülltes Leben führen.

Dieses neuartige Yogabuch zeigt Ihnen, wie Sie das »Glücklichsein« und das »Glückhaben« selbst erarbeiten und weitergehend beeinflussen können. In 52 dem Jahreszyklus zugeordneten Wochenthemen werden die verschiedensten Aspekte des Lebens angesprochen. Ganzheitlich angelegte Übungsfolgen machen es Ihnen leicht, diese Erkenntnisse zu leben. Über 500 Körperübungen – alle rückengerecht und für den durchschnittlichen Menschen auszuführen – hat die Autorin aus ihrer langjährigen Erfahrung als Yogalehrerin für dieses Buch ausgewählt und zusammengestellt. Die Körperübungen werden mit positiven Visualisationen, mit Meditationen und Affirmationen verbunden. Damit greift die Autorin etwas auf, was Bestandteil indischer Yoga-Tradition ist, aber erstaunlicherweise bisher im Westen kaum eine Rolle gespielt hat.

Ein schön gestaltetes Buch für Einsteiger, aber auch für Fortgeschrittene und Yogalehrerinnen.

Verlag Hermann Bauer · Freiburg im Breisgau

Verlag Hermann Bauer · Freiburg im Breisgau

Elliot S. Dacher

Ein Kurs in Selbstheilung

18 Schritte zur Vorbeugung und Heilung von Krankheiten

260 Seiten, gebunden; ISBN 3-7626-0545-9

Haben Sie das Gefühl, daß Heilung mehr bedeutet als Medikamente einzunehmen und Operationen über sich ergehen zu lassen? Dieses Buch wird Sie darin bestätigen und bestärken.
Verständlich und medizinisch fundiert stellt dieser Kurs die ideale Hilfe zur Selbsthilfe dar. Damit können Sie Krankheiten vorbeugen und heilen, Anfälligkeiten verringern und die Genesung von jedweder Krankheit fördern.
Der erfahrene Arzt Elliot S. Dacher wird Sie Schritt für Schritt unterstützen, damit Sie die positive Wirkung der von ihm in der Praxis erprobten Übungen nutzen können. Lassen Sie sich einführen in die Kunst der Achtsamkeit, Konzentration, Meditation und Entspannung, um schließlich selbst für Ihre Gesundheit – für Körper, Geist und Seele – Verantwortung zu übernehmen.
Ein Buch für alle, die mit einfachen Mitteln selbst etwas für ihre Gesundheit tun wollen.

Dazu erhältlich:

Elliot S. Dacher

Ein Kurs in Selbstheilung

CD, Spieldauer ca. 60 Minuten; ISBN 3-7626-8769-2

Sechs ausgewählte Übungen aus dem Buch von Elliot S. Dacher zur praktischen Anwendung.

Verlag Hermann Bauer · Freiburg im Breisgau

Verlag Hermann Bauer · Freiburg im Breisgau

Erika J. Chopich und Margaret Paul

Aussöhnung mit dem inneren Kind

251 Seiten, gebunden; ISBN 3-7626-0455-X

Das innere Kind: Ein Thema, dem sich viele Ärzte, Psychologen und Autoren zugewandt haben – inzwischen ein Begriff, mit dem viele Therapeuten arbeiten. Es geht nicht um das »Kind im Manne«, sondern um das traurige, lachende, weinende, verrückte – und doch so weise Kind in jedem von uns, ob Mann oder Frau. Wie können wir den Kontakt zu dem Kind in uns herstellen, seine Stimme hören, alte Verletzungen heilen, Süchte und Einsamkeit auflösen, unserem inneren Kind ein liebevoller Erwachsener werden und damit die Voraussetzung für gute Beziehungen schaffen?

Die Autorinnen Chopich und Paul machen überzeugend klar, daß der erste Schritt zu geglückten Beziehungen im alltäglichen Leben die Aussöhnung mit unserem inneren Kind ist. Wie wir uns die Quelle von Lebensfreude und Kreativität erschließen und dem Kind in uns ein liebevoller Erwachsener werden – dazu gibt dieses Buch eine Fülle von Anregungen und Einsichten.

Nur durch die Integration des inneren Kindes können wir die Verletzungen aus unserer Kindheit heilen, unseren Eltern vergeben und mit dem wachsenden Bewußtsein für das eigene innere Kind selbst bessere Eltern werden. So kann die von Generation zu Generation weitergegebene Wunde geheilt werden.

Geben Sie Ihrem inneren Kind eine Chance! Erschließen Sie sich die Quelle von Lebensfreude und Kreativität!

Ein mit Einfühlung und Sachwissen geschriebener Ratgeber für alle, die innere Ganzheit anstreben oder Menschen in Krisen beraten.

Verlag Hermann Bauer · Freiburg im Breisgau

esotera

DER SINN DES KRANKSEINS

Das führende Magazin für Neues Denken und Handeln

Das Bewußtsein bestimmt die Welt um uns herum. Vom Bewußtsein hängt es ab, ob Sie ein glückliches, sinnerfülltes oder scheinbar glück- und „sinnloses" Leben führen. Es prägt unser Denken und Handeln.

Das ist das Spezialgebiet von **esotera**: das „Wesentliche" des Menschen, sein Bewußtsein, seine verborgenen inneren Kräfte und Fähigkeiten. **esotera** gewährt Einblick in die „wahre Wirklichkeit" hinter dem „Begreifbaren".
Und gibt Antworten auf die

Die ständigen Themenbereiche in jedem Heft:
**Neues Denken und Handeln
Ganzheitliche Gesundheit
Spirituelle Kreativität
Esoterische Lebenshilfen
Urwissen der Menschheit
Paranormale Erscheinungen**

brennende Fragen, die irgendwann jeden zutiefst bewegen: Woher kommen wir? Wohin gehen wir?

esotera weist Wege aus der spirituellen Krise unserer Zeit. Wege zu einem erfüllteren Dasein: mit kompetenter Berichterstattung über neueste und uralte Erkenntnisse, mit faszinierenden Reportagen, aktuellen Serien und praktischen Info-Rubriken: z.B. Literatur-, Musik- und Video-Besprechungen, Leser-Forum, Marktnische usw.

Und jeden Monat das „KURS-BUCH", die umfangreichste Zusammenstellung esoterischer und spiritueller Veranstaltungen, Kurse, Reisen und Seminare weltweit – als kostenloses Extra zu jedem Heft dazu.

Im Zeitschriftenhandel. Oder Probeheft direkt vom